Apotheken-
bewertung

Kauf und Verkauf von Apotheken

von
Dipl.-Kfm. Axel Witte und
Dipl.-Bw. Doris Zur Mühlen, Essen

3., überarbeitete und aktualisierte Auflage

DAO | Deutscher Apotheker Verlag Stuttgart

Anschriften der Autoren

Dipl.-Kfm. Axel Witte, Steuerberater
Dipl.-Bw. Doris Zur Mühlen, vereidigte Buchprüferin/Steuerberaterin
RST Steuerberatungsgesellschaft mbH
Alfredstraße 66
45130 Essen
E-mail: essen@rst-beratung.de

Die in diesem Buch aufgeführten Angaben wurden sorgfältig geprüft. Dennoch können Autoren und Verlag keine Gewähr für deren Richtigkeit übernehmen.

Bibliografische Information der Deutschen Nationalbibliothek
Die Deutsche Nationalbibliothek verzeichnet diese Publikation in der Deutschen Nationalbibliografie; detaillierte bibliografische Daten sind im Internet unter http://dnb.d-nb.de abrufbar.

ISBN 978-3-7692-4500-4

© 2008 Deutscher Apotheker Verlag
Birkenwaldstr. 44, 70191 Stuttgart
www. deutscher-apotheker-verlag. de
Printed in Germany
Satz: Mitterweger & Partner, Plankstadt
Druck und Bindung: Esser printSolutions GmbH, Bretten
Umschlaggestaltung: Atelier Schäfer, Esslingen

Vorwort zur 3. Auflage

Zu Beginn des Jahres 1999 ist das Buch „Apothekenbewertung – Kauf und Verkauf von Apotheken" erstmals erschienen und hat sich sehr schnell zu einem Standardwerk für den Berufsstand und darüber hinaus entwickelt. So findet es auch häufig Anwendung in der gerichtlichen Praxis. Stellvertretend seien hier nur Verfahren im Zusammenhang mit der Auflösung von Zugewinngemeinschaften, von Erbengemeinschaften sowie im Zusammenhang mit der Trennung von Gesellschaftern von als OHG betriebenen Apotheken genannt.

Dass das Buch nun schon in dritter Auflage erscheint, zeigt, wie sehr das Thema Unternehmensbewertung und Sicherung des Unternehmenswertes den Berufsstand bewegt. Deshalb musste an der bewährten Grundkonzeption der ersten beiden Auflagen, vor allem an der praxisrelevanten Darstellung, nicht allzu viel geändert werden.

Änderungen ergaben sich durch neue gesetzliche Bestimmungen und durch Aktualisierungen von Bezugsgrößen, von branchenbezogenen Durchschnittswerten für Kennziffern usw. Damit waren zum Teil aufwendige Überarbeitungen verbunden, die sich durch alle Kapitel des Buches ziehen. In diesem Zusammenhang musste sowohl den strukturellen Veränderungen im Apothekenwesen wie auch den steuerlichen Veränderungen Rechnung getragen werden. Die Gesundheitsreformen der letzten Jahre, zu nennen sind hier insbesondere das Gesetz zur Modernisierung der Gesetzlichen Krankenversicherung (01. 01. 2004), das Arzneimittelversorgungs-Wirtschaftlichkeitsgesetz (01. 05 2006) und das GKV-Wettbewerbstärkungsgesetz (01. 04. 2007), haben die Rahmenbedingungen der Arzneimittelversorgung grundlegend verändert. Zunehmender europäischer Wettbewerb und wachsende Kommerzialisierung überschatten die Arzneimittelversorgung und die Apothekenbranche. Im medizinischen Bereich etablieren sich moderne Versorgungstrukturen zum Beispiel in Form von Medizinischen Versorgungszentren und Integrieter Versorgung. Die genannten Faktoren ändern zwar nicht die Methodik der Wertermittlung von Apotheken, ihr Einfluss auf die Ertragskraft der Apotheken und damit auf den Unternehmenswert ist aber unumstritten.

Die vom Institut der Wirtschaftsprüfer neu überarbeiteten Grundsätze zur Durchführung von Unternehmensbewertungen (IDW S1 vom 18. 10. 2005) fanden in der neuen Auflage ebenfalls Berücksichtigung.

Im vorliegenden Buch werden – unter Verwendung des bewährten Grundaufbaus der vorherigen Auflagen – anhand einer typischen Bewertung einer Apotheke von Anfang bis Ende die branchentypischen Wertfindungsmethoden dargestellt. Zur Veranschaulichung der in jedem Kapitel enthaltenen einleitenden theoretischen Grundlagen zieht sich wie ein roter Faden durch das gesamte Buch ein konkretes, aktualisiertes Bewertungsbeispiel, das jeweils aus unterschiedlicher Position heraus, zum Beispiel aus Käufer- oder Verkäufersicht, betrachtet wird. Diese verschiedenen Sichtweisen, aus denen das Bewertungsbeispiel jeweils beleuchtet wird, lassen den Leser erkennen, wie groß die Bandbreite der zu beachtenden Aspekte ist. Sie helfen ihm, den für ihn zutreffenden Zugang zu der schwierigen Problematik zu finden.

Durch Darstellung der Problembereiche einer Unternehmensbewertung (Grundlagen- und Hintergrundwissen) und der Bandbreite, in denen sich Unternehmensbewertung bewegen kann, wird der Leser bewusst zu einer kritischen Distanz hinsichtlich der Glaubwürdigkeit eines vorgelegten Bewertungsgutachtens hingeführt. Dies macht ihn zu einem kundigen Gesprächspartner, sei es auf der Käufer-, wie auch auf der Verkäuferseite, im Hinblick auf ein vorgelegtes Bewertungsgutachten.

Für Praktiker werden auch schon zum heutigen Zeitpunkt – ohne den Verkauf direkt im Visier zu haben – im Tagesgeschäft umsetzbare wichtige Ratschläge gegeben, die eigens gekennzeichnet wurden. Damit sind alle Ratschläge auf einen Blick schnell erkennbar. Für darüber hinaus interessierte Leser und Leserinnen wurden gesonderte Exkurse aufgenommen, die verschiedene Themen vertiefend behandeln. Sie sind für das Verständnis des Buches entbehrlich, so dass der eilige Leser sie übergehen kann.

Besondere Bedeutung kommt dem Kaufvertrag zu, der in der Literatur häufig durch das Beilegen eines Mustervertrages abgehandelt wird. Um das schwierige Thema „Kaufvertrag" in möglichst allen Facetten zu durchleuchten, wurden nahezu alle bekannten Probleme im Zusammenhang mit einem Kaufvertrag in einem Extrakapitel aufgeführt und beschrieben. Damit wurde bewusst auf die Beilegung eines Mustervertrages verzichtet, weil darin die Vielzahl der möglichen Besonderheiten nicht abschließend geregelt werden kann.

An dem Zustandekommen dieses Buches hat eine Vielzahl von wohlmeinenden Fachleuten mitgewirkt. Diesen und allen Mitarbeitern, die daran mitgewirkt haben, insbesondere Frau Dipl. ök. Dorothea Bergmann, Dipl. Pharm. Ing. (FH), sei insoweit herzlich gedankt.

Essen, im Frühjahr 2008   Axel Witte

                                                                              Doris Zur Mühlen

Inhaltsverzeichnis

Vorwort   V

1	**Grundlegende Hinweise**	1
1.1	Ausgangswerte für die Bewertung	1
1.2	Bewertungsanlässe – Kurzübersicht	4
1.3	Zusammenfassende Ratschläge	5
2	**Grundsätzliche Kriterien – Kurzübersicht über die Funktionsweise einer Apothekenbewertung**	6
3	**Bewertungsanlässe und Funktion des Bewertenden**	14
3.1	Anlässe für eine Unternehmensbewertung	14
3.1.1	Verkauf aus Altersgründen	14
3.1.2	Verkauf nach dem Tode durch die Erben	15
3.1.3	Gesellschaftsrechtliche Auseinandersetzungen	16
3.1.4	Erbauseinandersetzungen	16
3.1.5	Ermittlung des Zugewinnausgleichs bei Scheidung	17
3.1.6	Zusätzliche Aufnahme von Krediten oder Erweiterung der Kreditlinie	18
3.2	In welcher Funktion soll der Berater tätig werden?	18
3.2.1	Der Berater als neutraler Gutachter	21
3.2.2	Beauftragung als Berater eines Mandanten	21
3.2.3	Der Berater als Schiedsgutachter	23
3.2.4	Zusammenfassung	23
4	**Ertragswertermittlung**	25
4.1	Vergangenheitsanalyse	25
4.1.1	Zeitreihenanalyse	25
4.1.2	Kennziffern	28
4.1.3	Bereinigungen	30
4.1.4	Auf den Beispielsfall bezogenes Zwischenergebnis	35

4.1.5	Gewichtung	36
4.2	Zukunftsanalyse (Prognose)	37
4.2.1	Kostenanalyse	40
4.2.2	Aus der Veränderung des direkten Umfeldes der Apotheke abgeleitete Zukunftsanalyse	50
4.2.3	In der Zukunft sich verändernde allgemeine wirtschaftliche Entwicklungen	60
4.2.4	Zusammenfassung der infolge der Zukunftsanalyse sich ergebenden Veränderungen	64
4.3	Unternehmerlohn	64
4.4	Zwischenergebnis nach Abschluss der Vergangenheits- und Zukunfts- analyse und unter Berücksichtigung des Unternehmerlohns	66
4.5	Kapitalisierungszinssatz	67
4.5.1	Risikozuschläge	72
4.5.2	Immobilitätszuschlag	78
4.5.3	Geldentwertungsabschlag	78
4.5.4	Beeinflussung der Kapitalisierung durch die Laufzeit des Mietvertrages und bei erwartetem Wegfall der Versorgung eines Krankenhauses u.a.	79
4.5.5	Zusammenfassung	82
5	**Substanzwert**	83
6	**Bestimmung des Unternehmenswertes**	88
6.1	Formel der ewigen Rente	88
6.2	Berücksichtigung von Ertragsteuern	88
6.3	Was beinhaltet der Ertragswert?	90
6.4	Das Problem: Warenbestand	91
6.5	Vorläufiger Zwischenwert unter Berücksichtigung von Entscheidungsband- breiten	94
6.6	Plausibilitätskontrolle	95
6.7	Endgültiger Unternehmenswert	100
6.8	Bestimmung des Unternehmenswertes bei verschiedenen weiteren Anlässen	102
6.8.1	Erbauseinandersetzung	102
6.8.2	Zugewinnausgleich	103
6.9	Beispiel für die Bewertung einer Apotheke aus der Sicht des Verkäufers (Parteiengutachten)	105

7   **Steuerliche Probleme beim Kauf und beim Verkauf einer Apotheke** 110

7.1   Einkommensteuer 112
7.1.1   Barzahlung des Kaufpreises. 112
7.1.2   Kaufpreisraten. 119
7.1.3   Kauf bzw. Übertragung gegen wiederkehrende Leistungen. 122
7.2   Umsatzsteuer 134
7.3   Gewerbesteuer 134

8   **Was verbleibt dem Verkäufer unter dem Strich nach Erhalt des Kaufpreises unter Abzug aller Verbindlichkeiten und Steuerzahlungen?** 135

9   **Folgen aus dem Kauf für den Käufer – Geldverwendungsrechnung** 138

10   **Durchführung des Aquisitionsprozesses** 140

10.1   Finanzierung 140
10.2   Mietvertrag 141
10.3   Rechtliche Fragen der Apothekenübernahme 142
10.3.1   Üblicher Verfahrensablauf 142
10.3.2   Geheimhaltungspflichten. 143
10.3.3   Culpa in contrahendo, § 311 Abs. 2 BGB (Redliche Verhandlungsführung) . . 143
10.3.4   Haftung des Käufers 144

11   **Kaufvertrag** 147

11.1   Grundsätzliches zum Inhalt und zur Form eines Kaufvertrages. 147
11.2   Wichtige im Kaufvertrag aufzunehmende besondere Bestimmungen 148
11.2.1   Gewährleistung der Fortsetzung des Mietvertrages 148
11.2.2   Regelungen zur Inventur 149
11.2.3   Regelungen zur Abwicklung der Forderungen und Verbindlichkeiten seitens des Verkäufers – auch im Zusammenhang mit § 613 a BGB 149
11.2.4   Wettbewerbsverbot für den Verkäufer. 151

11.2.5   Zahlungsweise des Kaufpreises 151

11.2.6   Einwilligung in die Firmenfortführung 152

11.2.7   Abbedingung der Haftung gemäß § 25 Abs. 2 HGB 152

11.2.8   Gewährleistung 153

11.2.9   Beitritt des Ehegatten zum Kaufvertrag 154

11.3   Musterkaufvertrag 155

12   Checkliste 156

13   Zusammenfassung 157

Anlage 1

Beispielapotheke

Gewinn- und Verlustrechnung für die Jahre 2004 bis 2006 159

Anlage 2

Zusammenfassung der besonderen Ratschläge 160

Anlage 3

Auflistung der Exkurse 161

Sachregister 162

1 Grundlegende Hinweise

1.1 Ausgangswerte für die Bewertung

Solange Kaufleute wissen wollten, wie groß das in ihrem Wirtschafts-
betrieb gebundene eigene Vermögen war und solange Unternehmun-
gen oder deren Anteile verkauft, vererbt, verschenkt, besteuert oder
enteignet worden sind, solange sind schon die bei diesen Vorgängen in
Frage stehenden Gesamtwerte festgestellt worden. Die ersten Unternehmensbewertungen dürften um das Jahr 2000 v. Chr. im alten
Sumer vorgekommen sein. Rund 4000 Jahre weiter, also in der heutigen Zeit, haben wir einen erheblichen Anstieg von Firmenkäufen in
Deutschland zu verzeichnen. Darunter fällt auch der Eigentumswechsel
von rund 500 Apotheken im Jahr.

Unternehmens- bzw. Apothekenübernahmen, aus welchen Gründen
auch immer, sind zum Alltagsgeschäft geworden. Aber damit auch
deren Probleme.

Rund 85 % der für die Transaktionen Verantwortlichen würden im
Industriebereich bei einem zweiten Versuch im Zusammenhang mit
dem Kauf oder Verkauf eines Unternehmens vieles anders angehen. Es
mangelt häufig an der strategischen Planung und Vorbereitung sowie
an einer sorgfältigen finanziellen und wirtschaftlichen Bewertung. Die
Komplexität des gesamten Akquisitionsprozesses wird unterschätzt und
auch der Zeitaufwand wird falsch kalkuliert. Etwas eingeschränkt gelten
nach Meinung von Experten diese Feststellungen auch im Zusammenhang mit der Übernahme von Apotheken. Insbesondere dann, wenn es
an einer fachmännischen Begleitung mangelt. Auch hier gilt der Grundsatz: Das Examen kommt zuerst und dann die Lektion.

Im Normalfall stellt man zwei mögliche Preise im Zusammenhang mit
Überlegungen zum Kauf einer Apotheke fest:

*Häufige Fehl-
einschätzung*

Zwei Preise

- Preis auf der Grundlage einer finanziellen Bewertung gemäß Bewertungsgutachten und
- einen strategischen Preis.

Der strategische Preis beinhaltet die verschiedensten nachvollziehbaren
aber auch nicht nachvollziehbaren Überlegungen des Käufers, eine
Unternehmung zu erwerben.

Bewertung unterliegt Bandbreiten

Leider sind jedoch nicht nur die Überlegungen im Zusammenhang mit dem strategischen Wert subjektiver Natur, sondern selbst die Unternehmensbewertung nach klassischen Bewertungsgrundsätzen unterliegt erheblichen Bandbreiten. Untersuchungen haben ergeben, dass für ein und dieselbe Apotheke von verschiedenen Bewertungsfachleuten die unterschiedlichsten Werte ermittelt wurden. In einem Fall schwankte der Preis von drei namhaften und seriösen Bewertungsfachleuten für eine Apotheke mit einem Umsatz von 2 Mio. € zwischen T€ 450 als untersten Wert, T€ 540 und T€ 600 als obersten Wert. Da die Gutachten – es handelte sich um Parteiengutachten – von erfahrenen Fachleuten erstellt wurden, konnte man die Parameter zur Ermittlung des Unternehmenswertes im Einzelnen nachvollziehen und fest-

Grund: unterschiedliche Annahmen

stellen, auf welchen unterschiedlichen Annahmen in verschiedenen Bereichen diese hohen Abweichungen beruhten. So konnte der Obergutachter relativ problemlos zu seinem Wert gelangen.

Den Unternehmenswert gibt es nicht.

Dies Beispiel soll verdeutlichen, dass es den Unternehmenswert an sich nicht gibt. Selbst drei Gutachter, die ein sogenanntes neutrales Gutachten erstellen sollen, das Aspekte der Käufer- und Verkäuferseite gleichermaßen in die Bewertung einfließen lassen sollte, werden zwar nicht zu derart extrem unterschiedlichen Apothekenwerten gelangen, aber sie werden dennoch nicht exakt einen bestimmten Wert einheitlich ermitteln.

Apotheker soll kundiger Gesprächspartner werden

Über dieses Faktum soll der Apotheker informiert sein. Die Ausführungen in diesem Buch werden ihm helfen, die vom Gutachter beeinflussbaren Parameter kennenzulernen, um mit diesem Wissen ein erstelltes Gutachten analysieren und beurteilen zu können. Soweit es sich um ein vom Apotheker selbst beauftragtes Gutachten handelt, wird der Apotheker in die Lage versetzt, auf dieser Basis mit dem die Bewertung durchführenden Fachmann ein sachkundiges Gespräch zu führen oder, soweit es sich um ein von einem fremden Auftraggeber ihm vorgelegtes Gutachten handelt, wertbeeinflussende Gespräche in seinem Sinne führen zu können.

Der Glaube an die Richtigkeit eines im Rahmen eines Gutachten vorgelegten Unternehmenswertes an sich soll damit bewusst erschüttert werden, weil es den „richtigen" Unternehmenswert nicht geben kann. Eine Bewertung ist, auch wenn sie objektiv sein soll, immer von subjektiven Einflüssen des Bewertenden abhängig, auch wenn er noch so seriös arbeiten möchte.

Ausgangspunkt: Verkehrswert oder gemeiner Wert

Ausgangspunkt für den Wert eines Unternehmens ist der sogenannte „Verkehrswert", der demselben Begriffsinhalt entspricht, wie der „Gemeine Wert" gemäß § 9 des Bewertungsgesetzes (BewG). Danach ist der „Gemeine Wert" durch den Preis bestimmt, der im gewöhnlichen Geschäftsverkehr nach der Beschaffenheit des Wirtschaftsgutes bei einer Veräußerung zu erzielen wäre. Dabei sind alle Umstände, die den Preis beeinflussen, zu berücksichtigen. Ungewöhnliche oder persönliche Verhältnisse sind nicht zu berücksichtigen.

Die ideale Wertbestimmung für diesen „Verkehrswert" oder „Gemeinen Wert" wäre eine Ableitung aus tatsächlichen Veräußerungspreisen vergleichbarer Apotheken. Wenn es für die Veräußerung von Apotheken einen Markt gäbe, wie z.B. für Autos und andere Gebrauchsgegenstände, brauchten wir uns mit Bewertungsgutachten nur noch bedingt zu befassen. Es gäbe dann eine „Schwackeliste" für Apotheken, in die der „Gebraucht-Apothekenverkäufer" nur noch schauen müsste, um den Wert zu ermitteln ähnlich wie am Aktienmarkt, an dem mit Hilfe der Börsenkurse für die an der Börse notierten Aktiengesellschaften täglich die Marktpreise für die Unternehmen bekannt sind. Wie jedoch an anderer Stelle noch ausführlich dargelegt wird, gibt es zwar Hinweise zu derartigen „Marktpreisen", die den Wert einer Apotheke mit Hilfe eines bestimmten Prozentsatzes im Verhältnis zum Umsatz ermitteln. Diese Zahlen berücksichtigen bekanntlich nicht die individuellen Gegebenheiten der speziellen zu bewertenden Apotheke. Denn spätestens seit dem GMG (Umstellung der Preisbildung bei Rx-Fertigarzneimitteln auf das Kombimodell; Aufhebung der Festpreisbindung im non-Rx-Bereich; sehr starke Einschränkung der Erstattungsfähigkeit von non-Rx-Arzneimitteln durch die Gesetzlichen Krankenversicherungen) ist jedem Branchenkundigen klar, dass die Ertragskraft und somit auch der Wert einer Apotheke entscheidend von der Struktur der Versorgungsaufgabe und von Mengenaspekten bestimmt wird. Damit können die genannten Relationszahlen (Prozentzahlen im Verhältnis zum Umsatz) nur noch Hilfswerte sein, die eine grobe Orientierung liefern. Sie erfassen nicht die Bedingungen des einzelnen Falles.

Wenn sich aber Verkehrswerte nicht unmittelbar feststellen lassen (wie z.B. am Aktienmarkt) muss der Unternehmenswert aus anderen Werten abgeleitet werden. Als solcher kommt im Wesentlichen für die Bewertung von Apotheken der sogenannte „Ertragswert" in Frage. Danach bestimmt sich bei Berücksichtigung ausschließlich finanzieller Ziele der Wert eines Unternehmens aus den Einnahmeüberschüssen, die künftig erwirtschaftet werden können. Der Barwert der zukünftigen nachhaltigen Gewinne einer Apotheke bildet damit den theoretisch richtigen Ertragswert. Diese Aussage klingt banal, beinhaltet jedoch erhebliche Probleme, die im nächsten Kapitel übersichtsmäßig dargestellt werden.

Weitere Begriffe, die im Zusammenhang mit der Unternehmensbewertung genannt werden, sind der Liquidationswert und der Substanzwert.

Seitennotizen (Marginalien):

Ideal wären „Marktpreise"

Prozentzahlen im Verhältnis zum Umsatz sind nur Hilfswerte

Grundlage: Der Ertragswert = Barwert zukünftiger Gewinne

Liquidationswert und Substanzwert unbedeutend

Für den Fall, dass der Liquidationswert (verbleibender Wert nach Aufgabe der Apotheke) den Ertragswert (Fortführungswert) übersteigt, kommt der Liquidationswert als Wert für die Apotheke in Betracht. Der Substanzwert spielt dagegen bei der Unternehmensbewertung keine eigenständige Rolle, denn die Differenz zwischen dem – wenn auch zu Wiederbeschaffungspreisen – ermittelten Vermögen abzüglich Schulden, berücksichtigt nicht den Geschäftswert bzw. den Goodwill der Apotheke, so dass der Substanzwert – von Ausnahmefällen abgesehen – nicht im geringsten geeignet ist, den richtigen Wert einer Apotheke zu dokumentieren. Beispiele hierzu werden dies unter dem Kapitel „Substanzwert" belegen.

1.2 Bewertungsanlässe – Kurzübersicht

Unternehmensbewertungen sind stets nur Mittel für bestimmte Zwecke. Diese Zwecke ergeben sich aus den Anlässen der Unternehmensbewertung. Derartige Anlässe für Apothekenbewertungen sind äußerst vielfältig. Im Wesentlichen kommen folgende Anlässe in Frage:

1. Verkauf einer Apotheke aus Altersgründen
2. Verkauf aus Krankheitsgründen
3. Verkauf infolge des Todes des/der Inhabers(in)
4. Ausscheiden eines(r) Apothekers(in) aus einer OHG oder auch Eintritt in eine OHG
5. Kauf einer Apotheke oder auch einer Filiale
6. Erbauseinandersetzung, wenn z.B. Erbe 1 die Apotheke übernimmt und Erbe 2 abgefunden werden muss.
7. Beendigung des gesetzlichen Güterstandes der Zugewinngemeinschaft (§ § 1363 – 1390 BGB) durch Ehescheidung.
8. Zusätzliche Aufnahme von Krediten oder Erweiterung der Kreditlinie.

Diese Darstellung ist insoweit von zentraler Bedeutung, als die Höhe des Unternehmenswertes entscheidend vom Anlass der Unternehmensbewertung bestimmt wird, wie später noch zu zeigen sein wird (siehe Kapitel 3).

Wofür ein Bewertungsgutachten? Für den Apotheker könnte sich die Frage stellen, warum soll er überhaupt ein Bewertungsgutachten in Auftrag geben. Die Antwort ist leicht nachvollziehbar. Käufer und Verkäufer haben Entscheidungen zu treffen, die für sie von existenzieller Bedeutung sind. Für den Verkäufer ist die Apotheke häufig elementarer Bestandteil seiner Altersvorsorge, aber auch der Käufer braucht die Apotheke als nachhaltig ertragbringende Geschäftsgrundlage, um bestehen zu können. Ohne ein Gutachten könnte sich der Kaufinteressent kein Bild über die wahre Lage der Apotheke machen, weil er nur Bilanzen und Gewinn- und Verlustrechnungen für die Vergangenheit vorgelegt bekommt, die weder bereinigt sind noch die Zukunftsaussichten korrekt widerspiegeln. Auch der Verkäufer ist sich in positiver wie negativer Hinsicht über die wahre Lage seiner Apotheke nicht im Klaren. Damit ist eine neutrale sachkundige Prüfung und Analyse der tatsächlichen Daten durch einen Fachmann unbedingt erforderlich, der als Kommunikationspartner zwischen den Parteien komprimierte Informationen über die Ertragskraft vermittelt. Zu empfehlen ist in diesem Zusammenhang, auch aus Gründen der Kostenbegrenzung, ein objektiviertes, von einem neutralen Gutachter erstelltes Bewertungsgutachten. Käufer und Verkäufer finden in so einem Gutachten die für ihre Entscheidungen notwendigen Aspekte. Ohne ein solches Gutachten würde man „ins Blaue" reden.

Aspekte als Grundlage für die Entscheidung

1.3 Zusammenfassende Ratschläge

Einen vorgelegten Unternehmenswert nicht als unveränderliche Größe ansehen, sondern die Faktoren, die zu dem Unternehmenswert geführt haben, im Einzelnen auf die Plausibilität hin überprüfen. Derartige Faktoren müssen in einem fachkundig erstellten Gutachten nachvollziehbar sein.

Ratschläge: Faktoren auf Plausibilität prüfen

Überprüfen, ob der Bewertende das Gutachten auch auf den richtigen Bewertungsanlass abgestellt hat oder ein „Einheitsgutachten", das für alle Fälle gelten kann, erstellt hat (Näheres dazu siehe Kapitel 3).

Kein „Einheitsgutachten"

2 Grundsätzliche Kriterien – Kurzübersicht über die Funktionsweise einer Apothekenbewertung

Kurzüberblick über die Funktionsweise einer Bewertung

Bevor im Kapitel 4 die Apothekenbewertung anhand eines konkreten Beispiels ausführlich und nachvollziehbar erläutert wird, soll nachfolgend in diesem Kapitel ein grundlegendes Verständnis für den Bewertungsablauf im Rahmen eines Gesamtüberblicks verschafft werden.

Vermögenswert ist nicht identisch mit Unternehmenswert

Ausgangspunkt für die Unternehmensbewertung ist die grundsätzliche Erkenntnis, dass der Wert eines Unternehmens nicht identisch ist mit der Summe der Werte der einzelnen Vermögensteile.

Betriebswirtschaftlich falsch wäre es, den Wert einer Apotheke aus der Addition der Bilanzansätze für die aktivierten Gegenstände zu ermitteln oder das Vermögen zum Tagespreis neu zu bewerten und den dabei errechneten Betrag als Unternehmenswert anzusetzen. Es ist heute allgemein anerkannt, dass ein fortgeführtes Unternehmen einen eigenen realen Wert besitzt, der selbständig und losgelöst von den Werten der konkreten Vermögensgegenstände zu ermitteln ist. Jedes Unternehmen besteht aus einem Kombinationsprozess von Kapital und Arbeit zur Erbringung der betrieblichen Leistung. Diese Leistung ist kein Selbstzweck, sondern erfolgt am Markt mit dem Zweck zur Erzielung von Einkünften.

Der Gewinn bestimmt den Apothekenwert

Grundsätzlich kann der Wert eines Unternehmens als Zukunftserfolgswert nach dem Ertragswertverfahren oder nach dem Discounted Cash Flow-Verfahren (DCF-Verfahren) ermittelt werden.[1] In beiden Fällen wird der Barwert zukünftiger finanzieller Überschüsse ermittelt. Das Ertragswertverfahren ermittelt den Unternehmenswert durch Diskontierung der Gewinne. DCF-Verfahren bestimmen den Unternehmenswert durch Diskontierung von Cashflows.[2]

Im Apothekenbereich hat sich seit vielen Jahren die Anwendung des modifizierten Ertragswertverfahrens auf der Basis des Gewinns bewährt. Es ist von Theorie und Praxis anerkannt und trägt den Erfor-

---

1 Vgl.: Grundsätze zur Durchführung von Unternehmensbewertungen (IDW/ S1) vom 18.10.2005, Pkt. (7), IDW Verlag, Düsseldorf 2005
2 Vgl.: IDW S 1, Pkt. (110), IDW Verlag, Düsseldorf 2005

dernissen von Einzelunternehmen und Personengesellschaften, wie wir sie im Apothekenbereich finden, vollumfänglich Rechnung. Deshalb wird nachfolgend im gesamten Buch auf das bewährte und *praktikable* Ertragswertverfahren abgestellt. Das bedeutet vom Prinzip her, der wirtschaftliche Wert einer fortgeführten Apotheke hängt vom erzielten bzw. nachhaltig erzielbaren Gewinn ab.

Unterschiedliche Gewinnquoten bedingen abweichende Wertansätze für das Unternehmen selbst dann, wenn die verglichenen Unternehmen vollkommen identisch sind hinsichtlich der Betriebsmittel und der Zahl sowie Qualifikation der Arbeitskräfte. Wenn aber der Gewinn eines Unternehmens dessen Wert bestimmt, dann muss zwischen diesen beiden Größen eine Beziehung hergestellt werden, die es ermöglicht, von dem Gewinn auf den Unternehmenswert zu schließen. Theoretisch können dabei nur die zukünftigen Gewinne zugrunde gelegt werden.

Mathematisch ausgedrückt, stellt sich der Wert eines Unternehmens im Ganzen als der auf den heutigen Zeitpunkt abgezinste Wert aller zukünftigen Gewinne dar, was dem Barwert aller zukünftigen Gewinne entspricht, der nach der Formel für die ewige Rente berechnet wird.[3]

$$E = \frac{FÜ \times 100}{i}$$

E = Wert des Unternehmens = Barwert der ewigen Rente
FÜ = finanzielle Überschüsse/Jahresgewinn
i = Kapitalisierungszinssatz

Die obige Wertermittlung unterstellt unbegrenzte Lebensdauer des zu bewertenden Unternehmens und bezieht sich auf den Wert ausschließlich im Hinblick auf das notwendige Betriebsvermögen. Darüber hinausgehendes, nicht betriebsnotwendiges Vermögen ist separat zu bewerten.

Für die Berechnung des Unternehmenswertes sind also die Größen „zukünftiger Jahresgewinn" und „Kapitalisierungszinssatz" notwendig. Da der zukünftige Gewinn eines Unternehmens im ersten Schritt nicht genau bestimmt werden kann, legt man der Berechnung zunächst die Gewinne der zurückliegenden drei bis fünf Jahre zugrunde. In die obige Formel wird zunächst FÜ als das einfache arithmetische Mittel der Jahresgewinne der letzten drei bis fünf Jahre eingesetzt. *Zunächst: Vergangenheitsgewinne*

Weisen die Gewinne starke Schwankungen von Jahr zu Jahr auf, ohne dass eine tendenzielle Entwicklung (Trend) erkennbar ist, müssen diffe- *Probleme bei starken Gewinnschwankungen*

3 Vgl.: WP-Handbuch 2002, Band II, a. a. O., Seite 199

renziertere Berechnungen erfolgen. In derartigen Fällen sollte man die Jahresergebnisse unter Eliminierung des besten und schlechtesten – hier sind also mindestens fünf Ergebnisse heranzuziehen – nach der zeitlichen Reihenfolge gewichten.

Bei stetigen negativen oder positiven Gewinnentwicklungen in den letzten Jahren stellt sich die Frage, ob man den Durchschnitt der letzten drei Jahre der Ertragswertberechnung zugrunde legt oder über diesen Wert hinausgeht bzw. unter ihm bleibt. Eine allgemeingültige Antwort hierauf lässt sich nicht geben; dieses Problem muss im Einzelfall aufgrund der maßgeblichen inner- und außerbetrieblichen (marktmäßigen) Einflussfaktoren entschieden werden.

Bei der Verwendung der Vergangenheitsergebnisse ist zu berücksichtigen, dass sich die Rahmenbedingungen der Arzneimittelversorgung und speziell des Apothekenwesens durch die verschiedenen Gesundheitsreformen in der Vergangenheit zum Teil grundlegend geändert haben. Unter diesem Aspekt sollten die Ergebnisse der Jahre mit vergleichbaren Rahmenbedingungen in jedem Falle stärker gewichtet werden.

Bereinigung der Vergangenheitsergebnisse ...

Bei der Behandlung der Frage, wie der nachhaltig zu erwirtschaftende Reinertrag aufgrund der Vergangenheitsergebnisse ermittelbar ist, wurde bisher davon ausgegangen, dass der in den Jahresabschlüssen errechnete Gewinn ohne weiteres verwendet werden kann. Diese Unterstellung lässt aber unberücksichtigt, dass die Jahresergebnisse von Zufälligkeiten beeinflusst sein können, z.B. den Bewertungs- und Bilanzierungsmethoden. Im Sinne der Ermittlung des reinen wirtschaftlichen Ergebnisses sind diese Faktoren aus der buchhalterischen Erfolgsrechnung zu eliminieren. Hierzu gehören zunächst alle Aufwendungen, die ihrem Wesen nach Gewinnverwendung darstellen, wie z.B. die Legung von offenen oder stillen Reserven durch Rücklagenbildung, übermäßige Bemessung von Rückstellungen bzw. wirtschaftlich überhöhte Abschreibungen. Dabei ist die steuerrechtliche Zulässigkeit der vorgenommenen Maßnahmen keine Begründung für ihre Anerkennung im Unternehmensbewertungsverfahren. Einer kritischen Betrachtung bedürfen fernerhin alle Aufwendungen, die sich über das Jahr ihres Anfalles hinaus positiv auf den Betrieb auswirken, also längerfristigen Charakter haben, z.B. die meisten Instandhaltungs- und Reparaturausgaben, soweit sie nicht aktivierungspflichtig sind, Organisationsaufwendungen usw. Neben diesen internen Einflüssen sind auch solche externer Art auszuschalten, z.B. Erträge aus dem Verkauf ins Gewicht fallender Aktiva und durch Diebstähle, Brand- oder Leitungswasserschäden verursachte Aufwendungen. Allgemein lässt sich sagen, dass speziell die eventuell vorhandenen Positionen „außerordentliche Aufwendungen bzw. Erträge" besonders eingehend zu prüfen sind, weil hier die Vermutung besteht, dass es sich um aus dem Normalrahmen fallende Vorgänge handelt. Dieser letzte Hinweis enthält, darauf sei besonders hingewiesen, den Beurteilungsmaßstab für alle Ergebniseinflüsse. Alles, was seinem Wesen nach nur Einmaligkeitscharakter trägt oder für das jeweilige Apothekenunternehmen in dem betreffenden Jahr ganz oder teilweise nicht repräsentativ ist, bedarf der Eliminierung zur Bestimmung des nachhaltigen Gewinnes. Diesem Bestreben dient das Kapitel 4.1.3.

... um alles, was aus dem Normalrahmen fällt

Damit sind jedoch die mit der Bestimmung des nachhaltig zu erzielenden Reinertrages zusammenhängenden Probleme noch nicht erschöpft. Nach Vornahme von Bereinigungen von das bisherige Jahresergebnis evtl. beeinflussenden Zufälligkeiten kann man noch nicht unterstellen, dass diese auf der Basis der Vergangenheitsergebnisse vorliegenden Gewinne auch in der Zukunft Gültigkeit haben werden. Wie im Kapitel 4.2 noch ausführlich dargelegt wird, muss nun eine Zukunftsanalyse (Prognose) erfolgen, die folgendes in Kurzform berücksichtigt:

Zukunftsanalyse

- von dem potenziellen Käufer leicht zu bewirkende Änderungen der bisherigen Kostenstruktur (siehe Kapitel 4.2.1)
- durch das direkte Umfeld zu erwartende Änderungen (siehe Kapitel 4.2.2)
- Änderungen infolge allgemeiner wirtschaftlicher Entwicklung, infolge von Eingriffen der Politik in das Gesundheitssystem und infolge von Änderungen im Bereich der Gesetzlichen Krankenversicherungen (siehe Kapitel 4.2.3).

Ohne diese Zukunftsbetrachtung wäre dem Postulat nicht genüge getan, den „zukünftigen nachhaltigen Ertrag" als Grundlage für die Größe FÜ zu verwenden. Der ohne diese Betrachtungen zugrunde gelegte Ertrag wäre zu sehr abgeleitet aus reinen Vergangenheitsaspekten.

Die so ermittelte Größe des angenommenen nachhaltigen prospektiven Jahresgewinns muss noch um den sogenannten „Unternehmerlohn" gekürzt werden. Im Gegensatz zu den Kapitalgesellschaften, bei denen die Geschäftsführung (Vorstand) Angestellter der Firma ist, so dass deren Tätigkeitsentgelt als Gehaltsaufwand erfasst wird, darf nach den Grundsätzen ordnungsgemäßer Buchführung und Bilanzierung bei Einzelunternehmen und Personengesellschaften kein Betrag als Vergütung für die Arbeitsleistung des Inhabers bzw. der Gesellschafter (Unternehmerlohn) in der Erfolgsrechnung ausgewiesen werden. Da jede unternehmerische Tätigkeit einen Dienstleistungsverzehr darstellt, der Kostencharakter besitzt, ist diese unterschiedliche Behandlung aufgrund rechtlicher Gegebenheiten wirtschaftlich nicht gerechtfertigt. Es

Unternehmerlohn

ist daher einmütig anerkannt, dass für die Unternehmensbewertung von Apotheken auch ein Unternehmerlohn als Aufwand zu berücksichtigen ist. Von dem an Hand der Erfolgsrechnungen ermittelten nachhaltig erzielbaren Ertrag ist daher ein angemessener Unternehmerlohn abzuziehen, bevor die Kapitalisierung durchgeführt wird. Da der Apotheker wegen des für seine Berufsausübung vorgeschriebenen Hochschulstudiums mit der anschließenden praktischen Ausbildung anerkanntermaßen eine Sonderstellung unter allen Einzelhandelsunternehmern einnimmt, werden sich nur sehr schwer Vergleichsmaßstäbe für die Bestimmung des Unternehmerlohns aus anderen Branchen finden lassen. Der Unternehmerlohn eines selbständigen Apothekers wird sich daher wohl nur in Anlehnung an die Vergütung, die Verwalter, Apotheken- oder auch Filialleiter erhalten, festsetzen lassen (siehe Kapitel 4.3).

Kapitalisierungszinssatz | Erhebliche Schwierigkeiten in der Praxis bereitet die Festlegung des Kapitalisierungszinssatzes, mit dem die zukünftigen Gewinne nach Abzug des Unternehmerlohns auf den heutigen Zeitpunkt abgezinst werden. Die Abzinsung wird notwendig, weil die Gewinne erst in den nächsten Jahren anfallen, so dass nur die diskontierten, also abgezinsten Gewinne auf den heutigen Zeitpunkt Basis für den Unternehmenswert sein können. Gerade der Kapitalisierungszinssatz ist aber von besonderer Bedeutung, weil sich bereits geringe Schwankungen sehr nachhaltig auf den Ertragswert auswirken.

In welcher Höhe soll aber nun der Kapitalisierungszinssatz festgelegt werden? In der Bemessung dieser Größe liegt eines der entscheidenden Probleme im Rahmen einer Unternehmensbewertung. Die Bewertungspraxis unterstellt beim Kauf einer Apotheke unter dem Aspekt der Laufzeitäquivalenz typischerweise als Alternativanlage eine langfristige Anlage am Kapitalmarkt. Die Bedeutung des Kapitalmarktzinses als Wertmaßstab liegt darin, die Wertermittlung zu vereinfachen. Die Wahl des Kapitalmarktzinses vermeidet die Befassung mit schwer bestimmbaren unterschiedlichen Alternativanlagen verschiedenster Risikobelastung. Vergleichsgrundlage ist also die langfristig erzielbare Rendite öffentlicher Anleihen. Alles weitere wird im Kapitel 4.5 ausgeführt und dargelegt.

Nachdem nun die wichtigsten Schritte in Kurzform dargestellt sind, soll ein einfaches Beispiel den Ablauf in komprimierter Form zeigen:

Berechnungsbeispiel:

▓	Bereinigte Jahresgewinne (nach Abzug des Unternehmerlohns u.a.)	2004	€ 45.000,–
		2005	€ 50.000,–
		2006	€ 55.000,–
		2007	€ 50.000,–
▓	Nachhaltig zu erzielender Reinertrag	FÜ =	€ 50.000,–
▓	Angenommener Kapitalisierungszinssatz (vgl. Abschnitt 4.5)	i = 13 %	

$$E = \frac{50.000 \times 100}{13}$$

E = € 384.615,–

Der auf diese Weise ermittelte Unternehmenswert umfasst nicht nur die realen Sachanlagen, sondern auch die sich auf den Ertrag auswirkenden immateriellen Güter, namentlich den Firmenwert bzw. Goodwill und das Warenlager. In der Regel wird bei Apothekenkaufverträgen lediglich das Anlagevermögen, das Warenlager und der Geschäftswert (Firmenwert bzw. Goodwill) auf den Käufer übertragen. Die Abwicklung der verbleibenden Forderungen und Verbindlichkeiten obliegt dem Verkäufer. Damit beinhaltet der Unternehmenswert den Saldo der Forderungen und Verbindlichkeiten nicht. Dies ist auch logisch, da die Höhe dieser Positionen von dem bisherigen Entnahmeverhalten des Verkäufers abhängig ist.

Für den Verkäufer bedeutet dies, dass sich für ihn aus der Übertragung der Apotheke zwei Bereiche liquiditätsmäßig auswirken: der Kaufpreis, der sich zum einen aus dem Unternehmenswert gemäß obiger Darstellung ergibt und zum anderen der Saldo zwischen den Forderungen und Verbindlichkeiten, die er selbst abwickeln muss. Uns sind Fälle bekannt, in denen dieser Saldo negativ war, weil der Verkäufer vor Verkauf erhebliche Gelder aus der Apotheke für private Zwecke entnommen hatte. Aus dem Verkauf der Apotheke erhielt somit der Verkäufer in diesem besonderen Fall den nach obigen Grundsätzen ermittelten Unternehmenswert vermindert um den negativen Saldo aus den Forderungen und Verbindlichkeiten. „Nebenbei" wären die zu zahlenden Steuern auf den evtl. Veräußerungsgewinn, die dritte Größe, die der Verkäufer beachten muss (siehe Kapitel 8).

Der alle bisherigen Überlegungen berücksichtigende Ertragswert sollte in einem letzten Schritt noch einer Plausibilitätskontrolle unterworfen werden. Auch noch in neuzeitlichen Äußerungen zu dem Thema Unternehmensbewertung wird das Postulat erhoben, sich mehr am

Marktwert zu orientieren, als komplizierte Unternehmensbewertungsmethoden auf der Basis des zukünftig nachhaltigen Reinertrages (Ertragswertmethode) zu entwickeln. Gemäß Ausführungen im Abschnitt 6.5 kann man eine Rechnung mit am Markt üblichen Faktoren (Gesamtwert = X-% vom Umsatz) nur als Anhalts- und Orientierungswerte betrachten, jedoch nicht als die alleinige Grundlage für eine Unternehmensbewertung. Der Beispielsfall, der nachfolgend theoretisch und praktisch abgeleitet wird, wird im Kapitel 6.5 eine derartige Plausibilitätskontrolle als Anhaltswert zur zusätzlichen Überprüfung beinhalten.

Für die Bewertung gibt es keine absolute Norm

Anlass zur Behandlung des Problems der Bewertung einer Unternehmung im Ganzen war die Frage nach dem „richtigen" Preis bei der Veräußerung einer Apotheke. Die Notwendigkeit derartiger Wertermittlungen ergibt sich aus der Tatsache, dass ein Markt für Unternehmen, auf dem sich nach ökonomischen Prinzipien ein Marktpreis bildet, nicht besteht. Jede zum Verkauf stehende Apotheke ist für sich ein individuelles Objekt, das nicht mit irgendwelchen anderen am Markt in Vielzahl angebotenen Waren verglichen werden kann. Beim Kauf eines Unternehmens stehen also beide Vertragsparteien vor der Schwierigkeit, für die Überlassung eines lebendigen Betriebsorganismus ein adäquates Entgelt zu finden. Die Ausführungen dazu haben gezeigt, dass in die heute anerkannten wissenschaftlichen Unternehmenswertberechnungen an vielen Stellen Größen einfließen müssen, die sich aus ihrer Natur heraus der genauen Festlegung entziehen und auf Schätzungen, Erwartungen und Beurteilungen beruhen. Es gibt dementsprechend keine absolute Norm für den Wert eines Unternehmens. Die in der Praxis für den gleichen Tatbestand von verschiedenen Personen angefertigten Gutachten zeigen daher oft erhebliche Unterschiede. Es wäre ein Trugschluss, wenn durch die Erstellung eines Bewertungsgutachtens etwas Verbindliches über den Preis festgelegt würde. Der nach betriebswirtschaftlichen Grundsätzen ermittelte Unternehmenswert bildet nur die Basis für die Aushandlung des Preises für die Apotheke. Er gibt den Parteien eine Vorstellung über ihren Wert. Für die Bemessung des Kaufpreises können darüber hinaus noch subjektive Momente der Verhandlungspartner maßgebend sein.

Abschließend soll nachfolgendes Schaubild in einem Überblick in vereinfachter Struktur zeigen, in welchen Schritten eine Unternehmensbewertung erfolgt. Gleichzeitig sind damit die wichtigsten Problembereiche einer Unternehmensbewertung aufgezeigt.

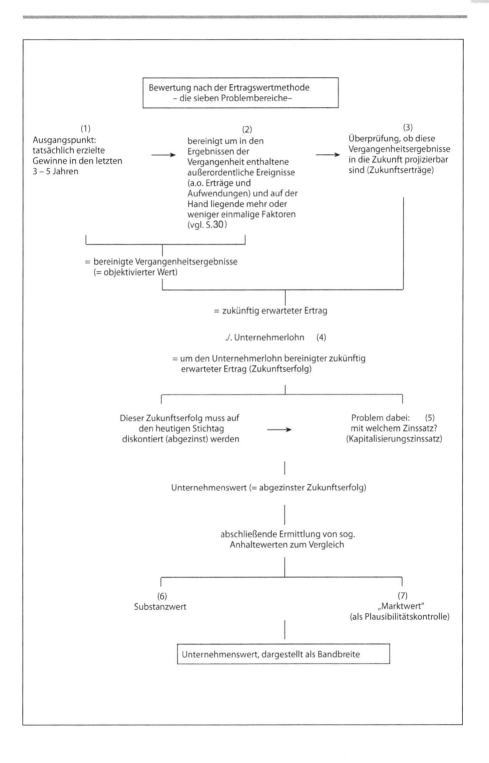

Bewertung nach der Ertragswertmethode
– die sieben Problembereiche–

(1)
Ausgangspunkt:
tatsächlich erzielte
Gewinne in den letzten
3 – 5 Jahren

(2)
bereinigt um in den
Ergebnissen der
Vergangenheit enthaltene
außerordentliche Ereignisse
(a.o. Erträge und
Aufwendungen) und auf der
Hand liegende mehr oder
weniger einmalige Faktoren
(vgl. S.30)

(3)
Überprüfung, ob diese
Vergangenheitsergebnisse
in die Zukunft projizierbar
sind (Zukunftserträge)

= bereinigte Vergangenheitsergebnisse
(= objektivierter Wert)

= zukünftig erwarteter Ertrag

./. Unternehmerlohn   (4)

= um den Unternehmerlohn bereinigter zukünftig
erwarteter Ertrag (Zukunftserfolg)

Dieser Zukunftserfolg muss auf
den heutigen Stichtag
diskontiert (abgezinst) werden

Problem dabei: (5)
mit welchem Zinssatz?
(Kapitalisierungszinssatz)

Unternehmenswert (= abgezinster Zukunftserfolg)

abschließende Ermittlung von sog.
Anhaltewerten zum Vergleich

(6)
Substanzwert

(7)
„Marktwert"
(als Plausibilitätskontrolle)

Unternehmenswert, dargestellt als Bandbreite

3 Bewertungsanlässe und Funktion des Bewertenden

3.1 Anlässe für eine Unternehmensbewertung

Funktion des Beraters und Bewertungsanlass stehen in engem Zusammenhang ...

Es wäre verfehlt, die Darstellung der Bewertungsanlässe als einen überflüssigen theoretischen Beitrag abzutun. Vor jeder Unternehmensbewertung müssen die Bewertungsanlässe dem Unternehmensbewerter bekannt sein, da in einigen Fällen die Art der Durchführung des Gutachtens in Abhängigkeit vom Bewertungsanlass steht. Auch die Frage, in welcher Funktion der Berater tätig werden soll, kann in Abhängigkeit vom Bewertungsanlass gesehen werden. Wird beispielsweise nach dem Tode eines Apothekers von dessen Erben die Apotheke an einen fremden Apotheker veräußert, wird der mit der Unternehmensbewertung beauftragte Berater (in der Regel der Steuerberater, wenn er mit dieser Materie vertraut ist) ein sogenanntes Berater- oder Parteiengutachten fertigen. Geht es aber um die Auseinandersetzung von zwei Apothekern, die zusammen eine Apotheke im Rahmen einer OHG (Offene Handelsgesellschaft) betreiben, könnte der Berater mehr in der Funktion als neutraler Gutachter auftreten, wenn dies von allen Parteien so gewollt ist.

... und haben praktische Relevanz

Insoweit ist die Aufzählung der Bewertungsanlässe von sehr praktischer Relevanz und steht im engen Zusammenhang mit der teilweise sich hieraus ergebenden Funktion, in der der Berater tätig werden soll.

3.1.1 Verkauf aus Altersgründen

Soweit ein Apotheker aus Altersgründen oder auch aus anderen Erwägungen heraus seine von ihm betriebene Apotheke nicht mehr in eigener Regie fortführen möchte, hat er die Wahl, entweder die Apotheke

- an Erben zu übertragen
- zu verpachten
- oder sie zu verkaufen.

Eine Übertragung auf seine Erben ist nur möglich, wenn die Erben im Sinne des ApoG berechtigt sind, eine Apotheke zu führen, d.h. wenn sie Apotheker sind.

Nach § 9 Abs. 1 Nr.1 Apothekengesetz ist ein Apotheker nur dann zur Verpachtung seines Betriebes berechtigt, wenn seine Erlaubnis wegen eines körperlichen Gebrechens, wegen Schwäche der geistigen oder körperlichen Kräfte oder wegen Sucht zurückgenommen worden ist oder wenn er erwerbsunfähig ist oder die gesetzliche Altersgrenze erreicht hat. Bezüglich weiterer Einzelheiten hierzu sei auf einschlägige apothekenrechtliche Literatur verwiesen. Abgesehen vom Erreichen der Altersgrenze kommen die anderen Voraussetzungen nur in extremen Ausnahmefällen zum Tragen, so dass im Wesentlichen die Verpachtung infolge des Erreichens der Altersgrenze eine Alternative zum Verkauf einer Apotheke sein könnte.

Verpachtung als Alternative zum Verkauf.
Am Rande sei aus dem Beratungsalltag in diesem Zusammenhang nicht verschwiegen, wie problematisch eine Verpachtung sein kann, wenn zu viel Schulden auf der Apotheke lasten. Der Apotheker ist gut beraten, wenn er die Entscheidung für die Alternative Verpachtung nach Erreichen der Altersgrenze oder Verkauf in Zusammenarbeit mit seinem Berater nach fundierten Vergleichsrechnungen über längere Zeiträume vorbereitet. Eine Entscheidung „aus dem Bauch" kann eine folgenschwere Fehlentscheidung sein, wie Fälle aus der Praxis gezeigt haben. Bei zu hohen Schulden, z.B., reicht die Pacht oft nicht für den Zins- und Tilgungsdienst. In solchen Fällen wäre die einzige Lösung ein Verkauf als Ganzes. Das Gleiche gilt im Übrigen auch für den plötzlichen Tod des Apothekers im Hinblick auf seine Witwe bzw. Erben. Hier gilt die im Einzelnen individuell zu überprüfende Regel: Je jünger der Apotheker bei seinem Ableben ist und je höher die Schulden sich zu diesem Zeitpunkt darstellen, um so weniger kommt eine Verpachtung in Frage.

Ratschlag:
Bei zu hohen Schulden keine Verpachtung

3.1.2 Verkauf nach dem Tode durch die Erben

Von den Hinterbliebenen eines Apothekers[1] haben nur der überlebende Ehegatte und in Ausnahmefällen die Kinder eines verstorbenen Apothekers ein Verpachtungsrecht, soweit sie zu Erben eingesetzt wor-

---

1 Diese Ausführungen gelten selbstverständlich gleichermaßen auch für die weiblichen Berufsausübenden. Aus technischen Gründen wird davon abgesehen, die Ergänzung für die weiblichen Berufsausübenden jeweils gesondert anzumerken. Aus Gleichberechtigungserwägungen hätte man durchgehend von „der Apothekerin" sprechen müssen. Die Verfasser sind sich darüber im Klaren, dass es in vielen Regionen mehr weibliche als männliche Berufskollegen gibt, so dass diese für die Vorgehensweise um Verständnis gebeten werden.

den sind. Andere Erben – sei es kraft Gesetzes oder sei es kraft Testamentes – haben ein solches Recht nicht und können die Apotheke nur verkaufen[2].

Soweit Erben nach den obigen Ausführungen verpachtungsberechtigt sind, haben sie die gleichen Überlegungen anzustellen, wie in Kapitel 3.1.1 ausgeführt.

Für die Hinterbliebenen eines Apothekers, die die Apotheke verkaufen müssen, sind Bewertungsfragen von Bedeutung, da sie von der Beauftragung des Gutachters über die Ermittlung des Kaufpreises, bis hin zur Art der Verhandlungsführung und schließlich hinsichtlich der technischen Abwicklung einschließlich der juristischen und steuerlichen Fragen eine große Fülle von Problemen bedenken müssen, die sie infolge der naturgemäß vorhandenen Unerfahrenheit nur in Begleitung eines Fachmanns lösen können. Um für das Gespräch mit diesem gewappnet zu sein, ist es sinnvoll, über gewisse Grundprinzipien Kenntnis zu haben.

3.1.3 Gesellschaftsrechtliche Auseinandersetzungen

Eine nicht geringe Anzahl von Apotheken wird im Rahmen einer OHG (Offene Handelsgesellschaft) geführt. Es gibt die unterschiedlichsten Gründe für die Auflösung einer solchen OHG:

- Auseinandersetzung infolge des Todes eines Gesellschafters
- Auseinandersetzung infolge des Erreichens der Altersgrenze eines Gesellschafters,
- Auseinandersetzung infolge persönlicher Differenzen zwischen den Gesellschaftern und Übertragung der Apotheke auf einen der Gesellschafter,

um nur einige zu nennen.

In diesen Fällen müssen sich die Gesellschafter in gleicher Form mit der Problematik „Unternehmensbewertung" befassen.

3.1.4 Erbauseinandersetzungen

Muss der Erbe einer Apotheke Miterben oder Pflichtteilsberechtigte auszahlen, ist vielfach die Bewertung der Apotheke erforderlich. Zur Berechnung des Pflichtteilsanspruchs wird der Wert des Nachlasses zum Zeitpunkt des Erbfalls zugrunde gelegt (§ 2311 BGB). Wird die Apotheke anschließend zu einem höheren oder niedrigeren Preis ver-

---

2 Vgl.: ApoG § 9 Abs. 1 Nr. 2 u. 3

äußert, ändert sich der Umfang des Pflichtteilsanspruches dadurch nicht. Welche Brisanz dieser Hinweis beinhaltet, möge am folgenden Beispiel erläutert werden:

Ein Erbe hat beispielsweise als nicht die apothekenrechtlichen Voraussetzungen zur Führung einer Apotheke erfüllende Person eine Apotheke geerbt, will diese verkaufen und muss aber gleichzeitig Pflichtteilsberechtigten aus diesem Verkaufserlös den ihnen zustehenden Pflichtteilsanspruch gewähren. Da er sich rechtzeitig hat beraten lassen, wird er wie folgt vorgehen:

Er wird möglichst schnell ein Bewertungsgutachten erstellen lassen, das als Berater- oder auch Parteiengutachten einen für ihn günstigen (also niedrigen) Wert ermittelt, sagen wir 500 T€. Auf dieser Basis wird der Pflichtteilsberechtigte abgefunden, um ein Beispiel zu nennen, 10 % von 500 T€ entsprechend 50 T€.

Anschließend – z.B. ein Jahr später – verkauft der Erbe die Apotheke für 650 T€. Nach § 2311 BGB ändert sich der Umfang des Pflichtteilsanspruchs dadurch nicht. Dadurch erspart sich der Erbe eine Pflichtteilsausgleichszahlung in Höhe von 15 T€. Hätte der Erbe kein Gutachten zum Zeitpunkt des Erbfalls erstellen lassen, sondern den tatsächlichen Verkauf für die Berechnung des Pflichtteilsanspruchs in Unkenntnis dieses Zusammenhangs zugrunde gelegt, hätte er 15 T€ verschenkt. Die Gutachterkosten im Hinblick auf den tatsächlichen Verkauf wären in jedem Fall (später) angefallen.

Ratschlag:
Im Erbfall ein Bewertungsgutachten erstellen lassen

3.1.5 Ermittlung des Zugewinnausgleichs bei Scheidung

Auch dieser Anlass ist für die Bewertung von großer Bedeutung, weil sich danach die Frage richtet, ob bei der Bewertung das Unternehmen so zu bewerten ist, wie es zum Stichtag zur Ermittlung des Zugewinnausgleichs „steht und liegt", oder ob auch zukünftige Einflüsse, die nach diesem Stichtag absehbar sind, eine Rolle spielen. Dies kann sich für denjenigen, der den Zugewinnausgleich im Rahmen einer Scheidung erfüllen muss, positiv oder negativ auswirken, je nach dem, welche Zukunftseinflüsse anstehen.

In jedem Fall soll bei der Ermittlung des Zugewinnausgleichs die Wertfeststellung so getroffen werden, dass zukünftige Entwicklungen keinen Eingang in das Gutachten finden sollen (strenges Stichtagsprinzip).[3] Zur Kritik an dieser Auffassung wird auf Kapitel 6.8.2 verwiesen.

---

3 Vgl.: Steuerberaterhandbuch, Stollfuß Verlag, Berlin 2006, S. 2255, Tz. 68

3.1.6 Zusätzliche Aufnahme von Krediten oder Erweiterung der Kreditlinie

Zunehmend gewinnen bei der Prüfung der Kreditwürdigkeit Kriterien nach Basel II an Bedeutung. Das trifft zum Teil zu im Zusammenhang mit größeren geplanten Investitionen sowohl für die Apotheke (z. B. für den Zukauf einer Filiale) als auch für den privaten Bereich (z. B. Investition in ein größeres Vermietungsobjekt), für die der Apotheker einen höheren Kredit benötigt, den die Bank bei der beabsichtigten Größenordnung nicht so ohne weiteres finanzieren möchte.

In diesem Zusammenhang zeigt die Erfahrung, dass Kreditinstitute Unterlagen in Form von sachkundig erstellten Bewertungsgutachten der Apotheke zur Beurteilung der Kreditwürdigkeit durchaus heranziehen. Eine prosperierende Apotheke wird mithilfe einer Bewertung im Regelfall die Bank dazu bewegen, die Vermögensseite des Apothekers noch positiver zu betrachten, als es vielleicht aus den normalen Gewinnen für die Bank ersichtlich ist.

3.2 In welcher Funktion soll der Berater tätig werden?

Die Aufzählung der Funktionen, in denen ein Berater als Bewerter tätig werden soll, wäre nicht zu verstehen, wenn man an dieser Stelle nicht die Grundproblematik im Zusammenhang mit einer Unternehmensbewertung kurz darstellen würde, die gleichzeitig zeigt, dass auch in der Betriebswirtschaft „vieles im Fluss ist". Es soll nicht verschwiegen werden, dass sich die „Gelehrten" in manchen – teilweise auch bedeutenden – Fragen der Unternehmensbewertung uneins sind und durchaus unterschiedliche Meinungen bestehen.

Im Rahmen dieser Abhandlungen wird von der herrschenden Meinung ausgegangen, soweit sich der Verfasser dieser anschließt. Die Basis sind hierbei die bereits erwähnten „Grundsätze zur Durchführung von Unternehmensbewertungen" in Form des IDW-Standards.[4] Soweit dies nicht der Fall ist, wird hierauf ausdrücklich verwiesen.

Bewertung der Apotheke wie sie „steht und liegt"? ...

Im Kern geht es um folgende Frage: Soll bei einer zur Bewertung anstehenden Apotheke die Apotheke zum vereinbarten Stichtag so bewertet werden, wie sie „steht und liegt" oder sollen im Gutachten bekannte Tatsachen Berücksichtigung finden, die der Käufer in Zukunft zu seinen Gunsten problemlos beeinflussen kann? Ist, zum Beispiel, Bewertungsanlass die Veräußerungsabsicht der Erben des verstorbe-

---

4 Vgl.: IDW S 1 vom 18.10.2005, IDW Verlag, Düsseldorf 2005

nen Apothekers, dann wäre die Bewertung der Apotheke wie sie „steht und liegt", nachdem sie ggf. nach dem Tode des Apothekers über einige Jahre heruntergewirtschaftet wurde, geradezu absurd. Wenn der Bewerter nämlich weiß, dass der Käufer durch Abbau von wirtschaftlich nicht gerechtfertigtem Personalüberhang den Gewinn leicht steigern kann, würde dies einen Einfluss auf den Kaufpreis haben. Der Käufer könnte mit höheren Erträgen rechnen, die, kapitalisiert, sich in erheblichem Umfang kaufpreiserhöhend auswirken würden. Die Frage ist also: Soll der Bewerter diese dem Käufer leicht möglichen zukünftigen Maßnahmen im Rahmen seines Gutachtens berücksichtigen oder nicht?

Die Berücksichtigung von zukünftigen Einflüssen, die zum Zeitpunkt der Erstellung des Gutachtens dem Bewerter bekannt sind, kann sich auch für den Verkäufer negativ auswirken: Zum Beispiel, wenn der Bewerter über die Eröffnung einer Konkurrenzapotheke in 500m Entfernung Kenntnis hat. Soll er nun diese ihm bekannten Tatsachen bei der Bewertung der Apotheke zum heutigen Zeitpunkt berücksichtigen oder nicht?

…oder auf der Hand liegende Veränderungsmöglichkeiten mit berücksichtigen?

Über diese Frage hat es in der Vergangenheit in der Literatur einen heftigen Meinungsstreit gegeben. Die Diskussion hat folgenden Konsens gebracht:

Die frühere Meinung, dass ein objektivierter Unternehmenswert ermittelt werden soll unter der Annahme, dass die Unternehmung von einem durchschnittlich befähigten Unternehmensleiter geführt worden sei und die Annahme, dass die Interessenlage und die Fähigkeiten des Käufers, aus der Unternehmung mehr zu machen, keine Rolle spielen, sind überholt.

Die Vertreter der modernen Unternehmensbewertung berücksichtigen auch die Veränderungen der Betriebsstruktur und Rationalisierungsmaßnahmen, die dem Käufer möglich sind. Allerdings auch negative Einflüsse, soweit sie vom Markt vorgegeben werden (sei es durch Eröffnung von Konkurrenzapotheken, Wegzug von Ärzten und allgemeine gesundheitspolitische Erwägungen).

Man hat sich nunmehr darauf geeinigt, dass man die Unternehmensbewertung in abgestufter Form vornimmt: Es wird zunächst die Unternehmung so ermittelt, „wie sie steht und liegt". Diesen Wert nennt man den objektivierten Unternehmenswert, der sich bei der Fortführung des Unternehmens in seinem Konzept und seinem Vorhaben unter Leitung des vorhandenen Apothekers mit allen realistischen Planungswerten im Rahmen seiner Marktchancen, finanziellen Möglichkeiten und sonstigen Einflussfaktoren ohne Wertvorstellungen des potenziellen Käufers und ohne wertverändernde Argumentation des Verkäufers nach den Grundsätzen betriebswirtschaftlicher Unterneh-

Objektivierter Wert „wie sie steht und liegt" Dann: Zukunftswert

mensbewertung bestimmen lässt. Auf der Basis dieses Wertes des Unternehmens „wie es steht und liegt" wird anschließend ein Zukunftswert ermittelt, der dann berücksichtigt, was der Käufer problemlos aus diesem Unternehmen machen kann bzw. welche anderen negativen Einflüsse in der Zukunft auf die zu bewertende Apotheke im Besonderen und auch im Allgemeinen zukommen.

Insoweit gehen die Verfasser mit der in der Literatur bestehenden Meinung mit.

In Ergänzung zur herrschenden Meinung:

Da diese Schrift jedoch für die praktische Handhabung verfasst wird, wird eine marginale Änderung für unser Vorgehen, entwickelt aus der Praxis als Steuerberater und als Unternehmensbewerter, vorgenommen: Die in der Literatur vielfach anzutreffende Meinung, dass als Ausgangspunkt zur Ermittlung des „objektivierten Wertes" die Einflussfaktoren ohne jegliche Wertvorstellungen des potenziellen Käufers und ohne jegliche wertverändernde Argumentation des Verkäufers ermittelt werden sollen, werden vom Verfasser nicht in vollem Umfang mitgetragen.

Berücksichtigung von auf der Hand liegenden, sich verändernden Faktoren bereits bei der Ermittlung des objektivierten Wertes

Auch bei der Ermittlung des objektivierten Unternehmenswertes sollte nicht nur die Unternehmung in reinster Form „wie sie steht und liegt" ohne Wertvorstellung des Käufers ermittelt werden, sondern es sollten schon gewisse, leicht auf der Hand liegende Faktoren Berücksichtigung finden, wie, zum Beispiel, Unstimmigkeiten im Kostengefüge der Apotheke. Als Beispiel sei auf erheblich zu hohe Personalkosten hingewiesen, weil der Verkäufer kein Personal- und Ablaufmanagement betrieben hat. Wenn der Bewerter weiß, dass der Käufer ohne großes Zutun aus der Apotheke erheblich höhere Erträge erzielen kann als der bisherige Apotheker, dann sollte dies unserer Ansicht nach in angemessener Form bereits im Stadium der Ermittlung des objektivierten Wertes Eingang in die Unternehmensbewertung finden (im Rahmen der Vergangenheitsanalyse).

Die Verfasser halten es für ungerecht, wenn solche Einflussfaktoren nicht schon im ersten Schritt bei der Ermittlung des objektivierten Wertes berücksichtigt würden, weil ansonsten der Verkäufer übervorteilt würde. Dies gilt aber auch umgekehrt, soweit der Verkäufer besonders positive Umstände in der Vergangenheit herbeigeführt hatte – zum Beispiel einen äußerst günstigen Mietvertrag mit einem Verwandten, der nach Umschreibung auf den Käufer zu einem normalen Mietvertrag umgewandelt wird – so dass in diesem Fall zukünftig auf der Hand liegende Aspekte zu Ungunsten des Verkäufers Berücksichtigung finden, weil sich der Gewinn der Apotheke in Zukunft vermindern wird, so dass ein niedrigerer Kaufpreis zustande kommt.

Was haben diese Hinweise nun mit der Funktion, in der ein Bewerter tätig werden soll, zu tun?

Der Bewerter kann tätig werden als

1. neutraler Gutachter
2. Berater eines Mandanten
3. Schiedsgutachter.

3.2.1 Der Berater als neutraler Gutachter

Als „neutraler Gutachter" wird ein Berater in der Regel sowohl von Käufer- sowie auch von Verkäuferseite gemeinsam beauftragt, um einen „objektivierten" Wert als Ausgangsgrundlage für Preisverhandlungen zu ermitteln.

In dieser Funktion wird der Berater einen Wert ermitteln, „wie die Apotheke steht und liegt" und nach dem Verständnis der Verfasser die Wertvorstellungen des potenziellen Käufers nur soweit berücksichtigen, als dieser Veränderungen vornehmen kann, die offenkundig sind, ohne Risiko und ohne großen Einsatz von ihm zu bewerkstelligen sind und damit „auf der Hand liegen". Auf die einleitenden Ausführungen hierzu wird verwiesen.

Sinnvollerweise wird der Bewerter in seinem Gutachten bei der Ermittlung des „objektivierten Wertes" als Ausgangsgrundlage für Preisverhandlungen darüber hinaus auf der Hand liegende werterhöhende Aspekte und Argumente für den Verkäufer zur Information aufnehmen und wertmindernde Faktoren aus der Sicht des Käufers ebenfalls darstellen. Bei einem neutralen Gutachten hätten beide Parteien die Möglichkeit, auf der Grundlage des „objektivierten Wertes" preiserhöhende und preismindernde Faktoren zu diskutieren. Beide Parteien könnten den Gutachter beauftragen, die dargestellten Faktoren vielleicht noch näher in Zahlen zu präzisieren, um die Preisober- und die Preisuntergrenze zu ermitteln.

Selbstverständlich wird im Anschluss daran die allgemeine Zukunftsbetrachtung u.a. vorgenommen, entsprechend den Darlegungen in Kapitel 4.2.

3.2.2 Beauftragung als Berater eines Mandanten

Beratergutachten werden sowohl von Verkäufer- wie auch von Käuferseite in Auftrag gegeben und sind, je nach dem, welcher Zweck jeweils damit verfolgt wird, auch sinnvoll. Neben den objektiv vorhandenen Erfolgsfaktoren, die zum „objektivierten" Wert führen, spielen sowohl beim Kauf als auch beim Verkauf individuelle Möglichkeiten und Planungen des jeweiligen Verkäufers oder auch Käufers eine Rolle.

In der Beraterfunktion ermittelt der Bewerter einen subjektiven Entscheidungswert. Anliegen von Beraterbewertungen ist häufig die Ermittlung von Preisgrenzen für die jeweilige Partei. Für den Verkäufer geht es beim Beratergutachten z. B. darum, die Preisuntergrenze festzustellen, die dieser aufgrund seiner individuellen Bedingungen mindestens beim Verkauf verlangen muss, um seine wirtschaftliche Situation durch den Verkauf nicht zu verschlechtern. In Analogie ist ein im Auftrag des Käufers ermittelter subjektiver Entscheidungswert zu sehen. In diesem Fall spiegelt der ermittelte Wert die Preisobergrenze wider, die der betreffende Käufer maximal für die jeweilige Apotheke unter den gleichen Prämissen, jetzt auf sich bezogen, auszugeben bereit ist. Der für die Apotheke realistische, d.h. am Markt durchsetzbare Preis wird sich in der Regel innerhalb dieser beiden subjektiven Grenzpreise bewegen.[5]

Ist der Bewerter im Auftrag des Verkäufers tätig, wird er bspw. alle positiven wertverändernden Argumentationen des Verkäufers berücksichtigen, auch wenn der Erwerber diese Faktoren mit eigenen Risiken und Anstrengungen erarbeiten muss. Er wird aber in der Regel ebenso auf der Hand liegende und bekannte negative Aspekte berücksichtigen. Dennoch handelt es sich um ein Parteiengutachten, das für die Entscheidungsfindung einer Partei (z. B. des Verkäufers) erstellt wurde. Dagegen ist nichts einzuwenden, soweit der Bewerter in der Einleitung zu seinem Gutachten eindeutig klarstellt, in welcher Funktion er tätig geworden ist. Nur dann kann jeder erkennen, auf welcher Grundlage die Wertermittlung erfolgte. Die klare Positionierung des Gutachters zum ermitteln Unternehmenswert beugt Fehlinterpretationen und Missbräuchen mit unter Umständen nachteiligen Folgen für einzelne Parteien vor.[6]

Da ein professionelles Gutachten derartige subjektive Aspekte auch zahlenmäßig darstellt, hat z. B. der Käufer die Möglichkeit, Parameter im Einzelnen anzuzweifeln und bei der Diskussion über das Gutachten zu hinterfragen.

Die Unternehmensbewertung aus der Sicht eines Interessenten ist problemloser als die Bewertung in der Funktion eines neutralen Gutachters, weil hier keine Abstimmung zwischen verschiedenen Zielvorstellungen und gegenläufigen Interessen mehrerer Parteien erforderlich wird.

---

5 Vgl.: WP-Handbuch, Band II, 12. Aufl., IDW-Verlag GmbH, Düsseldorf 2002, S. 11, 12, Tz. 36–40
6 Vgl.: Steuerberater Handbuch, 14. Aufl., Stollfuß Verlag, Bonn Berlin 2006, S. 2239, Tz. 12

3.2.3 Der Berater als Schiedsgutachter

Wird der Bewerter als Schiedsgutachter tätig, so ähnelt seine Position derjenigen des neutralen Gutachters, mit dem Unterschied freilich, dass die Vertragsparteien bereits in Verhandlungen eingestiegen sind und sich dabei „festgebissen" haben.

Der Schiedsgutachter kennt die Preisuntergrenze des Verkäufers und die Preisobergrenze des Käufers. Er wird sich mit den Argumenten beider Verhandlungsseiten auseinandersetzen und diese nach seiner fachkundigen Beurteilung und nach Bereinigungen von subjektiven und überzogenen Wertargumenten beider Seiten zur Grundlage seiner Wertermittlung machen.

Schiedsgutachten werden auch bei Differenzen zwischen Verkäufer und Käufer erstellt, wenn entsprechende vertragliche Vereinbarungen (Schiedsklauseln) bestehen oder zwischen den Parteien getroffen wurden, um gerichtliche Auseinandersetzungen zu vermeiden. Ziel ist die Entwicklung eines „fairen" Einigungspreises für die beteiligten Parteien.

3.2.4 Zusammenfassung

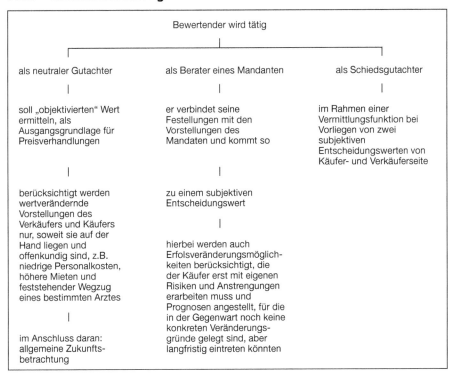

Funktion hängt ab vom Bewertungsanlass:

Dass die Funktion, in welcher der Berater für die Erstellung des Gutachtens aufgefordert worden ist, von dem Bewertungsanlass abhängen kann, wurde bereits im Kapitel 3.1 ausführlich dargestellt. Wird der Berater zum Beispiel aufgefordert, ein Gutachten zu erstellen, weil die

... Aus Altersgründen: Parteiengutachter

Apotheke von dem Apotheker aus Altersgründen verkauft werden soll, wird er in der Regel als Berater des Mandanten einen mehr subjektiv geprägten Apothekenwert ermitteln, der die Zukunftsaussichten des Käufers – wenn positiv – besonders hervorhebt und Risiken wohl nur erwähnt, aber nicht in den Vordergrund stellen wird. Anders, wenn der

... OHG-Gesellschafter: neutraler Gutachter

Berater von zwei OHG-Gesellschaftern gebeten wird, ein Gutachten zu erstellen. Dann wird er als neutraler Gutachter auftreten und einen objektivierten Wert ermitteln, der die Vorstellungen beider Parteien berücksichtigt. Wird der Berater schließlich als Grund für seine Beauftragung eine Auseinandersetzung von Erben vorfinden, so dürften

...Erbauseinandersetzung: keine Zukunftswerte

Zukunftsaspekte kaum eine Rolle spielen. Das Unternehmen wird bewertet, wie es steht und liegt, so dass der in unserem Sinne verstandene objektivierte Wert, der auch gewisse offenkundige und auf der Hand liegende Veränderungsmöglichkeiten berücksichtigt, in diesem Fall kaum zum Tragen kommt.

Zusammenfassend kann festgestellt werden, dass die Bewertungsanlässe nach den obigen Ausführungen eine erhebliche Rolle spielen und einen großen Einfluss darauf haben, in welcher Funktion der Berater tätig werden muss. Wie die Ausführungen auch zeigen, wird je nach Funktion des Beraters ein unterschiedlicher Unternehmenswert zu ermitteln sein. Ist der Berater z.B. als Parteiengutachter tätig, wird in der Regel im Falle einer Beauftragung durch den Verkäufer ein höherer Wert ermittelt, als wenn er als neutraler Gutachter beauftragt wird.

Ratschlag: Gutachten kritisch hinterfragen

Ein Apotheker, der sich über diese Zusammenhänge nicht im Klaren ist, wird erhebliche Fehler begehen, wenn er zum Beispiel als Käufer auf der Basis eines vorliegenden Parteiengutachtens ohne Kenntnis der Zusammenhänge den Kaufpreis mehr oder weniger akzeptiert, weil er der Ansicht ist, dass Gutachten zum Beispiel immer „neutral" sind. Der Apotheker muss wissen, dass je nach Bewertungsanlass und je nach Funktion des Beraters unterschiedliche Werte in beachtlichen Größenordnungen auf legaler Grundlage ermittelt werden können. Wer dies aber nicht weiß, würde bei Kauf oder Verkauf auf der Grundlage derartiger Gutachten erhebliche Fehler begehen. Beispiele hierzu werden an späterer Stelle dargestellt (siehe Kapitel 6.9).

Es ist erstaunlich, dass auf diese Interdependenzen im Schrifttum so wenig Wert gelegt wird. Der Apotheker sollte hierüber informiert sein.

4 Ertragswertermittlung

4.1 Vergangenheitsanalyse

Bereits im Kapitel 2 wurde im Rahmen des Gesamtüberblicks dargestellt, wie die Ermittlung des Ertragswertes nach der Ertragswertmethode erfolgt.

Ausgangspunkt ist der tatsächlich erzielte Gewinn in den letzten drei
bis fünf Jahren. Danach ist im ersten Bewertungsschritt eine Vergangenheitsanalyse vorzunehmen. Dies ist auch sinnvoll, da Basis für alle
Ausgangswerte die Ergebnisse der vorliegenden Apotheke in der
unmittelbaren Vergangenheit sind. Man unterstellt zunächst einmal
ohne weitere zusätzliche Überprüfung ein Fortbestehen dieser Vergangenheitsergebnisse in der Zukunft, von besonderen Veränderungen einmal abgesehen, die in einem weiteren Schritt überprüft werden.

Ausgangspunkt: Ver-
gangenheitsanalyse

Damit sind die Vergangenheitsergebnisse die Grundlage für die Ermittlung des Ertragswertes.

4.1.1 Zeitreihenanalyse

In den Kapiteln 4.1.1 bis 4.1.5 geht es um die Frage, in welcher Form
die Vergangenheitsergebnisse für eine sinnvolle Ausgangszahl im Hinblick auf die anstehende Bewertung einer Apotheke aufgearbeitet werden sollen. Die Vergangenheitsergebnisse kritiklos als Endzahl zu übernehmen und hieraus einen Durchschnittsbetrag der letzten Jahre zu
bilden, wäre mit den Prinzipien der Unternehmensbewertung nicht ver-
einbar. Die vorliegenden Vergangenheitsergebnisse müssen einer sach-
kundigen Analyse unterzogen werden.

Wie soll die Auf-
arbeitung der
Vergangenheits-
ergebnisse erfolgen?

Es beginnt mit einer Zeitreihenanalyse.

Zunächst hat sich der Unternehmensbewerter zu entscheiden, wie viele
Jahre aus der Vergangenheit er heranziehen möchte. Möchte er sich
für die Heranziehung von Vergangenheitswerten auf einen Zeitraum
von drei Jahren stützen, würde man die Gewinn- und Verlustrechnungen für die drei Jahre, aufgeteilt auf die einzelnen Erlös- und Auf-
wandsarten, in einer Zeitreihe nebeneinander schreiben. Dies klingt
zunächst banal, hat jedoch einen erheblichen Aussagewert für den

Bewertenden und ist Grundlage für die Bereinigungen in Kapitel 4.1.3.[1]

Zeitreihenanalyse

Praktiker sind sich darüber einig, dass eine Zeitreihenanalyse hervorragend geeignet ist, negative Entwicklungen eines Unternehmens frühzeitig aufzuzeigen. Im Rahmen dieser Analyse werden die Umsätze, Wareneinsätze und alle übrigen Kosten aus der Gewinn- und Verlustrechnung in eine gesonderte Aufstellung übernommen und über einen Zeitraum von in diesem Fall drei Jahren nebeneinandergestellt. Eine solche Analyse liefert in einfacher Weise einen schnellen Überblick über die Entwicklung einzelner Positionen der Gewinn- und Verlustrechnung. Sie zeigt Fehlentwicklungen im Jahr der Entstehung auf und zwingt Unternehmer bzw. seine Berater zu überprüfen, auf welche Ursachen diese Fehlentwicklungen zurückzuführen sind. Ohne eine solche Analyse würden die Fehlentwicklungen nur sehr schwierig zu ermitteln sein. Außerdem werden Entwicklungstendenzen deutlich. Erkennbar ist weiterhin die spezifische Betroffenheit der Apotheke durch die einzelnen Gesundheitsreformen.

Damit ist die Zeitreihenanalyse eine Grundlage für die in den nachfolgenden Kapiteln 4.1.3 bis 4.1.5 anzustellenden Überlegungen.

Beginn mit einem praktischen Beispiel

Beispiel:

Nachfolgend sollen die allgemeinen Aussagen zu jedem Kapitel anhand eines fortlaufenden Beispiels konkretisiert werden. Es wird also parallel zu den Grundlageninformationen eine vollständige Unternehmensbewertung beispielhaft vorgenommen.

Exkurs: Bewertungsbeispiel ja oder nein?

Derartige konkrete Bewertungsbeispiele werden von einigen Autoren abgelehnt, weil sie befürchten, die Probleme der Unternehmensbewertung damit zu sehr zu vereinfachen. Man könne anhand eines konkreten Beispiels nicht alle Facetten und Probleme der Unternehmensbewertung erfassen, so dass der Leser Gefahr laufe, sich zu sehr an einem Beispiel festzuhalten und bei Anwendung dieses Beispiels auf einen anderen konkreten Fall viele Probleme zu übersehen. Diese Argumentation ist nicht ganz von der Hand zu weisen. Die Darstellung eines Beispiels birgt tatsächlich die Gefahr, die Probleme zu „focussieren", weil man nicht alle Aspekte beispielhaft durchleuchten kann.

---

1 Vgl.: Steuerberater Handbuch, 14. Aufl., Stollfuß Verlag, Bonn Berlin 2006, S. 2256, Tz. 72

Da aber in jedem Kapitel einleitend die theoretischen Hinweise für die Durchführung einer Unternehmensbewertung erfolgen, wird der Leser schnell erkennen, wie groß die Bandbreite der zu beachtenden Aspekte ist und sicherlich bei einer gewissen Unerfahrenheit davon Abstand nehmen, anhand des konkreten Beispiels eine Unternehmensbewertung selbst durchführen zu wollen. Dies sollte weiterhin Fachleuten überlassen werden. Wie aber eingangs in Kapitel 1.1 bemerkt, soll mit diesem Buch der Leser weniger in die Lage versetzt werden, eine Unternehmensbewertung allein vorzunehmen, als vielmehr die Parameter kennen zu lernen, die im Rahmen der Bewertung einer Apotheke zu beachten sind, um mit diesem Wissen ein erstelltes Gutachten analysieren und beurteilen zu können. Der Leser soll in die Lage versetzt werden, auf der Basis der in diesem Buch genannten Aspekte mit dem die Bewertung durchführenden Fachmann ein sachkundiges Gespräch führen zu können, um den ihm vielleicht nicht genehmen Endwert des Gutachtens in seinem Sinne beeinflussen oder verstehen zu können.

Unter diesem Aspekt ist die Darstellung eines Beispiels sicherlich nicht verfehlt und erhöht die Transparenz der theoretischen Aussagen.

Grundsätzlich basiert das gewählte Beispiel auf den Zahlen einer bestehenden Apotheke. Aus didaktischen Gründen wurden die Zahlen erheblich verändert, so dass eine Übereinstimmung mit den ursprünglichen Werten nur noch bedingt gegeben ist.

Die ausgewählte Apotheke liegt im Zentrum eines Vorortes einer Großstadt. Die Apothekenräume der Beispielapotheke wurden angemietet. Die Apotheke wird von einem Apotheker geführt. Seine Ehefrau ist in der Apotheke halbtags tätig (sie verrichtet kaufmännische Arbeiten). Die Apotheke beschäftigt insgesamt folgende Mitarbeiter:

Beispielapotheke im Vorort einer Großstadt

- 2 Apothekerinnen – Vollzeitkräfte
- 2 PTA – Vollzeitkräfte
- 2 PKA – Vollzeitkräfte
- 1 PKA – Halbtagskraft
- 1 Bürokraft (Ehefrau) – Halbtagskraft
- zuzüglich 4 weitere Aushilfskräfte pro Monat

Die Ergebnisse dieser Apotheke in den letzten drei Jahren zeigt folgende Zeitreihenanalyse:

Hierzu wird auf die Anlage 1 S. 159 verwiesen. Die sich aus dieser Zeitreihenanalyse ergebenden Schlussfolgerungen werden im Rahmen der Kapitel 4.1.2 und 4.1.3 gezogen.

Zeitreihenanalyse – Anlage 1 S. 159

4.1.2 Kennziffern

Die Zeitreihenanalyse gemäß Anlage 1 zeigt neben den absoluten Zahlen für die Jahre 2004 bis 2006 eine Spalte für alle Kosten in Prozent des Umsatzes. Das hierdurch zutage tretende Zahlenmaterial bietet bereits wichtige Hinweise auf die zu bewertende Apotheke, den Umfang der weiteren Arbeiten für die Unternehmensbewertung und die vom Gutachter in seinem Bewertungsgutachten zu setzenden Schwerpunkte.

Der die Bewertung durchführende Gutachter wird die Zeitreihenanalyse unter Berücksichtigung der folgenden Fragestellungen analysieren:

(1) Wie sieht der Trend im Umsatzbereich, aufgeteilt nach Bar- und Rezeptumsatz, aus?

(2) Sind die Raumkapazitäten der Apotheke ausgeschöpft?

(3) Wie haben sich die Kostenstrukturen im Verhältnis zu den Branchendurchschnittswerten entwickelt, insbesondere bezogen auf

- Wareneinsatz in Prozent des Umsatzes?
- Personalkosten in Prozent des Umsatzes?
- übrige Kosten in Prozent des Umsatzes?

(4) Was sind die gravierenden Abweichungen, welche Gründe gibt es dafür?

Erkenntnisse aus der Kennziffernanalyse

Die aus der Anlage 1 ersichtlichen Prozentzahlen für die Jahre 2004 bis 2006 liefern in diesem praktischen Fall dem Gutachter folgende Erkenntnisse:

Negativ: Hoher Wareneinsatz im Vergleich zu Apotheken mit ähnlicher Versorgungsstruktur

1. Der Wareneinsatz/Materialeinsatz der zu bewertenden Apotheke bewegt sich im Untersuchungszeitraum im Rahmen der allgemeinüblichen Kernbreite. Der in der Apothekenbranche erfahrene Gutachter weiß aber, dass man seit dem Jahr 2004, dem Inkrafttreten des GMG,[2] die Kennzahlen der einzelnen Apotheke nur noch sehr bedingt mit dem so genannten Branchendurchschnitt vergleichen kann. Die Einführung des Kombimodells (Preisbildungsvorschrift für die Rx-Fertigarzneimittel) und die Einschränkung der Erstattungsfähigkeit von non-Rx-Arzneimitteln führten in praxi bei den Apotheken zu einer deutlichen Differenzierung im Wareneinsatzbereich. Die Höhe des Wareneinsatzes einer Apotheke und demnach auch der Spanne hängt vom Umfang und von der Struktur der Versorgungsaufgabe (der Umsatzerlöse) ab. Aus diesem Grunde empfiehlt sich generell der Vergleich der Kennziffern der zu bewertenden Apotheke mit den Kennziffern von Apotheken der gleichen Versor-

---

2 GMG = Gesetz zur Modernisierung der Gesetzlichen Krankenversicherung

gungsprofilgruppe. Das kann allerdings nur ein branchenspezialisierter Berater und Gutachter leisten.

Bei der Beurteilung des Wareneinsatzes der Apotheke ist zu berücksichtigen, ob es sich um eine facharztorientierte Apotheke mit hohem Rezeptdurchschnittswert und vergleichsweise niedrigerem Barumsatzanteil handelt, oder ob sich die Apotheke, um das andere Extrem zu nennen, in hochfrequenter Lauflage befindet. Das heißt, bevor der Gutachter mit der detaillierten Kennziffernanalyse beginnt, wird er sich mit den Standortfaktoren und dem Versorgungsprofil der Apotheke auseinandersetzen. Bei der Beispielapotheke handelt es sich um eine typische Stadtteilapotheke mit Ärzten der medizinischen Grundversorgung im Umfeld, also Ärzte, die kaum hochpreisig verordnen.

Die Beispielapotheke weist im Jahr 2004 einen Wareneinsatz von 72,9 % aus und im Jahr 2006 beträgt ihr Wareneinsatz 73,9 %. Im Vergleich mit der zutreffenden Versorgungsprofilgruppe ist der Wareneinsatz in allen Jahren um etwa 1 % erhöht.

2. Auch die Personalkosten liegen mit in der Spitze 14,4 % im Verhältnis zum Umsatz deutlich über dem Durchschnitt der zutreffenden Versorgungsprofilgruppe, der etwa bei 10 – 12 % liegt.

Negativ: Hohe Personalkosten

3. Auch die Raumkosten liegen über dem Durchschnitt.

Negativ: Hohe Raumkosten

4. Im Jahre 2005 waren mit 1,5 % erhöhte Werbekosten zu verzeichnen.

Negativ: Erhöhte Werbekosten

5. Der Zinsaufwand liegt weit unter dem Branchendurchschnitt von etwa 1,2 % vom Umsatz.

Positiv: Niedriger Zinsaufwand

6. Das Gleiche betrifft die Abschreibungen, die im Branchendurchschnitt bei etwa 1,2 % liegen dürften.

Positiv: Niedrige Abschreibungen

Weniger aus den Kennziffern, mehr aus der Zeitreihenanalyse ersichtlich ist die erfreuliche Tatsache eines relativ konstanten Umsatzes in den letzten beiden Jahren 2005 und 2006 mit T€ 2.039 und T€ 2.044. Die Ursachen für den vergleichsweise niedrigen Umsatz im ersten Jahr, dem Jahr 2004, liegen in der Einführung des GMG, die im Vorfeld mit deutlichen Umsatzverlagerungen (Vorzieheffekten in das Jahr 2003) einherging. Der Gutachter erweiterte deshalb bezüglich der Umsatzanalyse den Untersuchungszeitraum auf das vierte Quartal des Jahres 2003 und konnte so in etwa die erfolgten Vorzieheffekte quantifizieren. Er ermittelte eine Größenordnung von etwa 70 bis 80 T€ (Durchschnittswert = 75 T€). Das heißt, um diesen Betrag ist der Umsatz des Jahres 2004 für den Zweck der Bewertung rechnerisch zu erhöhen. Demnach ergibt sich für 2004 ein bereinigter Umsatz von rd. 2.017 T€. Insofern liegt über den gesamten Zeitraum (2004 bis 2006) hinweg ein weitestgehend konstanter Jahresumsatz vor, eine Situation, die positiv

Positiv: Konstanter Umsatz

zu bewerten ist. Zu beachten ist, dass die Umsatz – und insgesamt auch die Ertragsentwicklung im Jahr 2006 durch das AVWG[3] gekennzeichnet ist. Das AVWG führte in 2006 weitestgehend zu einer Umsatzstagnation und zum Rückgang der Absatzzahlen. Hinzu kamen das Verbot von Naturalrabatten und die Deckelung der Barrabatte, so dass im Zuge des AVWG insgesamt eine Verschlechterung des Wareneinsatzes/der Spanne (2006) im Durchschnitt um ca. 0,4 bis 0,8%-Punkte, zum Teil aber auch deutlich über 1% zu verzeichnen ist.

Eine relativ konsistente Entwicklung zeigt auch die Zeitreihenanalyse hinsichtlich der Bar- und Rezeptumsätze, die sich aus folgender Übersicht ergibt:

	2004 Ist T€	2004 bereinigt T€	2005 T€	2006 T€	2006 %
Rezeptumsatz	1.460	1.535	1.550	1.553	76
Barumsatz	482	482	489	491	24
Umsatzerlöse	1.942	2.017	2.039	2.044	100

Exkurs

Die Zusammensetzung der Umsatzerlöse, das heißt also die Versorgungsprofilgruppe, hat entscheidenden Einfluss auf die Höhe verschiedener Kennziffern. Apotheken mit einem Barumsatzanteil (wichtig: exklusive Rezeptzuzahlungen und exklusive PKV-Erlöse) von 30% und mehr, also Apotheken in Center- und exponierten Lauflagen, weisen in der Regel einen Wareneinsatz um die 70% aus. Allerdings ist bei ihnen aufgrund der langen Öffnungszeiten der Personalbedarf und damit der Anteil der Personalkosten am Umsatz entsprechend höher. Häufig bewegt sich der Anteil der Personalkosten bei diesen Apotheken zwischen 12 und 14%.

4.1.3 Bereinigungen

Aus der Kennzahlenanalyse hat der Bewertende eine Fülle von Informationen gewonnen, die er nun für die Wertfindung verarbeiten muss. Spätestens an dieser Stelle muss sich der Gutachter darüber im Klaren sein, in welcher Funktion er tätig wird.

---

3 AVWG = Arzneimittelversorgungs-Wirtschaftlichkeitsgesetz ab 01.05.2006

Für das vorliegende Beispiel wollen wir davon ausgehen, dass der Berater einen Auftrag erhalten hat, ein neutrales Gutachten zu erstellen, so dass er in der Funktion tätig wird, wie es im Kapitel 3.2.1 beschrieben und in der Übersicht in Kapitel 3.2.4 dargestellt ist.

Das vorliegende Zahlenmaterial der letzten drei Jahre, wie es aus Anlage 1 ersichtlich ist, wird auf folgende Faktoren sehr gründlich untersucht:

1. Sind in den einzelnen Jahren außerordentliche Ereignisse aufgetreten, die in der Form nicht jährlich wiederkehrend sind, aber das Ergebnis in einem bestimmten Geschäftsjahr positiv oder negativ in außerordentlicher Weise beeinflusst haben? Dies könnte z.B. der Veräußerungsgewinn eines betrieblichen Gegenstandes in einem Jahr sein oder von der Versicherung nicht voll umfänglich erstattete Brand- oder Diebstahlschäden, einmalig hohe Aufwendungen, die nur alle 10 Jahre erfahrungsgemäß getätigt werden, dennoch als Kosten sofort abzugsfähig sind und andere Sonderereignisse jeglicher Art, die – ein normaler Betriebsablauf unterstellt – nur äußerst selten eintreten oder sogar einmaliger Art sind. Man muss davon ausgehen können, dass diese Ereignisse so außerordentlich sind, dass der Käufer derartige Geschäftsvorgänge normalerweise nicht zu verzeichnen haben wird. Solche atypischen einmaligen Ereignisse sind aus den vorliegenden tatsächlichen Ergebnissen der letzten drei Jahre zu eliminieren, d.h., soweit es sich um außerordentliche Kosten handelt, sind die Ergebnisse um diese Kosten zu erhöhen. Handelt es sich dagegen um außerordentliche Erträge, dann sind die ausgewiesenen Ergebnisse/Erträge der betreffenden Jahre hierum zu vermindern.

   Eliminierung von außerordentlichen Ereignissen

   Besonderes Augenmerk ist in der Analyse der zu bereinigenden Sachverhalte auf möglicherweise gebildete und/oder aufgelöste Ansparrücklagen zu richten, denn hierbei handelt es sich nicht selten um Größenordnungen von mehreren zehntausend Euro, die den Ertrag der Apotheke wesentlich beeinflussen.

2. In der Funktion als neutraler Gutachter wird der Berater die Wertvorstellungen des potenziellen Käufers berücksichtigen müssen, die dieser ohne Risiko und ohne großen Einsatz zu seinen Gunsten beeinflussen kann. Genauso hat er Verschlechterungen, die auf den Käufer zukommen und unvermeidbar sind bezüglich ihrer Auswirkungen auf das Betriebsergebnis einzubeziehen. Es muss sich um Veränderungen in positiver wie negativer Hinsicht handeln, die offenkundig sind und auf der Hand liegen. Auf die Ausführung zu Kapitel 3.2.1 wird verwiesen.

   Berücksichtigung von offenkundigen Veränderungen

Die Aufzählung der sich aus der Kennziffernanalyse ergebenden Auffälligkeiten liefert uns die entscheidenden Ansatzpunkte für die vorzunehmenden Bereinigungen in unserem Beispielsfall, aufgeteilt auf die beiden obigen Kriterien.

Beispielapotheke im Vorort einer Großstadt
Auf unseren Beispielsfall bezogen, handelt es sich also um folgende Positionen:

4.1.3.1 Außerordentliche Ereignisse

Die Analyse der Vergangenheitswerte aus der Anlage 1 zeigt, dass im Jahr 2005 die Werbekosten um mehr als das Doppelte gegenüber dem Vorjahr gestiegen sind. Bei näherer Überprüfung ergab sich, dass der Apotheker eine neue Werbeinitiative im Jahre 2005 veranlasst hat, die seine Corporate identity verbessern sollte. Es ist vom Firmenlogo, das auch als Reklameschild außen an der Apotheke neu angebracht worden ist, bis hin zum Drucken der neuen Briefbögen, das gesamte Auftreten der Apotheke nach außen aufeinander abgestimmt worden. Diese Maßnahme hat das Ergebnis des Geschäftsjahres 2005 um T€ 13, entsprechend um 0,6 % vom Umsatz, einmalig und außerordentlich belastet, so dass wir uns entschieden haben, diesen Betrag dem Ergebnis wieder hinzuzurechnen, da der Käufer mit diesen zusätzlichen Kosten in Zukunft nicht zu rechnen haben wird. Da sich die Betrachtung auf 3 Jahre bezieht und in diesen 3 Jahren 0,6 % ergebniserhöhend zu berücksichtigen sind, wird im Durchschnitt der 3 Jahre nur ein Betrag von 0,2 % vom Umsatz dem Ergebnis später hinzugerechnet.

Spätere Ergebniserhöhung: +0,2 % vom Umsatz
Wir halten fest: Erhöhung des zukünftigen Ergebnisses um 0,2 % vom Umsatz.

Spätere Ergebnisreduzierung –0,1 % vom Umsatz
Im Jahr 2006 gehen die sonstigen Erträge deutlich über den Wert der anderen Jahre hinaus. Die Ursachen liegen im Verkauf des Pkw. Hieraus realisiert die Apotheke einen sonstigen Ertrag in Höhe von 6 T€. Auch hierbei handelt es sich um ein außerordentliches Ereignis, das die Rendite um rd. 0,3 % verbessert. Aufgrund der Dreijahresbetrachtung reduziert sich demnach später das Ergebnis um rd. 0,1 %.

4.1.3.2 Auf der Hand liegende werterhöhende Aspekte und offenkundige wertmindernde Faktoren, um die die Vergangenheitsergebnisse zu bereinigen sind

Aus der Anlage 1 (Zeitreihen- und Kennziffernanalyse) ergeben sich auch hierzu zwei wichtige Anhaltspunkte:

a) *Personalaufwendungen*

Zu hohe Personalkosten aus persönlichen Gründen
Die Zeitreihen- und Kennziffernanalyse gemäß Anlage 1 zeigt erheblich höhere Personalkosten, als es dem Branchendurchschnitt und insbesondere dem Durchschnitt der Versorgungsprofilgruppe entspricht.

Ein wichtiger Indikator für die beiden großen Ausgabenbereiche Wareneinsatz und Personalkosten ist der so genannte Wareneinsatz-Personalkosten-Koeffizient. Er gibt den Anteil der genannten Kostenpositionen am Umsatz an. Das geht auf die Überlegung zurück, dass Umfang und Struktur der Versorgungsaufgabe sowie die notwendigen Personalaufwendungen miteinander korrelieren. In der Summe sollten Wareneinsatz und Personalkosten möglichst die Schwelle von 83 bis 84% nicht übersteigen. Genau das ist aber im gesamten Untersuchungszeitraum bei der Beispielapotheke der Fall. Sie überschreitet den genannten Wert jährlich regelmäßig um mehr als 3%. Etwa 1% kommt dabei aus dem Wareneinsatzbereich (vgl. Kap. 4.1.2). Der Personalbereich ist demnach mit atypischen Aufwendungen in Höhe von ca. 2% belastet. Das bestätigt sich auch, wenn man die Höhe der Personalkosten im Einzelnen analysiert. Im Jahr 2006 lagen die Personalkosten der Beispielapotheke bei 13,9%, wogegen sich der Durchschnitt der Versorgungsprofilgruppe bei 10–12% bewegt.

Die detaillierte Analyse der Personalkosten, die im Anschluss an eine solche Feststellung erfolgt, zeigt schnell, worauf diese Abweichung gegenüber dem Durchschnitt zurückzuführen ist: Statt nur einer Apothekerin beschäftigte der Verkäufer 2 Apothekerinnen als Vollzeitkräfte (daneben noch 2 PKA als Vollzeitkräfte und 1 PKA als Halbtagskraft, 2 PTA, 1 Halbtagsbürokraft und 4 Aushilfen). Die Abweichung gegenüber dem Branchendurchschnitt liegt also im Wesentlichen in der Tatsache der zusätzlichen Beschäftigung einer zweiten Apothekerin. Dies hatte aber im vorliegenden Fall persönliche Gründe. Der Verkäufer wusste um das baldige Erreichen der Altersgrenze einer von ihm geschätzten Apothekerin, die bei ihm viele Jahre beschäftigt war. Da er befürchtete, dass sie vor Erreichen ihrer Altersgrenze bei ihm ausscheiden würde, hatte er vorsorglich eine weitere Apothekerin als Vollzeitkraft zur Einarbeitung eingestellt. Die ältere Apothekerin schied allerdings doch nicht vorzeitig aus, so dass der Verkäufer letztendlich auch zum Teil zu seiner eigenen Entlastung die beiden angestellten Apotheker über den gesamten Untersuchungszeitraum beschäftigte. Die ältere Apothekerin hat die Apotheke zu Beginn des Jahres 2007 verlassen.

Der Käufer wird gerne akzeptieren, das Ergebnis um die bisher angefallenen Kosten der erwähnten Apothekerin zu bereinigen, also in diesem Fall zu erhöhen, da er als Käufer auch nur eine Apothekerin beschäftigen wird. Es ist auf das Sicherheitsbedürfnis des Verkäufers zurückzuführen, dass er während der Vergangenheit zwei Vollzeitapothekerinnen beschäftigte. Insoweit muss der Gutachter bei einem solch eindeutigen Sachverhalt, der die Kostenstruktur des

Käufers in Zukunft ohne sein Zutun verbessern wird, bei der Darstellung des Vergangenheitsergebnisses diese sich ergebende Veränderung ergebnisverbessernd berücksichtigen.

Wie erfolgt Korrektur in der Praxis?

In der Praxis erfolgt dies im vorliegenden Fall durch eine Ergebniserhöhung in Höhe der Differenz zwischen 13,9 % Personalkosten des Verkäufers im Jahre 2006 zu angenommenen leicht möglichen Personalkosten in Höhe von 12 %, also in Höhe der Differenz von 1,9 % vom Umsatz. Das Gleiche, also eine Differenz von 1,9 % trifft für das Jahr 2005 zu. Im Jahr 2004 ist der Anteil der Personalkosten mit 14,4 % noch höher als in den beiden Folgejahren. Das hängt aber mit der bereits im Kap. 4.1.2 genannten GMG-bedingten Umsatzverlagerung zusammen. Bezogen auf den bereinigten Umsatz (T€ 2.017) ergibt sich ein Personalkostenanteil von 13,8 % (T€ 280:T€ 2.017) und eine Abweichung vom Branchendurchschnitt in Höhe von 1,9 %.

Spätere Ergebniserhöhung: +1,9 % vom Umsatz

Das zu ermittelnde Durchschnittsergebnis wird somit im Bereich der Personalkosten um 1,9 % verbessert.

b) *Wareneinsatz*

Der Wareneinsatz übersteigt den Durchschnittswert der Versorgungsprofilgruppe zwar regelmäßig um 1 %-Punkt. Dennoch nehmen wir hier wegen der sich weiter vollziehenden Veränderungen keine Bereinigung vor. Das Jahr 2006 stand nur 8 Monate unter dem Einfluss des AVWG; zunehmende Preisaktivität im gesamten Apothekenbereich *beeinflusst den Wareneinsatz*; die Schwerpunkte der Gesundheitsreform 2007 sind schon im Jahr 2006, also zum Zeitpunkt der Bewertung bekannt.

c) *Auf den Käufer zukommende Kosten, die von ihm nicht verhindert werden können und schon jetzt bekannt sind*

Im vorliegenden Fall war bekannt, dass der Mietvertrag ausläuft. Wie später noch zu zeigen sein wird, hat der Verkäufer das einzig Richtige getan und schon jetzt mit dem Vermieter eine Vertragsverlängerung über eine entsprechend lange Laufzeit vereinbart. Allerdings war dies nicht ohne Mieterhöhungen möglich, die ab dem Jahre 2007 zum Zuge kommen sollten.

Die gesamte Miete einschließlich der Sachkosten für die Räume belief sich bisher auf etwa 3,4 % vom Umsatz und wird in Zukunft 0,5 % mehr vom Umsatz betragen.

Spätere Ergebnisverschlechterung: 0,5 % vom Umsatz

Ergebnis: Die Vergangenheitswerte müssen bereinigt werden, um höhere Kosten in Höhe von 0,5 % vom Umsatz, die schon jetzt infolge der Mieterhöhung feststehen.

Damit sind für den Beispielsfall alle vorzunehmenden Bereinigungen aus den Vergangenheitswerten herausgearbeitet und, soweit erforderlich, ergebniserhöhend oder ergebnismindernd eliminiert worden. Sie betreffen im Bereich

Beispielapotheke im Vorort einer Großstadt

- der Umsatzerlöse eine Erhöhung des Umsatzes des Jahres 2004 um 75 T€
- der sonstigen Erlöse eine Reduzierung des Ergebnisses um 0,1 %
- der Personalkosten eine Erhöhung des Ergebnisses um 1,9 %
- im Bereich der Werbe- und Reisekosten eine Erhöhung um 0,2 % und
- im Bereich der Raumkosten eine Verminderung des Ergebnisses um 0,5 % vom Umsatz,
- im Saldo: Erhöhung des Ergebnisses um 1,5 %.

4.1.4 Auf den Beispielfall bezogenes Zwischenergebnis

Die tatsächlichen Ergebnisse der Anlage 1 für die genannten Jahre 2004 bis 2006 können nun unter Berücksichtigung der Erläuterungen zu dem Kapitel Kennziffern und Bereinigungen wie folgt ermittelt werden:

- Ermittlung der durchschnittlichen Umsatzerlöse der Jahre 2004 bis 2006
- Ermittlung des durchschnittlichen Gewinns in Prozent des Umsatzes
- Bereinigung des durchschnittlichen Gewinns in Prozent des Umsatzes um die im vorherigen Kapitel ermittelten 1,5 %.

Auf unseren praktischen Fall bezogen ergibt sich nun Folgendes: Zwischenergebnis auf der Basis der bereinigten Vergangenheitsergebnisse:

Beispielapotheke im Vorort einer Großstadt

- Durchschnittlicher Umsatz in den Jahren 2004 bis 2006: T€ 2.033,– ((1.942 T€ + 75 T€ + 2.039 T€ + 2.044 T€) : 3 = 2.033 T€)).
- Durchschnittlicher Gewinn in % vom Umsatz: 4,4 % ((gemäß Anlage 1 unten im Jahr 2004 : 5,1 % + 2005 : 3,8 % + 2006 : 4,3 %) : 3 Jahre = 4,4 %)
- Dieser durchschnittliche Gewinn wird erhöht um 1,5 % infolge der Bereinigungen gemäß vorherigem Kapitel.
- Bereinigter Gewinn in Prozent des durchschnittlichen Umsatzes: 5,9 %.
- In Euro ausgedrückt: T€ 120 (5,9 % von T€ 2.033).

Bereinigter Gewinn: T€ 120

4.1.5 Gewichtung

Im vorliegenden Fall wurde das gewogene arithmetische Mittel der Gewinne der Jahre 2004 bis 2006 – hier ausgedrückt in Prozent des Umsatzes – als Grundlage für die Vergangenheitswerte ermittelt. Diese Vorgehensweise ist nur möglich, wenn die Gewinne in den letzten Jahren keinen allzu großen Schwankungen unterlagen. Weisen dagegen die Gewinne starke Schwankungen von Jahr zu Jahr auf, ohne dass eine tendenzielle Entwicklung (Trend) erkennbar ist, müssen differenziertere Berechnungen erfolgen. In derartigen Fällen sollte man die Jahresergebnisse unter Eliminierung des besten und schlechtesten nach der zeitlichen Reihenfolge gewichten, wobei in einem solchen Fall mindestens fünf Jahresergebnisse heranzuziehen wären. Das am weitesten zurückliegende Jahr erhält bei einer solchen Berechnung die niedrigste Gewichtung und darüber hinaus wird bei extremen Gewinnschwankungen das beste und das schlechteste Jahr nicht in die Berechnung mit einbezogen.

Hierzu diene folgendes Beispiel (losgelöst vom vorliegenden Fall, weil dieser keine extremen Gewinnschwankungen aufweist).

Jahr	Ergebnis in T€	Gewichtung	Gewichtetes Ergebnis in T€
1	32	1	$1 \times 32 = 32$
2	27	0	$0 \times 27 = 0$
3	60	2	$2 \times 60 = 120$
4	78	0	$0 \times 78 = 0$
5	55	3	$3 \times 55 = 165$
		6	317

Gewogener Mittelwert; $317/6 = 52,83$ (Zum Vergleich der einfache Mittelwert $= 42,0$)

Funktion des Beraters spielt eine Rolle

In dem gemäß Anlage 1 sich ergebenden Beispielfall soll wegen der relativ gleichmäßigen Entwicklung der Gewinne von einer Gewichtung abgesehen werden, zumal in diesem konkreten Fall dem letzten Jahr 2006 durch die Gewinnsteigerung eine zu große Gewichtung zukommen würde. Zumindest würde der Verfasser so als neutraler Gutachter entscheiden. Hier wird ein interessanter Unterschied zu der Vorgehensweise eines Beraters in der Funktion als „Parteiengutachter" deutlich: Als Berater nur einer Partei würde man in einem solchen Fall selbstverständlich eine Gewichtung vornehmen, die das letzte Jahr hervorhebt, um so zu einem günstigeren Durchschnittsergebnis zu Gunsten des Verkäufers zu gelangen. Da die Vorgehensweise in einem korrekt erstellten Gutachten nachvollziehbar dargestellt wird, ist die Handhabung nicht angreifbar.

Hier im Beispielfall wird auf die Vornahme einer Gewichtung verzichtet.

Beispielapotheke: Keine Gewichtung

4.2 Zukunftsanalyse (Prognose)

Im Rahmen einer Zukunftsanalyse stellt sich die Frage, inwieweit der Gutachter Ereignisse in der Zukunft, deren Ursache nach dem Stichtag der Bewertung liegt und von denen er zum Teil schon heute Kenntnis hat oder deren Eintritt er nur vermutet, bei der Wertfindung berücksichtigen darf oder nicht. Hierbei ist es völlig gleichgültig, ob diese Ereignisse eine kaufpreiserhöhende oder -vermindernde Wirkung haben.

Einige wenige Stimmen in der Literatur vertreten die Ansicht, man dürfe nur Ereignisse berücksichtigen, die etwa ein Jahr nach dem Bewertungsstichtag liegen und auch nur dann, soweit die Wurzeln der erkennbaren Entwicklung in der Zeit vor dem Bewertungsstichtag liegen. Danach wäre die Berücksichtigung von Synergie- und anderen Einspareffekten, die der Käufer nach dem Bewertungsstichtag realisieren kann, abzulehnen. Die subjektiven Wertvorstellungen des Käufers sollen nach dieser Auffassung keinen Eingang in das Bewertungsgutachten finden. Selbst die Rechtsprechung hat – soweit ersichtlich – die neuere Entwicklung der Betriebswirtschaftslehre, die eigentlich zu einer Überwindung der Auffassung geführt hat, der neutral ermittelte Unternehmenswert sei ein rein objektiver Wert ohne Berücksichtigung der subjektiven Wertvorstellungen des Käufers, noch nicht umgesetzt und folgt teilweise noch der obigen Auffassung.[4]

Die frühere Meinung, der Zukunftserfolgswert sei ein objektiver Wert, den das Unternehmen als solches unter der Annahme eines durchschnittlich befähigten Unternehmensleiters besitze, und sei darüber hinaus unabhängig von der Interessenlage und den Fähigkeiten des Käufer ist überholt.[5] Entsprechend sehen die Vertreter der modernen Unternehmensbewertung den Nutzwert eines Unternehmens subjektbezogen. „Er hängt entscheidend von den unternehmerischen Plänen der an einer Bewertung interessierten Parteien ab, die diese gemäß ihren subjektiven Erwartungen und ihrer Risikopräferenz hegen. Auf der Grundlage einer umfassenden Planung müssen sie das Investitionskalkül gesondert aufmachen. Darin sind auch beabsichtigte Verände-

Frühere Meinung: Wert ist unabhängig von den Möglichkeiten des Käufers

Vorherrschende Meinung: Wert ist subjektbezogen

---

4 Vgl.: Beck'sches Steuerberaterhandbuch, Bonn 2000, S. 1917, Tz. 13 f.
5 Vgl.: Beck'sches Steuerberaterhandbuch, Bonn 2000, S. 1915, Tz. 12

rungen der Betriebsstruktur (Rationalisierungsmaßnahmen, Kapitalzuführungen, Verbesserungen der Führungsmethoden, Synergie- oder Verbundeffekte etc.) zu berücksichtigen."[6]

Ertragswert = aus zukünftigen Erträgen abgeleitet

Für die Anwendung der Ertragswertmethode muss man also nach herrschender Auffassung die zukünftigen Erträge schätzen. Dies schafft ein Prognose- und Unsicherheitsproblem, dem man aber nicht dadurch begegnen sollte, indem man Vergangenheitserträge mehr oder weniger beliebig in die Zukunft als repräsentative Größen extrapoliert. Der Ertragswert wird also nicht einfach aus Ergebnissen abgelaufener Perioden, sondern aus künftig zu erwartenden Ergebnissen abgeleitet. Die Fakten der Vergangenheit werden dabei zur Überprüfung der Annahmen für die Zukunft herangezogen.

Zur Bewältigung der Schwierigkeiten im Zusammenhang mit dem Prognoseproblem wird folgendes Verfahren in Literatur und Praxis vorgeschlagen bzw. durchgeführt: Auf der Grundlage der Analyse der bereinigten Vergangenheitsergebnisse (siehe Kapitel 4.1.3) werden die Faktoren herausgearbeitet, die die Erträge und Aufwendungen der Apotheke besonders beeinflusst haben, und im Hinblick auf die Zukunft wird untersucht, wie sich der Ertrag verändert, wenn die oben erwähnten entscheidenden Ertragsdeterminanten zukünftig variieren.

Wie viele Jahre in die Zukunft?

Es verbleibt in diesem Zusammenhang dann nur noch die Frage, für wie viele Jahre man eine derartige Zukunftsbetrachtung im Vorhinein anstellen soll. Wie weit und in welcher Detailliertheit soll und kann man in die Zukunft schauen?

Auch hier gibt es in der Literatur unterschiedliche Meinungen, die für die Praxis auf folgende praktikable Lösung gebracht werden:

Die Dynamik der wirtschaftlichen Entwicklung führt zwangsläufig zu einer Begrenzung der Jahre, für die eine in etwa fundierte Prognose des künftigen Unternehmensablaufs noch möglich ist. Jenseits dieses ökonomischen Horizonts ist eine Quantifizierung allein auf Plausibilitätsannahmen zu stützen.

Man wird deshalb den zukünftigen Erfolg in verschiedenen Phasen planen, die sich im Detailliertheitsgrad der Ermittlung unterscheiden.

Phasenplanung

In einer ersten Phase, die bis zu etwa drei Jahren reichen kann, sind genauere und regelmäßig periodenspezifische Vorschaurechnungen zu erstellen. Dabei sind auf der Grundlage der analysierten Ausgangssituation zum Bewertungsstichtag in den nächsten drei Jahren anstehende dringende Investitionen und Renovierungen zu erfassen. Darüber hinaus sind die Wirkungen spezieller Maßnahmen, die sich auf den Umsatz beziehen sowie eventuelle Veränderungen im Kostenge-

---

6 Vgl.: Beck'sches Steuerberaterhandbuch, Bonn 2000, S. 1915, Tz. 12

füge, soweit sie in den nächsten drei Jahren vorhersehbar sind, einzubeziehen.

Die unterschiedlichen Ansichten in der Literatur beziehen sich nun auf die nächsten Phasen, die sich nach Meinung einiger Verfasser an die erste Phase anschließen sollen. Hier wird eine Planung in mindestens zwei weiteren Phasen vorgeschlagen, die aber eine nach Ansicht der Verfasser nicht erreichbare Exaktheit der Rechnung vorgaukelt, so dass auf derartige Rechnungen insbesondere im Bereich der Bewertung von Apotheken in der Regel verzichtet wird.

So wird sich für unseren Beispielsfall im Zusammenhang mit der Bewertung von Apotheken nur eine zweite Phase anschließen, in der lediglich noch grobe, pauschalierte Aussagen zur Ertragsentwicklung möglich sind. Auf diese zweite Phase haben insbesondere Faktoren der allgemeinen wirtschaftlichen Entwicklung und gesetzgeberische Maßnahmen im Zusammenhang mit dem Gesundheitswesen einen Einfluss. Wie diese erfasst werden sollen, wird in Kapitel 4.2.3 erläutert.

Zusammenfassend sind also im Rahmen der Zukunftsanalyse folgende Tätigkeiten in der Praxis zu verrichten:

Zusammenfassung

- ▪ Auf der Grundlage der Analyse der bereinigten Vergangenheitsergebnisse werden die Faktoren herausgearbeitet, die die Erträge und Aufwendungen der Apotheke besonders beeinflusst haben und im Hinblick auf die Zukunft untersucht, wie sich der Ertrag verändert, wenn die oben erwähnten entscheidenden Determinanten zukünftig variieren.
- ▪ Diese Variation wird in zwei Phasen vorgenommen, indem in der ersten Phase, bezogen auf einen Zeitraum von etwa drei Jahren, Veränderungen sehr individuell geplant werden und indem
- ▪ über einen längeren Zeitraum, im Rahmen der zweiten Phase, allgemein erwartete wirtschaftliche Entwicklungen u.a. mit einbezogen werden.

Nun zu unserem praktischen Beispiel, das zeigen soll, wie man im konkreten Fall die Zukunftsanalyse vornehmen kann.

Beispielapotheke im Vorort einer Großstadt

Auf die Zukunft eines Unternehmens haben folgende Faktoren einen erheblichen Einfluss:

1. Veränderungen im Kostengefüge des Unternehmens, die bei genauer Betrachtung der einzelnen Aufwendungen erkennbar sind (siehe Kapitel 4.2.1).
2. Ermittlung von Veränderungen im Umsatzbereich, bewirkt durch das direkte Umfeld des Unternehmens in der Zukunft (neue Umgehungsstraßen, Wegzug von Ärzten und sonstige direkte Standortprobleme oder -vorteile in der Zukunft) siehe Kapitel 4.2.2.

3. In der Zukunft sich verändernde allgemeine wirtschaftliche Entwicklungen, die auch Einfluss auf den Umsatz haben können (siehe Kapitel 4.2.3).

4.2.1 Kostenanalyse

4.2.1.1 Personalkosten

Im Kapitel 4.1.3.2 wurde bereits das Vergangenheitsergebnis wegen der auf der Hand liegenden zu erwartenden Veränderungen im Personalbereich modifiziert. Es handelte sich um eine Apothekerin, deren Ausscheiden den Parteien bekannt war.

Gedankenwelt des Käufers

Jetzt befinden wir uns im Bereich der Zukunftsanalyse. Hier geht es um Personalkostenplanungen in der Zukunft, die der Käufer anstellen wird, um zu überprüfen, ob zum Beispiel in den nächsten drei Jahren Personalkosten durch Maßnahmen vermindert werden können oder ob sogar Personalkostenerhöhungen zu erwarten sind. Der Gutachter wird sich in die Gedankenwelt eines wirtschaftlich operierenden Käufers hineindenken müssen, um für die Zukunft richtige Werte zu ermitteln. Folgende Arbeiten werden in diesem Zusammenhang vom Gutachter im Rahmen dieser Zukunftsplanung zu erwarten sein:

Vergleich der Personalkosten in Prozent des Umsatzes mit dem Durchschnitt der Branche, besser der Versorgungsprofilgruppe

Beispielapotheke im Vorort einer Großstadt

Bezogen auf den Beispielsfall: Die bereits um die Apothekerin bereinigten Personalkosten liegen mit 12 % im oberen Bereich der üblichen Kernbandbreite der Personalkosten. Hieraus ergibt sich kein Anhaltspunkt, die Zukunftsplanung im Bereich der Personalkosten gegenüber den vorliegenden Vergangenheitswerten zu verändern.

Altersstruktur der Mitarbeiter

Der Gutachter muss diese einer Überprüfung insoweit unterziehen, als bei einer extrem hohen Beschäftigung von älteren Mitarbeitern kurz vor Erreichen der Altersgrenze in einem überschaubaren Zeitraum nach Übernahme der Apotheke durch den Käufer neue Mitarbeiter eingestellt werden müssten, die das Kostengefüge im Personalkostenbereich erheblich reduzieren würden, weil neue jüngere Mitarbeiter in der Regel niedrigere Personalkosten verursachen.

Bezogen auf den Beispielfall: Die Analyse ergab eine normale Mitarbeiterstruktur, so dass aus diesem Aspekt heraus eine Veränderung der Kosten in den nächsten überschaubaren drei Jahren gegenüber den vorliegenden Vergangenheitsergebnissen nicht erforderlich erschien.

Anmerkung hierzu:

Eine veränderte Betrachtungsweise würde sich im Rahmen des erwünschten neutralen Gutachtens ergeben, wenn der Käufer dem Gutachter erklärt, er würde
auf die Beschäftigung eines angestellten Apothekers voll umfänglich verzichten.
Mit einer entsprechenden Abfindung könnte der Käufer damit die bisher
beschäftigte Apothekerin entlassen. Der Gutachter würde zum einen die Abfin-
dungskosten und eine Kündigungsfrist berücksichtigen und danach entsprechende Minderungen im Personalkostenbereich in das Gutachten einarbeiten. So
ergäbe sich dann ein höherer Ertragswert mit entsprechend höherem Kaufpreis.
– Auf unseren vorliegenden Fall bezogen, soll der Käufer diese Absichten nicht
haben, so dass sich keine Veränderungen im Personalkostenbereich ergeben.

Fallvariation

Allgemeine Personalkostensteigerungen

Diese müssen auf der Basis der in den vergangenen Jahren bekannten
Personalkostensteigerungen vom Gutachter an sich grundsätzlich
berücksichtigt werden. Insoweit erhöhen sich die Personalkosten
schleichend in den nächsten drei Jahren im Rahmen der Betrachtung
der oben erwähnten ersten Phase.

Bezogen auf den Beispielfall, soll eine Personalkostensteigerung für die
Zukunft nicht berücksichtigt werden, weil der Käufer dem Gutachter
erklärt hat, er würde bei einigen Mitarbeitern nach bereits mit diesen
getroffenen Absprachen eine Reduktion der geleisteten Arbeitsstun-
den vereinbaren, um derartige Personalkostensteigerungen infolge der
Gehaltserhöhungen aufzufangen. Außerdem beabsichtige er eine
Rationalisierung der Betriebsabläufe – insbesondere im Bereich des
Backoffice –, so dass er denkt, in Zukunft hierdurch sogar Personal-
kosten zu sparen. Dies deckt sich auch mit den Beobachtungen des
Gutachters, der derartige Rationalisierungseffekte ebenfalls erkannt
hat. Daher kann von einer Anhebung der Personalkosten infolge von
Gehaltserhöhungen abgesehen werden.

Beispielapotheke im
Vorort einer Großstadt

Der Käufer hat keinen Fehler begangen, in dem er diese für ihn an
sich ungünstigen Informationen – ungünstig, da kaufpreiserhöhend
– dem Gutachter übermittelt hat, da ein mit der Materie vertrauter
Gutachter derartige Einsparungspotenziale bei entsprechendem
Hintergrundwissen selbst erfassen kann, so dass er als neutraler
Gutachter diese Effekte von vornherein auch berücksichtigt. Im
Übrigen ist man in der Praxis überrascht, in wie vielen Fällen zwischen Käufer und Verkäufer ein angenehmes Klima im Zusammenhang mit dem beabsichtigten Verkauf der Apotheke besteht. Es
fördert von beiden Seiten das Klima, wenn Käufer und Verkäufer
ehrliche Argumente miteinander austauschen, die das Vertrauen in
die redlichen Absichten der anderen Seite erhöhen. Hierdurch kann
hinsichtlich der gewünschten Kaufpreisfindung von beiden Seiten

Ratschlag:
offener Umgang mit
Informationen schafft
Vertrauen

oft mehr erreicht werden, als wenn man mit nur einseitigen positiven Informationen als Verkäufer oder Käufer aufwartet. Das Gleiche betrifft auch den Gutachter, der nicht nur von Berufs wegen, sondern auch persönlich von seiner Mentalität her so geartet sein sollte, in ehrlicher Weise alle Aspekte sowohl des Käufers als auch des Verkäufers zu benennen, ohne Rücksicht darauf, wem er gerade nützt oder schadet. Beide Parteien spüren dies und haben insoweit ein größeres Vertrauen in den neutralen Gutachter. – Dieser Beratungshinweis sei am Rande erlaubt.

Qualität des Personals

Der Gutachter sollte sich auch im Interesse des Käufers und natürlich auch des Verkäufers über die Qualität des Personals in den einzelnen Funktionen innerhalb der Apotheke einen Überblick verschaffen. Wie hoch ist der durchschnittliche Krankenstand im Verhältnis zu anderen Apotheken am Ort? Sind starke Fluktuationen zu verzeichnen? Sind die Mitarbeiter motiviert?

Beispielapotheke im Vorort einer Großstadt

Ein geschickter Käufer wird sich durch Befragung von anderen Apotheken über die Konkurrenz oder über andere Informationsquellen hierüber ein Bild verschaffen und seine Ergebnisse dem Gutachter auf dessen Befragen hin mitteilen. Diese Informationen können insoweit wichtig sein, als bei nicht so optimal ausgebildetem und schlecht motiviertem Personal der Käufer eine weitere Gelegenheit hat, durch Beseitigung dieses Zustandes eine Ertragsverbesserung zu erreichen, sei es durch Personaleinsparungen oder aber durch Umsatzerhöhung, weil die Patienten sich besser beraten fühlen, auf freundlichere Mitarbeiter treffen und insoweit die Apotheke häufiger besuchen. Ohne dies im Gutachten explizit zahlenmäßig zu berücksichtigen, hätte hier der Käufer eine realistische Chance, das Ergebnis in der Zukunft zu verbessern. Sollte der Verkäufer dieses Qualitätsmanagement im Hinblick auf die Personalausbildung schon betrieben haben und über hoch motivierte Mitarbeiter bereits verfügen, würde diese Reserve nicht mehr bestehen, wie im vorliegenden Beispielfall, wo alle Beteiligten der Ansicht sind, dass das Personal den erwähnten Anforderungen genügt. Veränderungen für die Zukunft sind also unter diesem Aspekt im Beispielfall nicht vorzunehmen.

4.2.1.2 Abschreibungsnachholbedarf infolge unterlassener Investitionen bzw. Verminderung von Abschreibungen infolge soeben getätigter hoher Investitionen

Es bedeutet für den Käufer einen erheblichen Unterschied, ob er eine Apotheke mit einer veralteten Einrichtung, die bereits weitestgehend abgeschrieben ist, übernimmt oder auf eine Apotheke trifft, deren Einrichtung innerhalb der letzten fünf Jahre neu gestaltet worden ist. Betriebswirtschaftlich ergeben sich hieraus folgende Konsequenzen:

- Bei einer sehr alten und bereits nahezu abgeschriebenen Einrichtung ist die der Zukunftsbetrachtung unterliegende Gewinn- und Verlustrechnung in der Vergangenheit mit Abschreibungen nur noch sehr niedrig belastet, so dass das Ergebnis relativ hoch ausfällt. Ein hohes Ergebnis bedeutet aber zwangsläufig auch einen höheren Kaufpreis.
- Gleichzeitig muss aber der Käufer in Kürze eine neue Einrichtung anschaffen. Damit erhöht sich das Abschreibungsvolumen und vermindert sich sein Ergebnis.
- Wegen der höheren Liquiditätsbelastung – im Zweifel muss die Investition finanziert werden – erhöht sich auch noch der Zinsaufwand, so dass das Ergebnis ein weiteres Mal vermindert wird.

Gerecht wäre aber, wenn der Käufer für die hohen Belastungen aus Abschreibungen und Zinsen, die nach Übernahme der Apotheke zwangsläufig auf ihn zukommen werden, einen entsprechend niedrigeren Kaufpreis zahlt, weil es ja der Verkäufer ist, der rechtzeitige Anschlussinvestitionen zum Erhalt der Apotheke auf dem neuesten Stand unterlassen hat. Gerade dies ist ein Aspekt, der Verkäufern sehr schwer zu vermitteln ist, denn keiner lässt sich gerne sagen, dass er nicht in einem modernen Umfeld tätig ist. Es entspricht aber häufig der Wahrheit und gehört zu den Aufgaben des Gutachters, dies korrigierend zu berücksichtigen.

In welcher Form kann der Kaufpreis nachprüfbar vermindert werden? Der Gutachter wird sich in die Position des Käufers versetzen, eine Neuinvestition fingieren und als Folgewirkung daraus Abschreibungen und Zinsen in der Zukunftsrechnung entsprechend ergebnisvermindernd erhöhen. Gerade im Hinblick auf die Computeranlagen sind bei der Bewertung von Apotheken regelmäßig solche Anpassungen notwendig und üblich.

Unterstellung einer fiktiven Investition

Da es sich um ein neutrales Gutachten handelt, wird der Gutachter für den Fall, dass der Verkäufer vor kurzem entsprechend hohe Neuinvestitionen in die Einrichtung der Apotheke vorgenommen hat, genau umgekehrt verfahren und die hohen Abschreibungen und Zinsen, die bereits die Ergebnisse überdimensioniert vermindern, auf ein Normalmaß reduzieren.

... und der umgekehrte Fall

Der Gutachter wird also nur im Falle einer ausgeglichenen Altersstruktur der Apothekeneinrichtung keine Veränderungen vornehmen.

Exkurs
Man könnte in diesem Zusammenhang die Ansicht vertreten, dieses Problem der unterlassenen Investitionen in eine neue Apothekeneinrichtung würde sich dadurch lösen, dass der Kaufpreis für die Einrichtung niedriger liegt, weil sie nur noch einen geringeren Wert hat. Dies ist insoweit nicht richtig, als der Ertragswert, wie später noch zu zeigen sein wird, als Gesamtwert der Apotheke die drei Bereiche „Anlagevermögen", „Vorratsvermögen" und „Geschäftswert" beinhaltet. Die flexible Größe ist der Geschäftswert. Hierzu ein Beispiel: Der Wert einer Apotheke nach dem Ertragswertverfahren sei ohne Korrektur der Abschreibungen und der Zinsen infolge der unterlassenen Investitionen in eine neue Apothekeneinrichtung T€ 500 und verteilt sich auf das Anlagevermögen mit T€ 30 und auf das Vorratsvermögen mit T€ 120 und damit auf den Geschäftswert mit T€ 350. Unter Berücksichtigung der auf den Käufer zukommenden höheren Abschreibungen und Zinsen infolge der von ihm durchzuführenden Neuinvestitionen in die Einrichtung betrage der Wert der Apotheke nach dem Ertragswertverfahren nur T€ 360 (wiederum aufgeteilt auf Anlagevermögen mit T€ 30, Vorratsvermögen mit T€ 120 und diesmal nur auf einen Geschäftswert von T€ 210). Man sieht also, dass die Werte für das Anlagevermögen und den Vorratsbestand gleich bleiben und sich durch den niedrigeren Ertragswert lediglich der Geschäftswert um T€ 140 vermindert. Dies sind genau die T€ 140, die der Käufer in etwa aufbringen muss, um die Investition in das neue Anlagevermögen zu tätigen. Über das Ertragswertverfahren wirken sie sich mit rund T€ 140 kaufpreismindernd aus, wenn man sie über die Abschreibungen und Zinsen gemäß obigen Erläuterungen berücksichtigt. Die Korrektur des verminderten Ertragswertes erfolgt also im Bereich der variablen Größe „Geschäftswert".

Beispielapotheke im Vorort einer Großstadt
Auf unseren vorliegenden Beispielfall bezogen, möchten wir die Anlagenerhaltungs- und Anlagenerneuerungsausgaben konkret wie folgt darstellen (Investitionsplanung):
Der Käufer trifft auf eine Apotheke, bei der die Offizin völlig neu gestaltet werden muss.

Ergebnisverschlechterung: T€ 4,7
Im Beispielfall gehen wir von einem Investitionsbedarf von rund T€ 70 aus. Steuerlich wäre eine Abschreibung über 8 Jahre möglich. Betriebswirtschaftlich gehen wir von einer Abschreibung von 15 Jahren aus, um eine gewisse Gleichmäßigkeit im Abschreibungsvolumen für die nächsten Jahre zu erreichen und den Verkäufer auch gerechtermaßen mit

nicht zu hohen Abschreibungen in der Korrektur zu belasten. Es ergibt sich somit folgende Rechnung: T€ 70, dividiert durch 15 Jahre, entspricht einem betriebswirtschaflich vertretbaren Abschreibungsbetrag in Höhe von T€ 4,7 pro Jahr.

An späterer Stelle werden noch die Zinskosten gesondert berücksichtigt.

4.2.1.3 Renovierungskosten

Bei näherer Befassung mit dem gesamten Neuinvestitionsengagement kommt der Käufer zu dem Ergebnis, dass auch das Arbeitszimmer einschließlich der hinteren Räume einer Renovierung bedürfen. Diese Renovierungskosten setzen sich zusammen aus Malerarbeiten und neuen Beleuchtungskörpern. Diese Renovierungskosten sollen der Einfachheit halber mit einem Betrag in Höhe von T€ 10 angenommen werden. Steuerlich wären sie im Jahr der Renovierung in vollem Umfang abzugsfähig. Für ein Gutachten gilt die betriebswirtschaftliche Betrachtungsweise, d.h., es müssen die Jahre betrachtet werden, in denen die Nutzung dieser Renovierungsmaßnahmen möglich ist. So sollen diese Maßnahmen auf 10 Jahre verteilt werden, weil sie hinsichtlich ihrer grundlegenden Veränderung durchaus länger genutzt werden können.

Auf den Beispielfall bezogen, ergibt sich folgende zusätzliche Belastung im Bereich der Instandhaltungskosten: T€ 10, verteilt auf 10 Jahre, ergibt T€ 1, die pro Jahr das aus der Vergangenheit übernommene Ergebnis reduzieren.

Beispiel Ergebnisverschlechterung: T€ 1

4.2.1.4 Zinsaufwand

Grundlage für die vorzunehmende Zinsprognose ist eine Finanzbedarfsrechnung, in die sowohl der Apothekenkauf als auch die notwendigen Folgeinvestitionen einzubeziehen sind.

Der Käufer muss die Investitionen in Höhe von T€ 70 und T€ 10 fremd finanzieren.

Beispielapotheke im Vorort einer Großstadt

Auf den Beispielfall bezogen ergibt sich ein zusätzlicher Zinsbetrag in Höhe von T€ 80 × angenommen 5,5 % entsprechend T€ 4,4.

Wir unterstellen aber, dass ein Teil dieser Finanzierung kurzfristig erfolgt, weil der Käufer in der Lage sein wird, einen Teil des Kredits relativ kurzfristig zu tilgen, so dass wir in der Zukunftsplanung nur von einem Zinsaufwand in Höhe von T€ 2,2 ausgehen, mit dem das Vergangenheitsergebnis zusätzlich belastet werden soll.

Ergebnisverschlechterung: T€ 2,2

Betrachtet werden muss aber auch die zusätzliche Zinsbelastung, die auf den Käufer durch die Kreditierung der Kaufpreiszahlung zukommt. Eigentlich kann sie erst ermittelt werden, wenn der Kaufpreis feststeht. Um die Rechnung nicht zu verkomplizieren, gehen wir einmal von einem Kaufpreis in einer Größenordnung von rund T€ 365 aus. Der hierfür aufgenommene Bankkredit würde 5,5 % Zinsen nach sich ziehen, so dass noch zusätzliche Zinsen in Höhe von T€ 20 zu berücksichtigen sind. In seiner Zukunftsrechnung wird der Käufer diesen Betrag als zusätzliche Kosten gegenüber den bisher ausgewiesenen bereits modifizierten Kosten der Vergangenheit berücksichtigt wissen wollen.

Exkurs:
Finanzierungskosten
des Käufers können
kaufpreismindernd
berücksichtigt werden

Es ist erstaunlich, wie selten in uns bekannten Gutachten die zusätzlichen Finanzierungskosten, die dem Käufer durch Kauf der Apotheke entstehen, kaufpreismindernd berücksichtigt werden. Diese Tatsache hat seine Ursache in der von vielen Gutachtern vereinfachenden Vorgehensweise, als Basis für die Zukunftswerte einfach die Ergebnisse der Vergangenheit, die unwesentlich bereinigt werden, heranzuziehen.

Aus der Sicht des Verkäufers erscheint eine Einbeziehung der Finanzierungskosten des Kaufpreises durch den Käufer nicht erforderlich. Was hat er als Verkäufer mit den Finanzierungskosten des Käufers zu tun? So wird er sich fragen. Diese möge doch der Käufer aus seinen Gewinnen erwirtschaften. Anders aber die Sicht des Käufers. Vergleicht er z.B. den Kauf einer Apotheke mit einer Neugründung, wird er in beiden Fällen die Finanzierungskosten berücksichtigt wissen wollen, und zwar zum einen die Finanzierungskosten für die Aufbringung des Kaufpreises im Rahmen eines Kaufs oder zum anderen die Finanzierungskosten im Zusammenhang mit den Investitionen für die Neugründung. Aus der Sicht des Käufers muss also eine Vergleichbarkeit zwischen beiden Investitionen hergestellt werden. Insoweit erscheint es auch angebracht, die Finanzierungskosten des Käufers im Rahmen dieser Betrachtung mit zu berücksichtigen.

Das Gleiche gilt für den (seltenen) Fall, dass der Käufer die Investitionen ganz oder teilweise mit Eigenkapital bezahlt. Er verzichtet, da er sein Geld zur Finanzierung der Apotheke verwendet, auf Zinserträge aus alternativen Kapitalanlagen. Insoweit müssen Zinsen kalkulatorisch Berücksichtigung finden.

Beispielapotheke im
Vorort einer Großstadt
Ergebnisverschlechte-
rung: T€ 10

Um einen Kompromiss zwischen Käufer- und Verkäuferauffassung zu finden, berücksichtigen wir in unserer Bewertungspraxis die Finanzierungskosten mit 50 % der angefallenen Kosten; bezogen auf den angenommenen Kaufpreis für den Beispielfall sind das T€ 10 (T€ 365 x 5,5 % : 2).

4.2.1.5 Materialeinsatz

Im Rahmen einer zukunftsorientierten Kostenanalyse wird der neutrale Gutachter auch den Materialeinsatz der Apotheke analysieren.

Aus der Kennziffernanalyse gemäß Anlage 1 (siehe auch Kapitel 4.1.2) wird er am Beispielfall schnell erkennen, dass der Wareneinsatz der Beispielsapotheke in allen Jahren deutlich über dem durchschnittlichen Wareneinsatz zu liegen kommt.

Beispielapotheke im Vorort einer Großstadt

Die Differenzen ergeben sich wie folgt:

	2004 (%)	2005 (%)	2006 (%)
Wareneinsatz Beispielapotheke	72,9	73,5	73,9
Durschnitt der Versorgungsprofil-gruppe	71,8	72,2	72,8
Überhöhter Wareneinsatz der Beispielapotheke	1,1	1,3	1,1

Im Durchschnitt der drei Jahre beträgt der gegenüber dem Durchschnitt der Branche in dieser Struktur „überhöhte" Wareneinsatz rund 1,1 % pro Jahr (1,1 + 1,3 + 1,1 = 3,5 : 3 Jahre = im Durchschnitt 1,1 %). Bei dem bekannten Durchschnittsumsatz in Höhe von T€ 2.033 entspricht dies einem Betrag in Höhe von T€ 22 pro Jahr, um den das Ergebnis erhöht werden könnte (T€ 2.033 × 1,1 %).

Die Frage ist, ob es aus der Sicht des neutralen Gutachters, der einen für beide Seiten akzeptablen Kaufpreis entwickeln soll, gerechtfertigt erscheint, das Ergebnis tatsächlich um T€ 22 zu erhöhen, da der Käufer eine derartige Verbesserung des Ergebnisses nur mit erheblichen Veränderungen im bisherigen Tagesablauf der Apotheke bewirken kann. So muss der Käufer die Organisation des Wareneinkaufs optimieren. Die Großhandelskonditionen müssen überprüft werden[7]. Ein funktio-

Soll das Ergebnis hierum erhöht werden? (T€ 22)

---

7 Auf den Exkurs am Ende von Kapitel 4.1.2 wird in diesem Fall verwiesen. Der Vergleich des Wareneinsatzes in Prozent des Umsatzes einer Apotheke mit dem Durchschnitt der übrigen Apotheken kann in Sonderfällen problematisch sein. Bevor im Rahmen einer Zukunftsbetrachtung Änderungen im Wareneinsatzbereich vorgenommen werden, muss sich der neutrale Gutachter vergewissern, dass der erhöhte prozentuale Wareneinsatz nicht ursächlich durch die Zusammensetzung der Versorgungsaufgabe der Apotheke, ihres Umsatzes, bedingt ist. Bekanntermaßen führt ein verhältnismäßig hoher Anteil der Versorgung u. a. mit Rx-Arzneimitteln, mit Impfstoffen, mit Artikeln des so genannten Hochpreissegmentes, mit Hilfsmitteln aber auch die Belieferung von Arztpraxen mit Sprechstundenbedarf zu auffällig erhöhten, markant über dem Durchschnitt liegenden Wareneinsätzen.
Im Beispielfall hat der Gutachter durch entsprechende Recherchen und Informationen des Verkäufers so eine spezifische Zusammensetzung der Versorgungsaufgabe der Apotheke ausgeschlossen. Demnach geht es für den Käufer, wie oben dargestellt, „nur" um die Erschließung der in der Warenwirtschaft liegenden Reserven, die entsprechende Anpassungen der Kennziffer Wareneinsatz im Rahmen der Zukunftsbetrachtung rechtfertigen.

nierendes nachhaltiges Einkaufscontrolling ist zu etablieren. Die Bestellmenge muss auf weniger Lieferanten aufgeteilt werden. Es müssen weniger Lieferungen pro Tag vereinbart werden. Gestützt auf die Konzentration des Wareneinkaufs auf einen Hauptlieferanten mit einem hohen monatlichen Auftragsvolumen bei weniger Lieferungen täglich sind Einkaufsverhandlungen durchzuführen mit dem Ziel, die Einkaufskonditionen zu verbessern und die Nachvollziehbarkeit der Rechnungen zu gewährleisten.

Diese Möglichkeiten wird ein das Management der Apotheke verbessernder Käufer erreichen können, so dass an und für sich im Rahmen der Zukunftsbetrachtung eine Ergebnisverbesserung einzuplanen ist. Zu beachten ist aber auch, dass in der Apothekenbranche zunehmend Faktoren greifen, die zu einer sukzessiven Erhöhung des Wareneinsatzes der Apotheken führen. Zu solchen Faktoren gehören beispielsweise:

- zunehmender Wettbewerb zwischen den Apotheken
- Einsatz des Preises als Marketinginstrument
- Einsatz verschiedener Kundenbindungsinstrumente (Kundenrabatte, Bonussysteme u. ä.)
- die Erhöhung des Apothekenzwangsrabatts (GKV-Rabatt)
  (ab April 2007 von 2,00 €/Rx-Packung auf 2,30 €/Rx-Packung)
  und die geplante Anpassung des Fixaufschlages für Rx-Fertigarzneimittel zum Jahr 2009
- durch den Gesetzgeber indizierte zunehmende Beschränkungen zur Realisierung von Einkaufsvorteilen (Verbot von Naturalrabatten und Deckelung der Barrabatte durch das AVWG seit Mai 2006. Weitere Einschränkungen im Rabattbereich durch das GKV-WSG, vgl. § 78 (3) AMG).

Aufgrund dieser und weiterer noch unbekannter Faktoren stellt sich die Frage: in welcher Höhe ist die oben genannte Verbesserung des Wareneinsatzes für die Zukunft anzunehmen? Es ist sicherlich nicht korrekt, den vollen Betrag (Verbesserung des Wareneinsatzes um 1,1 % von T€ 2.033 = T€ 22) dem Ergebnis hinzuzurechnen.

Auf den vorliegenden Fall bezogen, soll das Vergangenheitsergebnis nur um T€ 5 erhöht werden, um einen Ausgleich für den zu hohen Materialeinsatz in der Vergangenheit zu finden.

Beispielapotheke im Vorort einer Großstadt

Ergebnisverbesserung: T€ 5

Auch an diesem Beispiel erkennt man wieder einmal die Bandbreiten, in denen ein Ertragswert ermittelt werden kann. Soweit der Gutachter überhaupt diesen Punkt berücksichtigt, ist er bei entsprechender Darstellung seiner Gedankengänge zu dieser Frage im Gutachten in der Lage, jede Zahl zwischen Euro 0,– und T€ 20 heranzuziehen, um das Ergebnis in diesem Fall zu erhöhen. Er kann sich auf den Standpunkt stellen, dass es für den Käufer keinen großen Aufwand bedeutet, härter mit den Lieferanten zu verhandeln und die entsprechenden Voraussetzungen zu schaffen, dass der entsprechende Rabatt so gewährt wird, wie es dem Durchschnitt der anderen Apotheken entspricht. Er kann aber auch die Meinung vertreten, der Käufer würde durch eine volle Hinzurechnung unrechtmäßig belastet, weil er erst einmal Maßnahmen ergreifen muss, um dieses Ergebnis zu erzielen und somit einseitig und zu hoch durch einen gestiegenen Kaufpreis für seine eigenen zukünftigen Leistungen bestraft wird. Alle Möglichkeiten sind offen und haben einen Einfluss auf den Kaufpreis. Wenn ein Apotheker, der sich mit dem Kauf oder Verkauf einer Apotheke befasst, diese Hintergründe nicht kennt, würde er den Abhandlungen eines Gutachters von dem er vielleicht noch nicht einmal weiß, ob es ein neutraler oder ein Parteiengutachten ist, „blind" folgen und damit unter Umständen einen Schaden nehmen können, wenn er dieser Behandlung nicht widerspricht. Denn – und dies sollen die Ausführungen gerade deutlich machen – alle Darstellungen des Gutachters sind diskussionswürdig und unterliegen nicht starren Regeln, wie ein mit der Materie nicht Vertrauter meinen könnte.

Exkurs:
Wareneinsatz wird in Gutachten unterschiedlich berücksichtigt

4.2.1.6 Veränderungen von Steuern

Wenn sich das Ergebnis einer Firma ändert, ändern sich auch die Firmensteuern – in diesem Fall die Gewerbesteuer der Apotheke.

Beispielapotheke im Vorort einer Großstadt

Auf den Beispielfall bezogen, soll aufgrund der Ergebnisverbesserung im Vergleich zur Vergangenheit, von einer Gewerbesteuererhöhung in Höhe von T€ 1,4 vereinfachend ausgegangen werden.

Ergebnisverschlechterung: T€ 1,4

Im Ergebnis der Unternehmenssteuerreform 2008 gibt es eine Reihe von Neuregelungen bezüglich der Gewerbesteuer, die auch für die Unternehmensbewertung von Bedeutung sind. Auch wenn ab 2008 die Gewerbesteuer im Rahmen der Gewinn- und Verlustrechnung nicht mehr als Betriebsausgabe absetzbar ist, sollte sie, da sie Einfluss hat auf die aus dem Unternehmen stammende Liquidität, vor der Kapitalisierung des nachhaltigen Reinertrages weiterhin berücksichtigt werden. Im Beispielfall wurde die Gewerbesteuer deshalb so angesetzt, als sei sie eine Betriebsausgabe.

Seit dem Jahr 2001 darf die betrieblich bezahlte Gewerbesteuer pauschaliert mit der Einkommensteuer verrechnet werden. Bis zu einem Hebesatz von 400 % fällt die Gewerbesteuer damit faktisch weg. Für die Zukunftsbetrachtung wird im Rahmen eines Bewertungsgutachtens dieser Umstand ergebniserhöhend nicht berücksichtigt, da er sich letztlich auf der privaten Ebene des Käufers abspielt. Genauso werden Senkungen der Spitzensteuersätze im Rahmen der Steuersenkungsgesetze seit dem Jahr 2000 ebenfalls keinen Eingang in ein Gutachten finden. Gleiches muss auch für die Gewerbesteuer gelten. Das gilt nach Auffassung der Verfasser auch für die veränderten Anrechnungsmodalitäten der Gewerbesteuer im Ergebnis der Unternehmensteuerreform 2008. Entscheidend ist die Differenz zwischen Gewerbesteuer und anzurechnendem Betrag.

4.2.1.7 Zusammenfassung

Zusammenfassend ergeben sich somit aus der Kostenanalyse für die Zukunft folgende Änderungen des bisher ermittelten modifizierten Vergangenheitsergebnisses:

	Ergebnis-verbesserung T€	Ergebnis-verschlechterung T€
1. Personalkosten	keine Änderungen	keine Änderungen
2. Abschreibungen	–	4,7
3. Renovierungskosten	–	1,0
4. Zinsaufwand	–	
– für Investitionen	–	2,2
– für Kaufpreis		10,0
5. Materialkosten	5	–
6. Gewerbesteuer	–	1,4
	5	19,3

Beispielapotheke im Vorort einer Großstadt

Im Saldo: Ergebnisverschlechterung aus Kostenanalyse: T€ 14,3

Im Saldo ergibt sich gegenüber den bereinigten Vergangenheitswerten eine Ergebnisverschlechterung in Höhe von T€ 14,3.

4.2.2 Aus der Veränderung des direkten Umfeldes der Apotheke abgeleitete Zukunftsanalyse

Nach der bisher angestellten Betrachtung, welchen Einfluss zukünftige Kostenentwicklungen auf den Gewinn einer Apotheke haben könnten, wenden wir uns nunmehr den Faktoren zu, die in der Zukunft einen Einfluss auf den Umsatz der Apotheke durch Veränderungen des direkten Umfeldes haben können.

Als die wesentlichen Faktoren in diesem Zusammenhang seien genannt:

- Die erwartete zukünftige Ärzteentwicklung (Kapitel 4.2.2.1)
- Die erwartete zukünftige Konkurrenz im überschaubaren Umkreis (Kapitel 4.2.2.2)
- Das zukünftige Einwohnerpotenzial (siehe Kapitel 4.2.2.3).

Allen obigen zukünftigen Betrachtungen ist ein direkter Einfluss auf die Umsatzentwicklung der Apotheke gemeinsam.

4.2.2.1 Zukünftige Ärzteentwicklung

Das Verschreibungsvolumen der im Einzugsbereich der Apotheke praktizierenden Ärzte hat in der Regel den bedeutendsten Einfluss auf den Umsatz einer Apotheke – von Ausnahmen abgesehen, wenn die Apotheke in einer zentralen Fußgängerzone oder in einer ähnlichen Lauflage liegt, wo es auf eine Vielzahl von Rezepten aus umliegenden Arztpraxen ausnahmsweise nicht ankommt.

In der Literatur gibt es eine Vielzahl von Abhandlungen über den Anteil der Gesetzlichen Krankenversicherungs(GKV)-Arzneikosten je Facharzt-Gruppe pro Jahr. Für den Apotheker ist es wichtig, den durchschnittlichen Arzneimittelumsatz verschiedener ausgewählter Arztgruppen zu kennen, um hieraus festzustellen, wie viel Prozent der GKV-Arzneimittelausgaben der in seinem Umfeld praktizierenden Ärzten in seiner Apotheke in etwa verbleiben.

Kernfrage: Wie viel % der GKV-Umsätze der Ärzte verbleiben in der Apotheke?

Deshalb soll nachfolgend ein kurzer Überblick über das durchschnittliche Arzneimittelverordnungsvolumen (also die GKV-Arzneimittelausgaben je Arzt) verschiedener ausgewählter Arztgruppen gegeben werden. Den Zahlen liegt die Auswertung der GKV-Verordnungen des Jahres 2005 zugrunde (siehe Arzneiverordnungsreport 2006).

Signifikante Veränderungen unter anderem wegen der veränderten Aut-idem-Regelung, der Einführung der Bonus-Malus-Regelung, der Möglichkeit der Zuzahlungsbefreiung für Patienten (wenn der Arzt niedrigpreisig verordnet) und wegen der nach § 130 a (8) SGB V möglichen Verträge zwischen gesetzlichen Krankenkassen und Herstellern liegen bis zum heutigen Zeitpunkt (Stand Ende 2007) nicht vor.

Ebenso wichtig sind aber die tatsächlichen Zahlen, die sich dem Gutachter in einem konkreten Fall, der zur Bewertung ansteht, bieten. Der Apotheker kann anhand der ihm vorliegenden Aufstellungen exakt erkennen, wie viel GKV-Umsatz die in seiner Umgebung praktizierenden Ärzte in seiner Apotheke pro Jahr bewirken.

Vergleich eigener Zahlen mit Durchschnittswerten

Arztgruppe	GKV- Umsatz brutto[8] in Euro	GKV- Umsatz netto[9] ca. in Euro	Zahl Verord- nungen/ Arzt/p.a.	Wert je Verordnung netto ca. in Euro
Allgemeinärzte	254.000	209.000	7.330	28,50
Internisten	272.000	224.000	5.390	41,60
Urologen	189.000	155.000	2.180	71,10
Nervenärzte	282.000	232.000	3.140	73,90
Hautärzte	101.000	83.000	3.120	26,60
Kinderärzte	101.000	83.000	6.960	11,90
Gynäkologen	59.000	49.000	1.610	30,40
Augenärzte	60.000	49.000	2.110	23,20
HNO-Ärzte	46.000	38.000	2.020	18,80
Orthopäden	51.000	42.000	1.730	24,30

Quelle: Herzog R., Arzneiverordnungsreport 2006: Wichtige Daten und Trends für die Apotheke, Apotheken-Berater 12/2006, S. 4

Gewichtungsfaktor ist bedeutend

Beim Vergleich dieser tatsächlichen Zahlen laut dem Apotheker vorliegenden Statistiken pro Arzt mit den Werten der durchschnittlich von einem Arzt bewirkten Arzneiumsätzen pro Jahr (gemäß obiger Aufstellung) muss aber noch eine Besonderheit berücksichtigt werden: Bei diesen Durchschnittswerten kann ein Apotheker nicht davon ausgehen, 100 % des Verordnungsvolumens eines in seinem Einzugsgebiet ansässigen Arztes für sich als Umsatz verzeichnen zu können. Denn nicht 100 % der Patienten werden nach Besuch des Arztes ihre Rezepte in einer bestimmten Apotheke einlösen. In äußerst günstigen Fällen kann ein Apotheker mit etwa 80 % (= Gewichtungsfaktor) des Rezeptvolumens eines Arztes als Umsatz rechnen, der bei ihm verbleibt. Das würde zum Beispiel für einen Allgemeinmediziner mit einem durchschnittlichen Rezeptvolumen von etwa T€ 250 bis T€ 270 bedeuten, dass etwa T€ 208 der verursachten GKV-Arzneimittelausgaben auf eine Apotheke entfallen könnten. Entscheidende Bedeutung kommt damit dem Gewichtungsfaktor des geschätzten Rezept-Umsatzanteils pro Arzt für eine bestimmte Apotheke zu, der im Wesentlichen durch die Entfernung des jeweiligen Arztes zur Apotheke und durch die Nähe der Wettbewerbsapotheken determiniert ist.

---

8 Hierbei handelt es sich um das Bruttoverordnungsvolumen der Arztgruppen.
9 Bei diesen Angaben handelt es sich um den so genannten Netto-Netto-Umsatz, also excl. Apothekenrabatt und excl. Umsatzsteuer.

Die im Rahmen eines Bewertungsgutachten in jedem Fall durchzuführende Umsatzanalyse im Hinblick auf die Zukunftsbetrachtung sollte somit in folgenden Schritten erfolgen:

Umsatzanalyse nach Ärzten

(1) Aufschlüsselung aller niedergelassenen Ärzte, von denen die zu bewertende Apotheke das Rezeptpotenzial abschöpfen kann.
(2) Multiplikation des gemäß Statistik möglichen Rezeptumsatzes gemäß vorherigen Ausführungen mit dem geschätzten Gewichtungsfaktor für den Standort des Arztes (vgl. obige Erläuterung).
(3) Vergleich dieses theoretisch ermittelten Umsatzes mit dem tatsächlichen Umsatz einmal pro Arzt und einmal in der Gesamtsumme.

Der Vergleich des theoretisch ermittelten Umsatzes eines Arztes (durchschnittliches Rezeptvolumen gemäß Fachrichtung multipliziert mit dem Gewichtungsfaktor) mit dem tatsächlichen Umsatz, den der Apotheker mit diesem Arzt realisiert, zeigt sehr deutlich, welche Akzeptanz die Apotheke bei den Patienten der einzelnen Ärzte tatsächlich hat. Kann man zum Beispiel von einem in der Nähe liegenden Allgemeinmediziner einen Umsatz von T€ 208 für die Apotheke erwarten (rd. T€ 260 laut Tabelle multipliziert mit einem Gewichtungsfaktor von 80 % der Patienten, die aufgrund der Nähe des Arztes die Apotheke aufsuchen müssten) und vergleicht man diese theoretische Zahl mit dem tatsächlichen Umsatz von z.B. nur T€ 120, zeigt dies dem Apotheker, dass er „irgendetwas falsch macht". Sei es, dass er zu wenig auf seine Apotheke aufmerksam gemacht hat, sei es, dass die Apotheke einen schlechten Ruf hat, zum Beispiel wegen Kundenunfreundlichkeit oder dass die Ärzte aufgrund gewisser Ressentiments den Apotheker nicht empfehlen. Bei derart krassen Abweichungen dürfte das Verschreibungsverhalten der Ärzte nur in den seltensten Fällen für die Differenz ursächlich sein. Diese Aufstellung gibt dem Käufer somit eine gute Information darüber, inwieweit in der Apotheke noch weiteres Umsatzpotenzial vorhanden ist. Ergibt sich zum Beispiel aus der theoretischen Ermittlung der Umsätze ein Betrag in Höhe von 1,7 Mio. € an Rezeptumsatz und zeigt die tatsächliche Auswertung einen ähnlichen Umsatz, der durch das Rezeptvolumen der herangezogenen Ärzte bei der Apotheke verbleibt, so besteht kaum Handlungsbedarf.

...zeigt die Akzeptanz der Apotheke

Beträgt aber der tatsächliche Umsatz nur 1,2 Mio. € statt theoretisch möglicher 1,7 Mio. €, so zieht der Wettbewerb dieser Apotheke T€ 500 Umsatz ab, was im Normalfall bei Schaffung optimaler Voraussetzungen vielleicht nicht notwendig gewesen wäre. Dies wäre das Steigerungspotenzial des Käufers, wenn er sich zutraut, die Schwachstellen zu beseitigen.

Es wäre aber verfehlt, ein solches Steigerungspotenzial in die Bewertung mit aufzunehmen, da dies von zu vielen Unwägbarkeiten und zu sehr von den Fähigkeiten des Käufers abhängt, ob dieser potenzielle Umsatz überhaupt realisierbar ist. Es bedeutet aber dennoch einen wichtigen Hinweis für den Gutachter und auch für den Käufer, dass hier noch gewisse Reserven ruhen, die in dem erwähnten Beispielfall (tatsächlicher Umsatz 1,2 Mio. € zu theoretisch möglichem Umsatz von 1,7 Mio. € in diesem Bereich) T€ 500 entsprechen.

Ratschlag: Vergleichsanalysen liefern wertvolle Informationen

Es ist erstaunlich, welche Erkenntnisse eine solche Vergleichsanalyse zwischen dem theoretisch möglichen und dem tatsächlichen Wert bewirken kann. Es erscheint unverzichtbar, im Rahmen eines Bewertungsgutachtens solche Analysen zu erstellen, weil sie Hintergrundinformationen liefern, über die sich der Apotheker bisher vielleicht nicht einmal selbst im Klaren war. Dies sind übrigens auch Analysen, die ein Apotheker ohne Verkaufsabsichten im Rahmen eines bestehenden Betriebes durchaus anstellen kann, um seine Stellung am Markt zu kennen und eventuell noch Reserven freizusetzen. Der Gewichtungsfaktor (im Idealfall 80 % bei einem direkt in der Nähe befindlichen Arzt) ist primär abhängig von der Entfernung des jeweiligen Arztes zur Apotheke und der Nähe der Wettbewerbsapotheken.

Beispielapotheke im Vorort einer Großstadt

Die obigen theoretischen Ausführungen sollen nun auf den praktischen Fall bezogen werden: Nachfolgend ist für den Beispielfall das durchschnittliche, theoretisch mögliche Verordnungsvolumen nach Fachrichtung und Arzt gemäß obiger Tabelle zugrunde gelegt worden. Entsprechend der gemachten Ausführungen wurde weiterhin eine Schätzung bezüglich des Gewichtungsfaktors vorgenommen. Der hieraus sich ergebende auf den Apothekenstandort entfallende theoretische Verordnungsanteil wird wertmäßig in der rechten Spalte ausgewiesen.

Arzt	Straße	Fachrichtung	durch-schnittl. Rezept-umsatz-volumen (brutto) in T€ p.a.	hiervon zu erwartender Anteil für die zu bewertende Apotheke in % (= Gewich-tungsfaktor)	erwar-teter GKV-Rezept-umsatz-anteil in T€ p. a.
01		Allgemeinmedizin	254	70	178
02		Allgemeinmedizin	254	68	173
03		Neurologie	282	38	107
04		Allgemeinmedizin	254	10	25
05		Allgemeinmedizin	254	58	147
06		Allgemeinmedizin	254	58	147
07		Allgemeinmedizin	254	58	147
08		Allgemeinmedizin	254	10	26
09		HNO	51	32	16
10		Dermatologie	101	8	8
11		Allgemeinmedizin	254	5	13
12		Innere Medizin	272	53	144
13		Innere Medizin	272	4	11
14		Innere Medizin	272	6	16
15		Innere Medizin	272	6	16
16		Innere Medizin	272	4	11
17		Innere Medizin	272	4	11
18		Kinderheilkunde	101	6	6
19		Nervenheilkunde	282	5	14
20		Nervenheilkunde	282	6	17
21		Urologie	189	34	64
22		Neurologie	282	38	107

- Summe der theoretisch möglichen Brutto-Verschreibungsumsätze der in der Nähe liegenden Arztpraxen auf die vorliegende Apotheke entfallend: T€ 1.404 (inkl. MwSt.)   Soll-Umsatz den umliegenden Arztpraxen

- zzgl. auf Grund der Lage der Apotheke 30% Verschreibungsumsätze aus sog. Streurezepten   T€ 421

- = GK-Umsatz brutto   T€ 1.825

- abzgl. durchschnittl. GKV-Rabatt   T€ 85

- = Rezeptumsatzpotenzial der Apotheke (steuerlich brutto)   T€ 1.740

- Rezeptumsatz der Apotheke (ohne Umsatzsteuer)   T€ 1.500

- Netto-Verschreibungsumsätze (also ohne Umsatzsteuer):

Der Vergleich der theoretisch möglichen Netto-Verschreibungsumsätze in Höhe von T€ 1.500 mit den im Jahre 2006 tatsächlich erzielten Verschreibungsumsätzen von im Durchschnitt (dabei 2004 bereinigt) T€ 1.546 (vgl. Kapitel 4.1.2) führt zu einer so geringen Abweichung, so dass sich weitere Analysen erübrigen.

Zwischenergebnis zum Thema: Zu erwartender Verordnungsanteil
Dieser Vergleich zeigt offensichtlich eine hohe Akzeptanz der zu bewertenden Apotheke bei ihren Kunden und sicherlich auch bei den Ärzten, da die theoretischen Soll-Vorgaben, in welchem Umfang die Patienten eines Arztes bei der vorliegenden Apotheke ihren Rezeptumsatz abliefern sollten, in der Realität fast erreicht werden. Insoweit besteht kein Handlungsbedarf.

Zweite zu prüfende Frage: Praxisaufgaben?

Hieran schließt sich gleich die zweite zu prüfende Frage an, inwieweit einzelne Ärzte in absehbarer Zeit

- entweder aus Altersgründen ihre Praxis aufgeben oder
- Umzugsabsichten in für die Apotheke ungünstigere Lagen hegen oder
- ihre Praxis verkaufen wollen, so dass die bisher enge Arzt – Apothekerbindung gelockert werden könnte.

Beispielapotheke im Vorort einer Großstadt

Auf den Beispielfall bezogen, ist die Aufgabe der Praxis des Arztes 01 in absehbarer Zeit wegen Erreichens der Altersgrenze zu erwarten. Der Arzt hat bereits zu erkennen gegeben, mit 65 Jahren die Praxis auflösen zu wollen. Infolge der gerade an diesem Ort bekannten Arztdichte ist damit zu rechnen, dass ein Verkauf der Praxis an einen anderen Arzt, der die Praxis dann weiter betreiben soll, nicht möglich ist, weil nach der Bedarfsplanung eine Arztpraxis an dieser Stelle keine Zulassung erhalten wird. Damit werden die Patienten sich zwar auf die umliegenden Ärzte aufteilen, jedoch muss damit gerechnet werden, dass ein Teil des Umsatzes für die zu bewertende Apotheke tatsächlich verloren gehen wird. Gerechnet wird mit einem Betrag in Höhe von T€ 110 als Umsatzverlust.

Ergebnisverschlechterung im Saldo: T€ 1

Wir halten fest: Gesamtumsatzverlust infolge der zukünftigen Ärzteentwicklung: brutto T€ 110, netto, nach Abzug des GKV-Rabatts und der Umsatzsteuer, T€ 88. Bei einer Handelsspanne von hier angenommen 26 % entspricht dies einer Rohertragsminderung in Höhe von T€ 88 × 26 % = T€ 23. Der Käufer wird für den Fall des erwarteten Umsatz- bzw. Rohertragsverlustes mit der Entlassung einer PKA reagieren müssen (was möglich ist), mit der Folge einer Verminderung der Personalkosten um rd. T€ 22 inkl. Personalnebenkosten. Die Ergebnisverschlechterung beträgt damit im Saldo: ./. T€ 1.

4.2.2.2 Zukünftiger Wettbewerb im überschaubaren Umkreis

Der potenzielle Käufer einer Apotheke ebenso wie der Gutachter werden ihr Hauptaugenmerk im Rahmen der Analyse der zukünftigen Umsätze auf die Frage richten, inwieweit in der in Frage stehenden Region eine Konkurrenzapotheke neu entstehen könnte, die bei den umliegenden Apotheken und damit auch bei der zu bewertenden Unternehmung zu Umsatzeinbußen führen könnte.

Hierbei kann man vereinfachend drei Fälle unterscheiden, auf die der Gutachter bzw. der Käufer treffen kann und die unterschiedliche Folgewirkungen aufweisen.

Drei Fälle

(1) Die zu bewertende Apotheke liegt in einer Region mit einer außerordentlich niedrigen Apothekendichte, also in einer Region, in der viele Einwohner je Apotheke zu verzeichnen sind. Hierzu muss man die Durchschnittszahlen kennen.

Fall 1:
Viele Einwohner
je Apotheke

Die Apothekendichte in den einzelnen Bundesländern ergibt sich aus folgender Tabelle:

Apothekendichte in den Bundesländern

Bundesland	öffentliche Apotheken 2006	Einwohner je Apotheke 2006
Baden-Württemberg	2.783	3.858
Bayern	3.419	3.647
Berlin	873	3.889
Brandenburg	556	4.603
Bremen	175	3.791
Hamburg	464	3.758
Hessen	1.631	3.735
Mecklenburg-Vorpommern	398	4.290
Niedersachsen	2.119	3.773
Nordrhein	2.522	3.790
Westfalen-Lippe	2.243	3.790
Rheinland-Pfalz	1.137	3.570
Saarland	351	2.992
Sachsen	976	4.379
Sachsen-Anhalt	614	4.022
Schleswig-Holstein	720	3.935
Thüringen	570	4.096
Insgesamt	21.551	3.825

Angabe jeweils Jahresende; Quelle: Die Apotheke – Zahlen, Daten, Fakten 2007 (Zahlen von 2006); Hrsg. ABDA

Problem:
„Standortoasen"

Findet der Bewertende eine Apotheke in einer Region vor, die zum Beispiel über einen pharmazeutischen Versorgungsgrad von 5.500 Einwohnern je Apotheke verfügt, ist die Entstehung von Wettbewerb durchaus vorprogrammiert. Es ist in Kürze damit zu rechnen, dass diese „Standortoase" erkannt wird. Der Gutachter wird aus diesem Grund für die Zukunft von mehr Konkurrenz für die zu bewertende Apotheke ausgehen müssen. Er wird je nach Differenzen zwischen einer in Kürze zu erwartenden Apothekendichte zu der jetzt bestehenden einen allgemeinen Abschlag vornehmen. Kommt er zu der Feststellung, dass mindestens eine weitere unmittelbare Konkurrenzapotheke entstehen kann, so wird sich der Gutachter Gedanken über einen konkreten prozentualen Abschlag vom bisher erzielten Umsatz machen müssen. Hierbei sind Faustformeln schlecht anzubieten, da sie die Gefahr in sich bergen, auf den Einzelfall bezogen, nicht zuzutreffen. Vereinfachend kann man – ohne Sonderfälle im Einzelfall im Auge zu haben – von einem 15-prozentigen Umsatzverlust bei Neugründung einer Apotheke ausgehen. Im Einzelfall kann dieser Umsatzverlust wesentlich höher oder aber auch niedriger sein, so dass es sich hierbei nur um einen Erfahrungswert handeln kann.

Fall 2:
Durchschnittliche
Apothekendichte

(2) Trifft der Gutachter auf eine Apothekendichte, die dem Durchschnitt der Apothekendichte in der Region entspricht (zum Beispiel in Nordrhein-Westfalen etwa 3.790 Einwohner je Apotheke), dann ist die Gefahr der Entstehung von Konkurrenzapotheken nicht allzu hoch.

Fall 3:
Unterdurchschnittliche
Apothekendichte

(3) Trifft der Gutachter auf eine Apothekendichte, die unter dem Durchschnitt der Apothekendichte in der Region liegt, wo also zum Beispiel weniger als 3.790 Einwohner je Apotheke zu verzeichnen sind, entfallen wegen nicht zu erwartender Konkurrenz Korrekturüberlegungen zum Umsatz.

Beispielapotheke im
Vorort einer Großstadt

Auf den Beispielfall bezogen, stellt der Gutachter eine Apothekendichte von 3.700 Einwohnern pro Apotheke in der in Frage kommenden Region fest, so dass mit der Neueröffnung einer Apotheke nicht zu rechnen ist.

Exkurs:
Marktauftritt der
Mitbewerber

Die künftige Wettbewerbssituation im Umkreis der Apotheke wird nicht nur durch die vorhandene Apothekendichte bestimmt, wichtig sind auch Veränderungen bei den Mitbewerbern (Inhaberwechsel, Umbau, Marktauftritt, Profilierung, zunehmende Werbung usw.). Zunehmend spielt auch der Filialisierungsgrad im Apothekenbereich eine Rolle. Die zu einem Filialunternehmen gehörenden Apotheken sind erfahrungsgemäß häufig deutlich marketingaktiver als Einzelapotheken. Das Gleiche trifft für Apotheken zu, die in Kooperationen mit einem einheitlichen Marktauftritt (z. B. „Vivesco", „Avie", „Partner-Apotheke") integriert sind. Wenn sich gerade in jüngster Vergangenheit Veränderungen dieser Art bei den Mitbewerbern ergeben haben, muss mit Auswirkungen auf die zu kaufende Apotheke gerechnet werden, es sei denn, der Käufer hält mit einem eigenen von ihm zu entwickelnden Unternehmenskonzept dagegen. Die Feststellung der Apothekendichte (pharmazeutischer Versorgungsgrad) liefert somit wichtige Informationen, um die zukünftige Konkurrenzsituation zu beurteilen, sie sollte aber, um Fehleinschätzungen im Rahmen der Prognose zu vermindern, mit einer Analyse der Mitbewerber einhergehen, die sich im Umkreis der zu bewertenden Apotheke befinden.

4.2.2.3 Zukünftiges Einwohnerpotenzial

Der Einfluss des Einwohnerpotenzials pro Apotheke auf die zukünftige Umsatzentwicklung war bereits im vorherigen Kapitel im Zusammenhang mit der eventuellen Entstehung von Konkurrenzapotheken beschrieben worden.

Allerdings muss der Gutachter zusätzlich noch berücksichtigen, inwieweit im unmittelbaren Umfeld der Apotheke besondere positive oder auch negative Entwicklungen im Käuferpotenzial entstehen können. Hierzu sind zu nennen:

Entwicklung des Käuferpotenzials

(1) Entstehung eines neuen Einkaufszentrums, das zusätzliches Käuferpotenzial bieten könnte.

(2) Entstehung einer neuen Umgehungsstraße, die die bisher günstig gelegene Apotheke von dem bisherigen Wohngebiet oder von einem Einkaufszentrum abschneidet.

(3) Entstehung eines neuen Wohngebiets (Wohnblöcke) im direkten Umfeld der Apotheke.

(4) Schaffung einer neuen oder Wegfall einer bisherigen Haltestelle mit direktem Zugang zur Apotheke.

(5) Entstehung einer neuen Parkplatzmöglichkeit direkt vor der Apotheke.

(6) Entstehung eines neuen öffentlichen Gebäudes mit starkem Publikumsverkehr (zum Beispiel Hauptpost, Rathaus oder Ähnliches) in direkter Nähe zur Apotheke.

(7) Der Altersstruktureffekt einer in der Nähe eines Wohngebiets mit vielen älteren Leuten gelegenen Apotheke sollte nicht vernachlässigt werden. Wenn die bisherige Apotheke von vielen älteren Kunden frequentiert wurde, hat sich dies mit Sicherheit umsatzerhö-

hend ausgewirkt. Wenn in einem Gebiet mit vielen älteren Patienten infolge des Zeitablaufs ein Wechsel zu jüngeren Kunden erfolgen wird, könnte dies auch eine gewisse umsatzmindernde Folge haben. Der Gutachter sollte dies zumindest in seinem Gutachten erwähnen, auch wenn er nicht in der Lage sein wird, diesen Effekt zu quantifizieren.

Dies sind nur einige Beispiele für Standortfaktoren, die im weitesten Sinne als Einwohnerentwicklungspozential in positiver wie negativer Hinsicht auf den Umsatz der Apotheke in Zukunft einen Einfluss haben können.

Auf unseren Beispielfall bezogen, sind derartige erhebliche den Umsatz beeinflussende Faktoren in Zukunft nicht zu erwarten, so dass eine Umsatzkorrektur hieraus nicht erforderlich erscheint.

4.2.3 In der Zukunft sich verändernde allgemeine wirtschaftliche Entwicklungen

Neben den unternehmensbezogenen Einflussfaktoren (wie zum Beispiel den Betriebsausgaben) und neben den auf das direkte Umfeld der Apotheke bezogenen Faktoren, wie zum Beispiel die zukünftige Ärzte-, Konkurrenz- und Einwohnerentwicklung beeinflussen noch weitere Faktoren allgemeiner Art die Entwicklung eines Unternehmens. Diese Faktoren sollen unter dem Begriff „Umweltdaten" festgehalten werden und sind nicht im Einzelnen so quantifizierbar wie die bisher dargestellten Einflussfaktoren.

4.2.3.1 Allgemeiner Rückgang der Handelsspanne (des Rohertrages)

Der Apotheker als Unternehmer kann nur darauf hinwirken, eine Handelsspanne zu erzielen, die etwa dem Durchschnitt der übrigen Apotheken seiner Versorgungsprofilgruppe entspricht. Abgesehen von individuellen Sondervereinbarungen mit Lieferanten, ist es jedoch seinem Einflussbereich weitestgehend entzogen, darüber hinaus die Handelsspanne (bzw. den Rohertrag, als Differenz zwischen Umsatz und Wareneinsatz) zu verbessern, so dass es sich hier um einen Einflussfaktor handelt, der sich durch die allgemeine wirtschaftliche Entwicklung, durch die Entwicklung im Gesundheitsbereich und insbesondere durch die Gesundheitsreformen zwangsläufig ergibt.

Allgemein rückläufige Entwicklung der durchschnittlichen Handelsspanne

Wie hat sich nun die Handelsspanne (Rohertrag in % des Umsatzes) in den Jahren seit 1970, gerechnet in Zehnjahreszeiträumen, entwickelt? In der Zeit von 1970 bis 1980 ist sie von etwa 40 % auf etwa 36,7 % gesunken, was einer Minderung um ca. 10 % entspricht.

In der Zeit von 1981 bis 1990 sank sie von 36,7 % auf 32,8 % vom Umsatz, dies entspricht einer Minderung von wiederum ca. 10 %.

In der Zeit von 1991 bis 2000 ist sie von etwa 32,8 % auf etwa 31,2 % gesunken (knapp 5 %).

Bedingt durch immer wieder neue Gesundheitsreformen kam es ab dem Jahr 2001 zu weitaus deutlicheren Absenkungen der Handelsspanne. Im Jahr 2005 lag die Spanne von Apotheken in den alten Bundesländern im Durchschnitt bei 26,8 % und in den neuen Bundesländern bei etwa 26,2 %. Das entspricht einer Reduzierung von etwa 14 % bis 16 % und das innerhalb von fünf Jahren. Mit dem Inkrafttreten des AVWG zum 01. Mai 2006 und des GKV-WSG zum 01. April 2007 deutet sich eine weitere rückläufige Entwicklung der Spanne an.

Wie bereits erwähnt: Der einzelne Apotheker kann diesen grundsätzlichen Rückgang des Rohertrages nicht aufhalten. Der Apotheker kann zwar versuchen, aus der zielgerichteten Entwicklung des OTC-Bereiches eine Verbesserung der Spanne zu erzielen, denn die oben genannte Reduktion wurde und wird primär durch die Einflussnahme des Gesetzgebers auf den GKV-Bereich hervorgerufen. Dennoch ist aufgrund des durchschnittlich hohen Anteiles des Rezeptumsatzes auch in Zukunft insgesamt von einer weiteren Spannenreduktion im Apothekenbereich auszugehen. Ein Rückgang der Handelsspanne führt zu einem verminderten Gewinn, auch wenn der Apotheker bemüht sein wird, seine Kosten unter dem Druck der Ereignisse zu verringern. Eine weitere Kostenminimierung ist aber in der Regel kaum noch möglich, so dass die Ergebnisse sich rückläufig entwickeln werden. Man kann dies auch anhand der statistischen Durchschnittszahlen belegen: Der durchschnittliche Gewinn einer Apotheke betrug im Jahr 1970 noch mehr als 16 % vom Umsatz und im Jahr 2005 nur noch etwa 7 % vom Umsatz. Damit hat sich die Rendite in den letzten 35 Jahren mehr als halbiert. Dass das unternehmerische Existenzminimum eines Apothekers – zumindest in den alten Bundesländern – infolge niedriger Gewinne und unter Berücksichtigung betrieblich bedingter Tilgungsverpflichtungen und privater Altersvorsorge u.a. in vielen Fällen nahezu erreicht ist, ist bekannt. Eine weitere Reduktion ist in vielen Fällen kaum noch möglich. Dennoch muss davon ausgegangen werden, dass die zukünftige Entwicklung aufgrund der Reduktion der Handelsspanne sicherlich eher negativ als positiv sein wird. Dieser Faktor muss im Rahmen eines Bewertungsgutachtens bei der Beurteilung der allgemeinen wirtschaftlichen Entwicklungsfaktoren (also der Umweltdaten) in irgendeiner Form mit berücksichtigt werden. Wie dies geschehen soll, wird an anderer Stelle noch dargelegt.

Die Rendite hat sich in den letzten 35 Jahren mehr als halbiert.

Beispielapotheke im Vorort einer Großstadt

4.2.3.2 Weitere Einflussfaktoren durch neue Gesundheitsstrukturgesetzmaßnahmen u.a.

Die Absenkung der Handelsspanne wurde in den letzten Jahren noch einigermaßen durch eine Umsatzausweitung aufgefangen. Die Entwicklung des Durchschnittsumsatzes der Apotheken stellte sich in den vergangenen Jahren wie folgt dar:

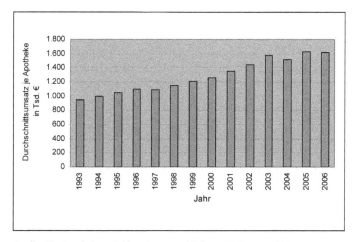

Quelle: Die Apotheke – Zahlen, Daten und Fakten 2007; Hrsg. ABDA
Im Jahr 2006 wurde annähernd das gleiche Umsatzvolumen wie 2005 erreicht.

Es ist darauf hinzuweisen, dass diese Angaben ein rein rechnerisches Mittel darstellen. Insgesamt sind die Apothekenumsätze durch eine große Variabilität gekennzeichnet. Etwa 2/3 aller Apotheken lagen in den letzten Jahren unterhalb des Durchschnittsumsatzes.

Wie ist der Gewinn in Euro auf altem Niveau zu halten?

Damit der Gewinn in absoluten Zahlen wenigstens einigermaßen gehalten werden kann, muss der sinkende Anteil des Gewinns in Prozent vom Umsatz nachhaltig auf höhere Umsatzzahlen angewandt werden können. Dies scheint aber, wie die letzten Reformen im Jahre 2007 zeigen, für die Zukunft nicht langfristig gewährleistet. Nachdem die Bundesregierung im Mai 2006 das AVWG in Kraft setzte, folgte im April 2007 das GKV-Wettbewerbsstärkungsgesetz. Primär geht es um verschiedene Wege zur Dämpfung der Arzneimittelausgaben der Gesetzlichen Krankenversicherung (Erhöhung des GKV-Rabatts der Apotheken und Anpassung des Rabatts bereits für das Jahr 2009; Umsatzstrukturveränderungen durch Rabattverträge der Krankenversicherungen mit Herstellern gemäß § 130 a (8) SGB V; Durchsetzung der Bonus-Malus-Regelung gegenüber Ärzten; Förderung von Medizinischen Versorgungszentren, von Integrierter Versorgung und von Hausarztmodellen; weitere Reglementierungen bezüglich des Wareneinkaufs der Apotheken gemäß § 78 (3) AMG). Ständig neue Regelungen bringen immer wieder Unbekannte hervor, so dass zutreffende Umsatz- und Ertragsprognosen immer schwieriger werden. Umsatzrückgang, zumindest Umsatzstagnation dürfte demnach auch für die Zukunft vorprogrammiert sein und das bei gleichzeitig sinkenden Spannen. Keiner weiß, welche Maßnahmen noch auf die Apotheker durch weitere einschneidende gesundheitspolitische Entscheidungen des Gesetzgebers zukommen. Wenn aber eine weitere Umsatzsteigerung im Apothekenbereich in Frage steht, führen die verschlechterten Handelsspannen und die gestiegenen Kosten zwangsläufig zu verminderten Gewinnen in der Zukunft.

Apotheker und Gutachter sollten, wenn es um den Kauf/Verkauf und um die Wertermittlung einer Apotheke geht, in jedem Falle die sich langfristig abzeichnenden Entwicklungstendenzen berücksichtigen. Markt- und Wettbewerbsstrukturen ändern sich, größere Unternehmenseinheiten entstehen, der Einfluss von Kooperationen wächst, der Versandhandel etabliert sich auch als in gewissem Maße vom Verbraucher akzeptierter Vertriebsweg für Arzneimittel, Pickup-Stellen von Versandapotheken entstehen. Zukunftsorientierte Apotheken reagieren vorausschauend durch Profilierung, Weiterentwicklung von Qualität, Service und Beratungskompetenz und entwickeln sich zu modernen Gesundheitseinrichtungen. Zunehmender Wettbewerb, nicht zuletzt auch Preiswettbewerb, kennzeichnet die Rahmenbedingungen der Apothekenbranche genauso wie strukturelle Veränderungen im medizinischen Bereich (Etablierung von Hausarzt- und Hausapothekenmodellen, von Integrierter Versorgung, von Medizinischen Versorgungszentren usw.). Hinzu kommen sich längerfristig abzeichnende Veränderungen in Richtung Aufhebung des Fremd- und Mehrbesitzverbotes. Seit mehreren Jahren gibt es in verschiedenen europäischen Ländern (z. B. in Norwegen und in England) solche Strukturen. Ob und wann diese Entwicklungen im deutschen Apothekenwesen Realität werden, ist allerdings völlig offen. Die sich diesbezüglich abzeichnenden Risiken erscheinen aber gegenwärtig höher denn je und das nicht zuletzt durch von der EU angestrebte Wettbewerbsverfahren. Für den Berufsstand ist zwar wünschenswert, dass dies alles noch lange auf sich warten lassen möge, im Rahmen der Wertermittlung kann der verantwortliche Gutachter hiervor aber nicht vollständig die Augen verschließen. Eine neutrale realistische Bewertung von Apotheken schließt die Abwägung und Berücksichtigung der genannten Sachverhalte ein.

In der Diskussion befindliche auf die Apotheke zukommende Problembereiche.

In welcher Form dies erfolgen soll, wird ebenfalls an späterer Stelle ausgeführt.

4.2.4 Zusammenfassung der infolge der Zukunftsanalyse sich ergebenden Veränderungen

Beispiel ./. T€ 14,3

(1) Veränderungen aus der Kostenanalyse gemäß Kapitel 4.2.1.7 – Ergebnisverschlechterung in Höhe von T€ 14,3.

(2) Aus der Veränderung des direkten Umfeldes der Apotheke abgeleitete Zukunftsanalyse gemäß Kapitel 4.2.2.1 – hier Ergebnisverschlechterung in Höhe von T€ 1 infolge der zukünftigen Ärzteentwicklung und des notwendigen Personalabbaus.

./. T€ 1

(3) Ausgehend vom bereinigten Vergangenheitsergebnis – gemäß Kapitel 4.1.4 T€ 120 und den in der Zukunft zu erwartenden Änderungen – gemäß Kapitel 4.2.1.7 und Kapitel 4.2.2.1 weitere Ergebnisverschlechterung gesamt T€ 15,3 (s. o.) – ergibt sich ein nachhaltiger Zukunftsertrag i. H.v. T€ 104,7.

(4) Auf den Apotheker zukommende Risiken aus der allgemeinen zukünftigen wirtschaftlichen Entwicklung (der Umweltdaten) – gemäß Kapitel 4.2.3: keine Berücksichtigung in diesem Bereich, sondern lediglich durch Erhöhung des Kapitalisierungszinssatzes (siehe Kapitel 4.5).

– später –

Damit ist die Analyse der zukünftigen Entwicklung der Apotheke in den verschiedensten Bereichen abgeschlossen. In das bereits vorliegende modifizierte Ergebnis aus der Vergangenheitsanalyse muss dieses Zahlenmaterial noch eingearbeitet werden. Bevor dies geschieht, muss jedoch noch der Unternehmerlohn festgelegt werden.

4.3 Unternehmerlohn

Unternehmerlohn = fiktive Vergütung für die Arbeitsleistung des Inhabers

Im Gegensatz zu den Kapitalgesellschaften, bei denen die Gesellschafter und Geschäftsführer oder der Vorstand Angestellte der Firma sind, so dass deren Tätigkeitsentgelt als Gehaltsaufwand erfasst wird, darf nach den Grundsätzen ordnungsgemäßer Buchführung und Bilanzierung bei Einzelunternehmen und Personengesellschaften kein Betrag als Vergütung für die Arbeitsleistung des Inhabers bzw. der Gesellschafter (Unternehmerlohn) in der Erfolgsrechnung ausgewiesen werden. Da jede unternehmerische Tätigkeit einen Dienstleistungsverzehr darstellt, der Kostencharakter besitzt, ist diese unterschiedliche Behandlung aufgrund rechtlicher Gegebenheiten wirtschaftlich nicht gerechtfertigt. Es ist daher einmütig anerkannt, dass für die Unternehmensbewertung auch ein Unternehmerlohn als Aufwand zu berücksichtigen ist. Von dem anhand der Erfolgsrechnungen ermittelten nachhaltig zu erzielenden Reinertrag ist daher ein angemessener Unternehmerlohn abzuziehen, ehe die Kapitalisierung durchgeführt wird. Die Höhe des Unternehmerlohns wird nach der Vergütung bestimmt, die eine nicht (am Unternehmen) beteiligte Geschäftsführung erhalten würde.[10] Da der Apotheker wegen des für seine Berufsausübung vorgeschriebenen Hochschulstudiums mit der anschließenden praktischen Ausbildung anerkanntermaßen eine Sonderstellung unter den Einzelhandelsunternehmern einnimmt, werden sich nur sehr schwer Vergleichsmaßstäbe für die Bestimmung des Unternehmerlohns aus anderen Branchen finden lassen. Der Unternehmerlohn eines selbständigen Apothekers wird sich daher wohl nur in Anlehnung an die Vergütung, die Approbierte mit entsprechender Berufserfahrung gemäß Bundesrahmentarifvertrag für in vergleichbarem Umfang geleistete Arbeit erhalten, festsetzen lassen. Als Aufwand zu berücksichtigen sind natürlich auch die für einen vergleichbaren Angestellten anfallenden Personalnebenkosten. Zwischenzeitlich zeichnet sich im Apothekenbereich auch ein entsprechendes Gehaltsniveau für Filialleiter ab, an dem sich der branchenerfahrene Gutachter bezüglich des Unternehmerlohns durchaus orientieren kann.

In Abhängigkeit von der Betriebsgröße wird für den Unternehmerlohn üblicherweise eine Bandbreite von etwa T€ 60 bis T€ 70 verwendet.

Auch über die Größe „Unternehmerlohn" ist ein Gutachter trefflich in der Lage ein Gutachten in die gewünschte Richtung legal zu beeinflussen, soweit er den von ihm angesetzten Wert für den „Unternehmerlohn" in seinem Gutachten offen darlegt. Der Grund hierfür liegt in der nicht eindeutig definierten Höhe des anzusetzenden „Unternehmerlohns". In der Literatur schwanken die Werte durchaus zwischen T€ 60 und T€ 80 (von hierüber hinausgehenden nicht ernst zu nehmenden Extremen abgesehen). Alle Werte in dieser Bandbreite sind akzeptabel und vertretbar. Da es keinen exakt definierten Wert gibt, kann also der Gutachter in diesem Punkte auch nicht irren, wenn er zum Beispiel als Parteiengutachter auf Seiten des Käufers den Auftrag hat, einen möglichst niedrigen Unternehmenswert zu ermitteln. Dann wird der Gutachter im Rahmen

Exkurs:
Unternehmerlohn

---

10 Vgl.: IDW S 1, Pkt. (50), IDW Verlag, Düsseldorf 2005

T€ 60 bzw. T€ 70 ist
nur eine Richtschnur ...

seiner Möglichkeiten einen Wert in Höhe von T€ 80 als Unternehmerlohn ansetzen und, da die Größe den bisher ermittelten Gewinn vermindert, dadurch zu einem niedrigeren nachhaltig erzielbaren Ertragswert, nach Abzug des Unternehmerlohns, gelangen. Als Begründung für einen Betrag in Höhe von T€ 80 könnte der Gutachter darauf verweisen, dass dies der Mindestwert ist, den ein Unternehmer für sich selbst ansetzen möchte. Was will man hiergegen einwenden? Auch hier gilt wieder: Kennt der Verkäufer der Apotheke die Unterschiede zwischen einem neutralen Gutachter und einem Parteiengutachter nicht, würde er, da es sich doch um ein offizielles Gutachten eines wahrscheinlich in der Branche erfahrenen Bewerters handelt, diesen Abzug als Unternehmerlohn in der Größenordnung von T€ 80 als feststehende Größe anerkennen und keine Diskussionen hierüber führen. Der erfahrene Verkäufer würde den Unternehmerlohn in der Diskussion auf mindestens T€ 70 reduzieren lassen, so dass sich automatisch ein beachtlich höherer Kaufpreis, wie in den nächsten Kapiteln zu zeigen sein wird, ergibt.

... und dies sollte der
Leser wissen.

In der Regel wird aber der Unternehmerlohn in Anlehnung an die Vergütung, die Verwalter, Apothekenleiter oder auch Filialleiter erhalten, festgesetzt. Diese belaufen sich nach Berechnungen aus der Praxis in der Regel zwischen T€ 50 bis T€ 60. Hinzukommen die Personalnebenkosten, so dass sich insgesamt ein Aufwand in Höhe von etwa T€ 60 bis T€ 70 ergibt. In neutralen Gutachten wird daher beim Unternehmerlohn allgemein von dieser Größenordnung ausgegangen. Aber auch dies ist nur eine Richtspur, die in keiner Weise als bindend angesehen werden kann.

4.4 Zwischenergebnis nach Abschluss der Vergangenheits- und Zukunftsanalyse und unter Berücksichtigung des Unternehmerlohns

Nach Abschluss der Vergangenheitsanalyse gemäß Kapitel 4.1, der Zukunftsanalyse gemäß Kapitel 4.2 und nach Ermittlung des Unternehmerlohns gemäß Kapitel 4.3 kann nun, auf den Beispielfall bezogen, das neue Zwischenergebnis festgehalten werden:

	T€
(1) Bereinigtes Ergebnis der Vergangenheit gem. Kapitel 4.1.4	+ 120,0
(2) Verändertes Ergebnis laut Zukunftsanalyse	./. 14,3
a) gem. „Kostenanalyse", Kapitel 4.2.1.7	
b) gem. „Zukünftige Ärzteentwicklung" und notwendigem Personalabbau, Kapitel 4.2.2.1	./. 1,0
(3) Unternehmerlohn gem. Kapitel 4.3	./. 65,0
(4) Unterstellter Zukunftsgewinn nach Unternehmerlohn (nachhaltiger Reinertrag)	+ 39,7

4.5 Kapitalisierungszinssatz

Erhebliche Schwierigkeiten in der Praxis bereitet, wie bereits im Kapitel 2 dargestellt, die Festlegung des Kapitalisierungszinssatzes oder -zinsfußes, mit dem die zukünftigen Gewinne des Unternehmens auf den Bewertungsstichtag abgezinst werden, so dass sich der Unternehmenswert als Barwert der Zukunftsgewinne darstellt. Die Abzinsung wird notwendig, weil die Gewinne erst in den nächsten Jahren anfallen. Ein Gewinn, der erst in 10 Jahren anfällt, hat aber, vom heutigen Zeitpunkt betrachtet, wegen des Zinsfaktors einen erheblich niedrigeren Wert als ein Gewinn, der im nächsten Jahr entsteht, so dass nur die diskontierten, also abgezinsten Gewinne auf den heutigen Zeitpunkt Basis für den Unternehmenswert sein können. Die Bestimmung der Höhe des Kalkulationszinssatzes bedeutet die Lösung eines der größten betriebswirtschaftlichen Probleme im Zusammenhang mit der Unternehmensbewertung.

Abzinsung der zukünftigen Gewinne auf den Bewertungsstichtag

Problem: Höhe des Zinssatzes

Bewerten heißt vergleichen, das heißt ein Vergleich zwischen verschiedenen Anlagemöglichkeiten des Käufers. Als Vergleich wird die Rendite eines alternativen Investitionsobjektes zugrunde gelegt, auf das der Käufer in Folge des Kaufs der Apotheke verzichtet. Der Käufer zahlt also maximal den Preis, bei dessen Einsatz in einer anderen Verwendungsart (zum Beispiel Wertpapieranlagen) er die gleichen Jahreserträge erzielen könnte.

Bewerten heißt vergleichen

Die Festlegung des Kapitalisierungszinssatzes – d.h. des Zinssatzes, mit dem die zukünftig erwarteten Erträge auf den heutigen Zeitpunkt abgezinst werden – ist aber von größter Bedeutung, weil sich bereits geringe Schwankungen des Kalkulationszinssatzes sehr nachhaltig auf den Ertragswert auswirken. Gemäß der Kapitalisierungsformel besteht zwischen den Größen Ertragswert und Kapitalisierungszinssatz ein umgekehrtes Verhältnis: Das heißt, bei steigendem Zinssatz sinkt der

Ertragswert, bei fallendem nimmt er zu. Ein Beispiel möge dies verdeutlichen:

- nachhaltiger Zukunftsertrag nach Abzug Unternehmerlohn: T€ 100
- angenommener Kapitalisierungszinssatz: 10 %
- Ertragswert für die Apotheke in diesem Fall: Euro 1 Mio.

Formel der ewigen Rente

$$\text{Formel hierzu: } E \text{ (Ertragswert)} = \frac{100.000 \text{ €} \times 100}{10} = \text{€ 1 Mio.}$$

Bei einem veränderten Kapitalisierungszinssatz auf 15 % ergibt sich nach der gleichen Formel bei gleichem Gewinn ein geringerer Ertragswert. Er beträgt dann nur noch € 667.000.

Die Höhe des Zinssatzes hat einen überproportionalen Einfluss auf den Unternehmenswert

In der folgenden Übersicht wird der Zukunftsertrag unseres Beispielsfalls nach Abzug des Unternehmerlohns mit T€ 39,7 unverändert beibehalten und zur Ermittlung des Ertragswertes nach der Formel der ewigen Rente (siehe oben) mit verschiedenen Kapitalisierungszinssätzen belegt.

Kapitalisierungs- zinssatz in %	nachhaltiger Ertrag der Apotheke nach Unternehmerlohn T€	Kaufpreis (= Ertragswert) für die Apotheke T€
8	39,7	496
10	39,7	397
12	39,7	330
13	39,7	305

Vergleichszinssatz hoch – Kaufpreis niedrig

Je höher also die Renditemöglichkeiten bei vergleichbaren anderen Kapitalanlagen sind (dies entspricht dem angenommenen Kapitalisierungszinssatz), desto niedriger ist der Kaufpreis einer Unternehmung und umgekehrt.

Keine einheitlichen Richtlinien

Auffallend sind die hohen Abweichungen, die ein großes Problem bei der Bewertung darstellen. Wie später noch gezeigt wird, dürften die Kapitalisierungszinssätze zwischen 10 und 13 % liegen. Kein Gutachter ist gehalten, einen bestimmten Kapitalisierungszinssatz zu unterstellen, weil es hierfür keine einheitlichen Richtlinien gibt. Orientierung geben auch hier die „Grundsätze zur Durchführung von Unternehmensbewertungen"[11]. Wenn der eine Gutachter sich für einen Kapitalisierungszinssatz von 10 % entscheidet und dies in dem Gutachten auch dokumentiert, gelangt er zu einem Kaufpreis für die Apotheke in

11 Vgl.: IDW SI, Pkt. (123–133), IDW Verlag, Düsseldorf 2005

Höhe von T€ 397. Ein anderer Gutachter, der sich für einen Kapitalisierungszinssatz in Höhe von 13 % entscheidet, gelangt zu einem um rund T€ 92 niedrigeren Kaufpreis in Höhe von T€ 305.

Mit welcher Begründung? Denn bei *gleichen*, von beiden Gutachtern ermittelten Zukunftserträgen der Apotheke, nach Abzug des Unternehmerlohns in Höhe von T€ 65, besteht eine Abweichung von rund T€ 92. Bezogen auf den Wert in Höhe von T€ 397, bedeutet dies eine Kaufpreis-Abweichung von über 23 %.

Mit welcher Begründung 23 % Abweichung im Kaufpreis bei gleichem Zukunftsertrag?

Diese Problematik der Ermittlung des „richtigen" Kapitalisierungszinssatzes einem Auftraggeber einer Unternehmensbewertung deutlich zu machen, ist sehr schwierig, aber es bedeutet bereits einen großen Nutzen, dem Verkäufer oder Käufer einer Apotheke die hohen Bandbreiten vor Augen gehalten zu haben, weil die betroffenen Apotheker mit diesem Wissen über die möglichen Bandbreiten erneuten Diskussionsstoff zur Beeinflussung des Gutachtens erhalten.

Ratschlag: Abweichungen der Kapitalisierungszinssätze in Diskussionen aufnehmen.

Nachfolgend soll der Versuch unternommen werden, den in dem obigen Schaubild dargestellten Zusammenhang zwischen einem hohen Kaufpreis für eine Apotheke bei einem niedrigen Kapitalisierungszinssatz und einem niedrigen Kaufpreis für eine Apotheke bei einem hohen Kapitalisierungszinssatz logisch zu begründen. Wenn man sich darüber im Klaren ist, dass die Unternehmensbewertung immer ein Vergleich zwischen verschiedenen Anlagemöglichkeiten seitens des Käufers bedeutet, wird der potenzielle Käufer höchstens den Preis zu zahlen bereit sein, bei dessen Einsatz in einer anderen Verwendungsart (zum Beispiel Wertpapieranlagen) er die gleichen Jahreserträge erzielen könnte. Beträgt der Jahresertrag aus der Unternehmung 100 Einheiten und liegt der langfristige Kapitalmarktzins bei 10 %, so wird der potenzielle Käufer maximal 1.000 Einheiten zahlen, da eine Anlage von 1.000 Einheiten auf dem Kapitalmarkt ihm ebenfalls jährlich 100 Einheiten an Ertrag bringt. Findet der Käufer statt dessen eine Alternativanlage für 12,5 %, so würde er, einen gleichen Zukunftsertragswert von 100 pro Jahr unterstellt, nur noch 800 Einheiten für das gleiche Unternehmen bieten, da ihm 800 Einheiten bei einer Verzinsung von 12,5 % wiederum 100 Einheiten an Jahresertrag im Rahmen der Alternativanlage bescheren. Fände der potenzielle Käufer eine Anlage mit 15 % Verzinsung, würde der Kaufpreis für das Unternehmen nochmals sinken. Der Käufer wäre für einen nachhaltigen Jahresertrag von 100 Einheiten nur noch bereit, 667 Einheiten als Kaufpreis zu bieten, da ihm diese bei einer Verzinsung von 15 % im Rahmen einer

Exkurs: Logische Begründung für hohen Kaufpreis bei niedrigem Kapitalisierungszinssatz und umgekehrt.

Alternativanlage ebenfalls 100 Einheiten Jahresertrag liefern. Je höher die vergleichbaren, am Markt erzielbaren Zinssätze für Kapitalanlagen zu verzeichnen sind, desto niedriger ist also der Kaufpreis für ein Unternehmen. Warum sollte ein Käufer, der für die Anlage eines Betrages in Höhe von 667 Einheiten bei einer ihm möglichen Verzinsung von 15 % problemlos 100 Einheiten Ertrag erwirtschaftet, für ein Unternehmen einen höheren Preis bezahlen, wo er darüber hinaus noch mit Risiken und eigenem Arbeitseinsatz zu kämpfen hat. Würde er zum Beispiel für ein zu erwerbendes Unternehmen 1.000 Einheiten als Kaufpreis zahlen und ebenfalls nur 100 Einheiten erwirtschaften, betrüge die Kapitalverzinsung nur 10 % mit entsprechendem Risiko. Diese aus der Sicht des Käufers angestellten Überlegungen gelten spiegelbildlich für den Verkäufer. Je höher also der Kapitalmarktzins, um so niedriger ist der Kaufpreis einer Apotheke anzusetzen.

Woraus leitet sich der Kapitalisierungszinssatz ab?

In welcher Höhe soll aber nun der Kapitalisierungszinssatz – wenn auch in Bandbreiten – festgelegt werden und woraus leitet er sich ab?

In der Mehrzahl der Bewertungsfälle ist von einer unbegrenzten Lebensdauer des zu bewertenden Unternehmens auszugehen. Deshalb unterstellt die Bewertungspraxis typischerweise als Alternativanlage eine langfristige Anlage am Kapitalmarkt. Die Bedeutung des Kapitalmarktzinses als Wertmaßstab liegt darin, die Wertermittlung zu vereinfachen. Die Wahl des Kapitalmarktzinses vermeidet die Befassung mit schwer bestimmbaren unterschiedlichen Alternativanlagen verschiedenster Risikobelastung. Vergleichsgrundlage ist in neutralen Gutachten der Zins für festverzinsliche Kapitalmarkttitel, die von Schuldnern höchster Bonität ausgegeben werden. Für den objektivierten Unternehmenswert ist bei der Bestimmung des Basiszinssatzes von dem landesüblichen Zinssatz für eine (quasi-)risikofrei Kapitalanlage auszugehen. Daher wird für den Basiszinssatz grundsätzlich auf die langfristig erzielbare Rendite öffentlicher Anleihen abgestellt.[12] Zweckmäßigerweise orientiert man sich dabei an den Umlaufrenditen, die in den Berichten der Deutschen Bundesbank ausgewiesen werden oder, um das verbleibende Restrisiko zu minimieren, an den Renditen der im Umlauf befindlichen tarifbesteuerten festverzinslichen Wertpapiere, Anleihen von Bund, Bahn oder Post. Die Renditen der hier erwähnten Wertpapiere kann man auch einordnen unter dem hierfür häufig verwandten Begriff des sogenannten „landesüblichen Zinssatzes". Solche Anlagen können, wenn nicht als sicher, so doch als „quasi sicher" angesehen werden.

---

12 Vgl.: IDW S 1, Pkt. (126), IDW Verlag, Düsseldorf 2005

In diesem Zusammenhang wird in der Literatur und in der Praxis die Frage diskutiert, welcher Zinssatz als Kapitalisierungszinssatz herangezogen wird, wenn am Bewertungsstichtag die gerade herrschende Umlaufrendite (Zinssatz der im Umlauf befindlichen tarifbesteuerten festverzinslichen Wertpapiere) über oder unter dem langfristigen Durchschnitt liegt.

Exkurs:
Basiszinssatz
stichtagsbezogen?

Nach herrschender Meinung erscheint es grundsätzlich nicht sachgerecht, dass sich stichtagsbedingte Abweichungen vom langfristigen Durchschnitt in vollem Umfang auf den in der Bewertung angesetzten Zinssatz niederschlagen. Beim Kauf eines Unternehmens ist in aller Regel von einer Langfristanlage auszugehen. Das heißt auch, dass der Kapitalisierungszinssatz auf eine langfristig erzielbare Rendite abzustellen ist. Der objektivierte Unternehmenswert ist bei der Bestimmung des Basiszinssatzes nicht von den stichtagsbezogenen Kapitalmarktverhältnissen, sondern vom durchschnittlichen Kapitalmarktzins abzuleiten. Als Basiszins ist demnach die Verzinsung einer risikolosen laufzeitäquivalenten Alternativanlage zu Grunde zu legen. Sofern ein Unternehmen mit zeitlich unbegrenzter Lebensdauer bewertet wird, müsste daher als Baisiszinssatz die am Bewertungsstichtag beobachtbare Rendite einer zeitlich ebenfalls nicht begrenzten Anleihe der öffentlichen Hand herangezogen werden.[13] Bei den aktuellen Zinsniveau befürwortet das IDW unter der Annahme einer moderat wachsenden abzuzinsenden Zahlungsreihe einen Basiszinssatz in Höhe von 4,25 %.[14]

Für die Wertermittlung der Beispielapotheke (neutrales Gutachten – Ermittlung des objektivierten Unternehmenswertes) verwenden die Verfasser unter dem Aspekt der Laufzeitäquivalenz einen Basiszinssatz von 5 %.

Beispielapotheke im
Vorort einer Großstadt
Basiszinssatz 5 %

Mit der Ermittlung des landesüblichen Zinssatzes ist der sogenannte Basiszins für den Kapitalisierungszinssatz gefunden. Dieser Basiszins wird jedoch noch durch Zu- und Abschläge zu verändern sein. Folgende Zu- und Abschläge kommen hierfür in Frage:

Basiszinssatz
+ ./. Zu-Abschläge

- Risikozuschlag (siehe Kapitel 4.5.1)
- Immobilitätszuschlag (siehe Kapitel 4.5.2)
- Berücksichtigung der Geldentwertung (siehe Kapitel 4.5.3)

---

13 Vgl.: IDW S 1, Pkt. (127), IDW Verlag, Düsseldorf 2005
14 Vgl.: Munkert, M., Unternehmensbewertung: Aktuelle Änderungen und deren Auswirkungen auf die Bewertungspraxis; M&A-Rundbrief 06/2006 des M&A Alumni Deutschland e.V.

4.5.1 Risikozuschläge

Unterschiedliche Risiken werden miteinander verglichen

Nach Ermittlung des Basiszins steht der Unternehmensbewerter vor einem nächsten Problem: Er muss eine „quasi sichere" Alternativanlage vergleichen mit einer risikobehafteten Anlage in die zu bewertende Apotheke, also mit einer Anlage, die mit jeweils gleicher Wahrscheinlichkeit Jahreserträge innerhalb einer Bandbreite erwarten lässt. Das Risiko der Anlagen ist unterschiedlich; die Alternativen sind nicht, zumindest nicht ohne weiteres, vergleichbar. Der Hauptfachausschuss des IdW (Institut der Wirtschaftsprüfer) versucht das Problem durch Risikozuschläge zum Kapitalmarktzins (Basiszins) zu lösen[15] und rechnet wie folgt:

Basiszins + Risikozuschläge = Kapitalisierungszinssatz

Diese so genannte Zinszuschlagmethode ist die üblicherweise bei der Unternehmensbewertung angewendete Verfahrensweise zur Berücksichtigung des Risikos. Sie stützt sich auf empirisch beobachtbares Verhalten und erlaubt damit eine marktorientierte Vorgehensweise bei der Bemessung von Risikozuschlägen. Insofern ist die Zinszuschlagmethode im Vergleich zur auch möglichen Ergebnisabschlagmethode (Abschlag vom Ertrag) einfach im Handling und gut nachvollziehbar. Im Apothekenbereich hat sich die Anwendung der Zinszuschlagmethode seit Jahren bewährt.

Das Risiko einer Kapitalanlage in eine Apotheke soll erfasst werden, indem die Alternativrendite angehoben, also praktisch von einer höheren Kapitalmarktrendite ausgegangen wird. Der so erhöhte Kapitalisierungszinssatz vermindert, wie bereits dargestellt, den Kaufpreis der Apotheke.

Aber wie hoch ist der Risikozuschlag?

So einleuchtend diese Vorgehensweise zunächst erscheint, so wenig hilft sie im Einzelfall weiter, weil offen bleibt, wie hoch der Zuschlag tatsächlich sein soll. Der Gutachter muss sich in diesem Zusammenhang die Frage stellen, welche Risiken er mithilfe des Zuschlags berücksichtigt wissen will. Als Risiken kommen vom Prinzip her in Frage:

- ▨ Unternehmensspezielle und
- ▨ Allgemeine Risiken.

Spezielle Risiken sind bereits berücksichtigt

Die speziellen Risiken wurden bereits in den Kapiteln 4.2.1 und 4.2.2 detailliert erfasst. Es wäre also verfehlt, diese individuellen Einzelrisikofaktoren durch einen Risikozuschlag zum zweiten Mal zu berücksichtigen: Denn ein Zuschlag zum Kapitalisierungszinssatz hat die gleiche

---

15 Vgl.: IDW S 1, Pkt. (96–99), IDW Verlag, Düsseldorf 2005

Wirkung, wie ein Abschlag vom langfristig unterstellten Zukunftsgewinn. Nur: der Abschlag vom als langfristig erzielbar unterstellten Zukunftsgewinn ist grundsätzlich quantitativ ermittelbar, wie im Zwischenergebnis gemäß Kapitel 4.4 gezeigt, der Zuschlag zum Kapitalisierungszinssatz jedoch nicht. Zuschläge zum Basiszins in Form von Risikozuschlägen dürfen also nur insoweit vorgenommen werden, als ihre Risikoursachen nicht schon bei der Ermittlung des nachhaltig erzielbaren Zukunftsgewinns berücksichtigt wurden.

Damit verbleibt für den Bewertenden nur noch die Erfassung der allgemeinen Risiken, wie sie im Kapitel 4.2.3 – in der Zukunft sich verändernde allgemeine wirtschaftliche Entwicklungen – dargestellt sind. Es handelt sich im Einzelnen um den allgemeinen Rückgang der Handelsspanne, um weitere Einflussfaktoren durch neue Gesundheitsstrukturmaßnahmen, um Einflüsse des EU-Binnenmarktes u.a.. Die dort aufgeführten Risiken konnten im Gegensatz zu den speziellen Risiken nicht im Einzelnen quantifiziert werden, so dass auf die Berücksichtigung dieser Risiken im Rahmen einer Erhöhung des Kapitalisierungszinssatzes bereits hingewiesen wurde.

Es verbleiben die nicht quantifizierbaren allgemeinen Risiken

Die Ermittlung des Risikozuschlages für diese nicht quantifizierbaren allgemeinen Risiken stellt nun eines der schwierigen Probleme der Unternehmensbewertung dar, weil insbesondere der in der Funktion als „neutraler Gutachter" handelnde Apothekenbewerter vor einem nahezu unlösbaren Problem steht: Er soll einen möglichst objektiven Unternehmenswert ermitteln, befindet sich aber im Rahmen der Problematik der Festlegung des Risikozuschlages in einem eindeutig subjektiven Bereich. Wie bereits gezeigt, würde eine Erhöhung des Kapitalisierungszinssatzes von 10 % auf 13 % zur Abdeckung des allgemeinen Unternehmerrisikos in dem Beispielfall zu einer Minderung des Kaufpreises um T€ 92 (von T€ 397 auf T€ 305) führen. Sind mit T€ 92 die zu erwartenden negativen Einflussfaktoren etwa durch neue Gesundheitsreformen u. a. ausreichend abgedeckt? Oder muss die Kaufpreisminderung nicht noch höher ausfallen? Es würde eine Vorspiegelung nicht vorhandener betriebswirtschaftlich/wissenschaftlicher Exaktheit bedeuten, wenn man dieses Problem nicht offen anspricht und nicht darauf hinweist, dass die Betriebswirtschaft hierzu keine endgültige nachprüfbare Antwort geben kann.

Subjektiver Bereich

Die konkrete Höhe des Risikozuschlages ist in der Praxis nur mit Hilfe von Typisierungen und vereinfachenden Annahmen festzulegen. Am Markt beobachtete Risikoprämien sind hierfür geeignete Ausgangsgrößen, die an die Besonderheiten des jeweiligen Bewertungsfalls anzupassen sind. Zu beachten ist auch, dass die in der Vergangenheit beobachteten Risikoprämien an neue Bedingungen anzupassen sind. Das dürfte vor allem im Hinblick auf die immer drastischeren Eingriffe des Gesetzgebers in den Gesundheitsmarkt und die sich im Apothekenbereich abzeichnenden Veränderungen (und das nicht zuletzt durch Wettbewerbsverfahren auf EU-Ebene) für die Bewertung von Apotheken relevant sein.

Es bleibt dabei: Die Festlegung des Risikozuschlages ist nur in gewissem Maße objektivierbar.

Für Höhe des Risikozuschlags keine Norm; Orientierung an Marktbeobachtungen und Entwicklungen

Der Unternehmensbewerter ist gerade in diesem Punkt auf sein subjektives Empfinden angewiesen, er kann sich an gewisse Normen, die sich herausgebildet haben, die jedoch nicht verbindlich sind, halten. Aber er muss sich, ebenso wie sein Auftraggeber, darüber im Klaren sein, dass man sich in einem subjektiven Bereich bewegt. Dies sind unter anderem auch die Gründe, weshalb fünf erfahrene, mit der Materie vertraute Gutachter im Rahmen der Bewertung einer Unternehmung in der Regel zu fünf unterschiedlichen Werten gelangen. Sie werden sich, wenn es sich um objektive Gutachter handelt, im Rahmen gewisser Bandbreiten und Toleranzgrenzen bewegen, dennoch gelangen sie zu fünf unterschiedlichen Werten.

Ratschlag:
Über die Höhe des Risikozuschlags zum Basiszins diskutieren

Für den Empfänger eines Bewertungsgutachtens bedeutet dies einen weiteren Aspekt, den er bei der Überprüfung des Gutachtens einbringen kann: Mithilfe der obigen Erkenntnis ist ihm die Möglichkeit eröffnet, über den Risikozuschlag zu diskutieren, weil er über die subjektive Komponente gerade in diesem Bereich informiert ist. Will er den Kaufpreis erhöhen, wird er bestrebt sein, den Risikozuschlag zu vermindern, ist es umgekehrt sein Bestreben, den Kaufpreis zu vermindern, wird er mit dem Gutachter über eine Erhöhung des Risikozuschlages sprechen wollen.

Wie hoch soll nun der Risikozuschlag im Rahmen eines Gutachtens angesetzt werden? Wie dargestellt, richtet sich die Beantwortung dieser Frage sehr stark nach der Risikoeinschätzung des jeweiligen Bewertenden. Wenn man die im Abschnitt 4.2.3 dargestellten „In der Zukunft sich verändernden allgemeinen wirtschaftlichen Entwicklungen" besonders negativ einschätzt, so müsste bei Übertragung der negativen Einflüsse in den letzten 30 Jahren in die Zukunft der Risikozuschlag so hoch bemessen werden, dass für einen vernünftigen Kaufpreis kaum noch ein Raum verbleibt. Dies wäre eine äußerst düstere Variante bezüglich der Einschätzung der auf die Apotheken in Zukunft zukommenden Probleme. Eine vergleichbare optimistische Variante kann wohl ernsthaft kein Gutachter anbieten, so dass die Wahrheit mit Sicherheit nicht zwischen einer äußerst negativen und einer äußerst positiven Zukunftseinschätzung liegen kann, weil es eine äußerst positive Zukunftseinschätzung nicht gibt. Insoweit verschiebt sich das Bild

Risikoeinschätzung der Zukunft ist entscheidend

schon wegen der Gesundheitsreformen sehr zu Lasten eines vergleichsweise hohen Risikozuschlages mit der Folge eines relativ niedrigen Kaufpreises, weil die Wahrheit eher in der Mitte zwischen einer oben dargestellten negativen Zukunftsprognose und einer neutralen Zukunftsprognose, also unter Beibehaltung der jetzigen Verhältnisse liegt, was dann schon die positivste Variante wäre. Wäre der Basiszinsfuß zum Beispiel 8 %, betrüge in unserem Beispiel (Tabelle in Kapitel 4.5) der Kaufpreis T€ 496. Bei Berücksichtigung eines Risikozuschlages von 2 % würde der Kaufpreis auf T€ 397 sinken, so dass das zukünftige Risiko mit einer Kaufpreisminderung von T€ 99 in diesem Beispielfall abgegolten wäre.

Da es auf die obige Frage keine eindeutige Antwort gibt, sollte sich ein Gutachter einen Überblick über die in der Betriebswirtschaft angewandten tatsächlichen Bandbreiten verschaffen und sich im Rahmen dieser Bandbreiten für den jeweils vorliegenden Fall entscheiden, ob er einen höheren oder niedrigeren Zuschlag innerhalb dieser Bandbreite wählen möchte. *Höhe ableiten aus Bandbreiten*

Für die Praxis müssen wir uns also damit befassen, wie hoch die Bandbreiten im Rahmen der Bewertung von Apotheken im Zusammenhang mit der Ermittlung des allgemeinen Unternehmerrisikos sind.

Die Auswertung einer Vielzahl von betriebswirtschaftlicher Literatur zu dem Thema der Bewertung von mittelständischen Unternehmen und auch von Apotheken zeigt im Zusammenhang mit dem Ansatz eines Risikofaktors eine

Bandbreite zwischen 4 und 7 %

Bandbreite des Risikozuschlags in der Literatur

als Zuschlag zum Basiszinssatz. Die Rechtsprechung zu diesem Thema ist äußerst uneinheitlich und unpräzise und bezieht sich in der Regel auf Werte vergangener Perioden (und dort zwischen 1 % und 4 %).

Im Fachschrifttum verwenden selbst die gleichen Autoren in verschiedenen Stellungnahmen und Publikationen unterschiedliche Prozentsätze für den Risikozuschlag. In einer Veröffentlichung 4 % und kurze Zeit später 6 %, was aber durchaus verständlich erscheint, wenn man die negative Entwicklung unter dem Einfluss der Gesundheitsreformen und weiterer zu erwartender einschneidender Maßnahmen bedenkt. Insoweit erscheint eine „schleichende Erhöhung" des Risikozuschlags zu Lasten des Kaufpreises einer Apotheke durchaus nachvollziehbar.

Zusammenfassend erscheint ein Risikozuschlag von etwa 6,5 % im Zusammenhang mit der Bewertung einer Apotheke als durchaus vertretbar und dürfte die zukünftigen Risiken, die in Folge des allgemeinen Unternehmerrisikos auf den Käufer einer Apotheke zukommen, ausreichend berücksichtigen. *Entscheidung für 6,5 % Risikozuschlag im Beispielfall*

Exkurs für „Fortgeschrittene"

Es soll im Rahmen einer gründlichen Abhandlung der Probleme einer Apothekenbewertung nicht unterlassen werden, auf Kritik an dem Ansatz eines Risikozuschlags zum Basiszinssatz in der betriebswirtschaftlichen Literatur zu verweisen. Die Kritik richtet sich nicht dagegen, überhaupt einen Risikozuschlag für das allgemeine Unternehmerwagnis anzusetzen. Die Frage, die in der Literatur gestellt wird, ist, inwieweit man diesen Ansatz nicht doch besser bei den Erträgen

Alternative: Keine Erhöhung des Basiszins, sondern Abschlag vom Zukunftsgewinn

direkt findet und eine Bandbreite von möglichen nachhaltigen Zukunftsgewinnen ermittelt und diese Bandbreite mit dem landesüblichen Zinssatz von zum Beispiel 5 % diskontiert, dann natürlich ohne Berücksichtigung eines Risikozuschlages. Man weist darauf hin, dass die Verminderung des Zukunftsgewinns zur Erfassung der allgemeinen Unternehmensrisiken erst nach Auseinandersetzung mit der Risikoeinstellung des Bewertungsinteressenten zu einer quantitativ greifbaren Zahl führt, wobei dies bei dem Zinszuschlag nicht der Fall sei. Dieser würde nur pauschal ohne eine konkrete Begründung erfolgen. Der Weg über die Berücksichtigung individueller Risikoeinstellungen durch Ermittlung eines Abschlags vom Zukunftsgewinn in konkreter Höhe sei mühsam, der Weg über einen nicht begründeten Risikozuschlag zum Kapitalmarktzins verdecke nur die Probleme, statt sie zu lösen. Diese Kritik ist nicht ganz unangemessen, jedoch zeigt nachfolgendes Beispiel, dass man auch über einen angemessenen Zuschlag zum Basiszins, soweit der Bewerter sich an die obigen Bandbreiten hält, zu einem ähnlichen Ergebnis kommt, wie ein konkreter Abschlag vom Zukunftsgewinn.[16]

Beide Methoden sind möglich, wenn …

Beispiel:

Für unser Beispiel gehen wir einmal von einem Basiszinssatz von 5 % und einem Risikozuschlag von 7 % aus. Der Kapitalisierungszinssatz beträgt dann 12 %. Bei einem Zukunftsertrag der Apotheke nach Unternehmerlohn in Höhe von T€ 39,7 gemäß Kapitel 4.4 ergibt sich damit ein Kaufpreis für die Apotheke in Höhe von T€ 330 (vgl. Kapitel 4.5 oben). Beim Kapitalisierungszinssatz von 5 % ohne Berücksichtigung eines Risikozuschlags hätte der Kaufpreis für die Apotheke T€ 794 betragen. Im Wege einer Umrechnung kann nun ermittelt werden, wie der Zukunftsertrag der Apotheke nach Unternehmerlohn vermindert worden ist, wenn man von einem Kaufpreis von T€ 330 ausgeht, der bereits das allgemeine Unternehmerrisiko beinhaltet und einen Kapitalisierungszinssatz von 5 % unterstellt. Ergebnis: Bei einem Kapitalisierungszinssatz von 5 % und einem das Unternehmerrisiko berücksichtigenden

---

16 Vgl.: Mellweg in S+W Steuer- + Wirtschaftsverlag, Hamburg, Betriebswirtschaft Band 2, S. 261 f.

Kaufpreis von T€ 330 geht man von einem konkret verminderten Zukunftsertrag von rund T€ 16,5 aus.[17] Bisher war der Zukunftsertrag vor Berücksichtigung des allgemeinen Unternehmerwagnisses T€ 39,7, so dass die Erhöhung des Kapitalisierungszinssatzes von 5 % auf 12 % dazu geführt hat, dass man konkret von um T€ 23,2 verminderten Jahresergebnissen (Differenz zwischen Zukunftsertrag T€ 39,7 zum verminderten Wert von T€ 16,5) ausgeht. Die T€ 23,2 berücksichtigen die in Zukunft durch allgemeines Unternehmerwagnis verminderten Gewinne einer Apotheke.

Man kann also zwei Rechnungen aufmachen: Ausgangswert ist der Zukunftsertrag der Apotheke nach Unternehmerlohn in Höhe von T€ 39,7, dieser wird vermindert durch einen konkreten Betrag zur Berücksichtigung des zukünftigen Unternehmerwagnisses in Höhe von T€ 23,2, so dass der neue Zukunftsertrag unter Berücksichtigung des zukünftigen Unternehmerwagnisses T€ 16,5 beträgt. Dieser Betrag, kapitalisiert mit dem Basiszinssatz von 5 % (ein Zuschlag für Risiken braucht ja jetzt nicht mehr gemacht zu werden), führt zu einem Kaufpreis von rund T€ 330. Der zweite Weg wäre: Beibehaltung des Zukunftsertrags von T€ 39,7, kapitalisiert mit einem Basiszinssatz von 5 % zuzüglich Risikozuschlag von 7 %, entsprechend Kapitalisierungszinssatz von 12 %; der Kaufpreis beträgt dann ebenfalls T€ 330. Es ist also gleichgültig, ob man den Basiszins um 7 % als Risikozuschlag erhöht oder ob man das ermittelte Zukunftsergebnis konkret noch vermindert durch Berücksichtigung des allgemeinen Unternehmerwagnisses (im Beispielfall mit T€ 23,2). Der Bewerter muss sich lediglich über die Auswirkungen im Klaren sein, was man in vielen Fällen bezweifeln kann. Kaum ein Bewerter wird diese Umrechnung vornehmen und ermitteln, welche Auswirkungen sein angesetzter Risikozuschlag zum Basiszins auf den Zukunftsertrag der Apotheke tatsächlich hat (im Beispielfall Verminderung des Zukunftsgewinns um T€ 23,2). Erst dann kann er sich die Frage stellen, ob T€ 23,2 ausreichen, um das zukünftige Unternehmerwagnis zu berücksichtigen. Es sollte also Standard in Bewertungsgutachten werden, die Erhöhung des Basiszinssatzes um den Risikozuschlag in einer Nebenrechnung in seiner Auswirkung auf eine Verminderung des Zukunftsertrags in Euro ausgedrückt zu ermitteln. Ohne eine solche Nebenrechnung ist der Leser nicht in der Lage, die Zusammenhänge zwischen einer Erhöhung des Kapitalisierungszinssatzes und den Auswirkungen auf den Zukunftsertrag zu erkennen.

1. Weg: Verminderter Zukunftsertrag

2. Weg: Beibehalten des Zukunftsertrags

… der Bewerter sich über die Auswirkungen konkret im Klaren ist.

---

17 nach der Formel: $X (= \text{Zukunftsertrag}) = \dfrac{\text{T€ } 330 \times 5 \text{ (Basiszins)}}{100} = 16,5$

4.5.2 Immobilitätszuschlag

In der Bewertungspraxis wird ein weiterer Zuschlag zum Basiszinssatz als Zuschlag für Mobilitätseinschränkungen damit begründet, dass alternative Finanzanlagen in Kapitalmarktpapieren eine größere Mobilität aufweisen, als die Investition in ein Unternehmen.

Finanzanlagen in Wertpapiere, z.B., sind fungibler.

Ein solcher Zuschlag ist auch logisch begründbar: Bewerten heißt bekanntlich vergleichen, es wird also die Investition in ein Wertpapier mit einem Basiszinssatz von zum Beispiel 5 % verglichen mit dem Kauf einer Apotheke mit einem Kaufpreis von zum Beispiel T€ 330. Der Investor, der für T€ 330 mit einer Rendite von 5 % ein Wertpapier erwirbt, kann dieses Wertpapier zu jeder Zeit veräußern, ohne Einbußen befürchten zu müssen (abgesehen von dem Anfall von Verkaufsprovisionen). Der Käufer einer Apotheke, der ebenfalls T€ 330 aufgewandt hat, kann aber nicht davon ausgehen, jederzeit einen Käufer zu finden, der ebenfalls bereit ist, T€ 330 für die Apotheke zu zahlen (von speziellen und allgemeinen Unternehmensrisiken einmal völlig abgesehen). Es ist reiner Zufall, ob gerade Interessenten vorhanden sind, die bereit sind, für diese Apotheke den gleichen Betrag aufzuwenden.

Wieder: subjektive Sphäre

Auch hier ist die Frage von großer Relevanz, wie hoch dieser Immobilitätszuschlag zum Basiszinssatz sein soll. Es gelten die gleichen Ausführungen wie zur Findung des Risikozuschlages: Der Bewerter befindet sich in diesem Bereich in einer subjektiven Sphäre, auch wenn er noch so objektiv den Zuschlag bestimmen möchte. Insofern sind auch hier die angewandten Werte in Literatur und Praxis von besonderer Relevanz, weil sie alleine einen Anhaltspunkt über die Bandbreite der Zuschlagssätze geben können. Jeder Bewerter muss dann für sich selbst entscheiden, wie er die Bandbreite ausschöpfen möchte.

Soweit überhaupt Immobilitätszuschläge angewandt werden, geht man von Zuschlägen zwischen 1 % und 2 % aus.[18]

Beispielapotheke im Vorort einer Großstadt

Für unseren Beispielfall wird von einem Immobilitätszuschlag von 1 % ausgegangen.

4.5.3 Geldentwertungsabschlag

Hier: Abschlag vom Basiszins

Bei den Erträgen aus festverzinslichen Wertpapieren, die als Vergleichsmaßstab herangezogen werden, handelt es sich grundsätzlich um Erträge, die der Inflation unterliegen. Demgegenüber ist bei den bereinigten Unternehmenserträgen, wie sie in Bewertungsgutachten berechnet werden, die Geldentwertung in der Regel eliminiert, weil

---

18 Vgl.: Suckut, Deutscher Universitätsverlag GmbH, Wiesbaden 1992, S. 45; Rosenbaum, Der Betrieb, Heft 40 vom 08.10.1993, S. 1989; Beck'sches Steuerberaterhandbuch 2000/2001, S. 1939

man davon ausgeht, dass das Inflationsrisiko durch höhere Preise über-wälzt werden wird. Wenn aber unterstellt wird, dass die Unterneh-menserträge im Wesentlichen inflationsbereinigt sind, müssen auch die vergleichsweise herangezogenen Zinsen festverzinslicher Wertpapiere um die Inflationsrate berichtigt werden. Der Abschlag vom Basiszins, der in diesem Zusammenhang üblicherweise vorgenommen wird, führt im Gegensatz zu den bisherigen Zuschlägen zu einer Erhöhung des Kaufpreises.

Auch hier stellt sich für den Bewerter wieder die Frage, in welcher Höhe der Inflationsabschlag vom Basiszinssatz vorgenommen werden soll. Wie im Zusammenhang mit der Ermittlung des Risiko- und Immo-bilitätszuschlags soll auch hier eine Auswertung der in der Literatur vielfach empfohlenen Bandbreiten helfen, für die Praxis einen adäqua-ten Zuschlag zu finden, bzw. die Bandbreiten kennenzulernen, um dem Bewerter die Möglichkeit zu geben, sich innerhalb dieser Band-breiten zu bewegen.

Eine Auswertung hat ergeben, dass als

Inflationsabschlag ein Prozentsatz zwischen 1 und 2 %

vom Basiszinssatz empfohlen wird.

Für unseren Beispielfall wird von einem Inflationsabschlag von 0,5 % ausgegangen.

Beispielapotheke im Vorort einer Großstadt

4.5.4 Beeinflussung der Kapitalisierung durch die Laufzeit des Mietvertrages und bei erwartetem Wegfall der Versorgung eines Krankenhauses u.a.

Eine besondere Situation kann sich bei in Mieträumen betriebenen Apotheken ergeben. In solchen Fällen kommt es maßgebend auf die Konditionen des laufenden Mietvertrages, vor allem dessen Restlauf-zeit sowie auf die zu erkundenden Chancen seiner Verlängerung an. Falls jedoch mit an Sicherheit grenzender Wahrscheinlichkeit nur noch mit einer zeitlich befristeten Ertragsdauer des Unternehmens gerech-net werden muss, kann nicht mehr mit der Barwertformel der ewigen Rente gearbeitet werden, da diese von einer unbefristeten Ertrags-dauer ausgeht. Vielmehr ist dann die Barwertformel einer zeitlich begrenzten Rente anzuwenden, die lautet:

Läuft Mietvertrag in Kürze aus?

$$E = F\ddot{U} \times \frac{q^n - 1}{(q - 1)\, q^n}$$

Hierin bedeuten:

E = Zukunftsertragswert

$F\ddot{U}$ = nachhaltig zu erzielender Reinertrag/finanzielle Überschüsse

n = Anzahl der noch für den Betrieb der Apotheke zur Verfügung stehenden Jahre

$$q = 1 + \frac{i}{100}$$

i = Kapitalisierungszinssatz

Die Anwendung dieser Methode, die im Allgemeinen nur bei sogenannten Heimfallunternehmen (mit der Erschöpfung der Kiesvorräte bei einer Kiesgrube endet zum Beispiel definitiv die Möglichkeit der Ertragserwirtschaftung) angewandt wird, muss allerdings bei in Mieträumen betriebenen Apotheken auch bei kurzen Restlaufzeiten des bestehenden Mietvertrages mit großer Zurückhaltung erfolgen und ist auf besonders gelagerte Ausnahmefälle zu beschränken. Das Unternehmen als solches wird nämlich von dem Erlöschen des Mietvertrages nur bedingt berührt und kann unter Umständen weiter betrieben werden. Es muss also in jedem Einzelfall genau überprüft werden, inwieweit der ermittelte Zukunftsgewinn auf die Restlaufzeit des Mietvertrages bezogen werden muss oder als unendlich angenommen werden soll.

Ratschlag:
Prüfen Sie, ob sich die Restlaufzeit des Mietvertrages auf den Kaufpreis auswirkt.

Als Faustformel kann man hierzu folgendes festhalten:

(1) Soweit der Mietvertrag nur noch eine Laufzeit von weniger als sieben Jahren zu verzeichnen hat und

■ eine Verlängerung über diesen Zeitraum hinaus sich nach einem Gespräch mit dem Vermieter als problematisch herausstellt *und*

■ gleichzeitig eine Verlagerung der Apothekenräume aufgrund der örtlichen Gegebenheiten nicht möglich erscheint, müsste man tatsächlich den Kaufpreis auf der Basis einer endlichen Rente ermitteln – also im obigen Beispiel nur auf sieben Jahre.

(2) Soweit der Mietvertrag eine Laufzeit von weniger als sieben Jahren zu verzeichnen hat und

■ eine Verlängerung über diesen Zeitraum hinaus nach einem Gespräch mit dem Vermieter möglich erscheint und

■ auch eine Verlagerung der Apothekenräume aufgrund der örtlichen Gegebenheiten realisierbar erscheint, könnte der Kaufpreis auf der Basis einer unendlichen Rente ganz normal ermittelt werden, wobei in der relativen Kürze der Mietzeit dennoch ein kleines Restrisiko verbleibt, das durch eine angemessene zusätzliche Erhöhung des allgemeinen Risikozuschlags (etwa um 1 %) berücksichtigt werden sollte.

(3) Soweit der Mietvertrag eine Restlaufzeit von mindestens sieben Jahren zu verzeichnen hat und zum jetzigen Zeitpunkt Schwierigkeiten mit dem Vermieter hinsichtlich einer Neuvermietung nicht bekannt sind – dies muss selbstverständlich eruiert werden – kann man die Kapitalisierung der zukünftigen Erträge auf der Basis der Formel der unendlichen Rente vornehmen – ohne Erhöhung des Risikozuschlags.

Damit kommt der Laufzeit des Mietvertrages für die Bewertung einer Apotheke eine ganz entscheidende Bedeutungen zu. Die Mehrzahl der Apothekenmietverträge basiert auf einer Grundlaufzeit von 10 Jahren und einer für den Apotheker möglichen Optionsausübung von weiteren fünf Jahren. Sollten von diesem Zeitraum von insgesamt 15 Jahren 7 Jahre verstrichen sein, dürfte es ratsam sein, neue Verhandlungen mit dem Vermieter aufzunehmen, um schon jetzt eine weitere Verlängerung des Mietvertrages in die Wege zu leiten. Denn bei einer Restmietlaufzeit von zum Beispiel 5 Jahren und einem anstehenden Verkauf der Apotheke kann der Käufer mit Hinweis auf die verbleibende kurze Mietvertragslaufzeit eine erhebliche Kaufpreisminderung durchsetzen. Alle ausführlichen Darstellungen zu Kaufpreisveränderungen – aus der Sicht des Verkäufers zum Beispiel Kaufpreiserhöhungen – werden überflüssig, wenn dieser Punkt nicht geklärt ist. Diesen Hinweis aus dem Beratungsalltag sollte ein Apotheker schnellstmöglich beherzigen, da er im Ernstfall kaufpreisbestimmend sein kann.

Ratschlag:
Laufzeit des Mietvertrags kann Kaufpreisbestimmend sein

Neben dem normalen Apothekenbetrieb versorgen einige Apotheken im Rahmen eines gesonderten Vertrages Krankenhäuser, Pflege- und Altenheime. Hier gelten besondere Bedingungen. Der Rohertrag liegt hier erfahrungsgemäß bei weniger als 50 % des durchschnittlichen normalen Rohertrages. Entsprechend ist auch der Gewinnanteil, der auf diesen Teilbereich entfällt, niedriger. Umsätze aus Krankenhaus- und Heimversorgung sind immer risikobehaftete Umsätze. Verliert eine Apotheke einen Stammkunden, dann kann das, je nach Medikationsprofil, in einem Jahr bspw. zu einem Umsatzverlust von T€ 1 bis T€ 2 führen. Läuft aber der Versorgungsvertrag eines Krankenhauses oder eines Heimes aus, oder wird er gar durch sie gekündigt, dann entgehen der Apotheke auf einmal mehrere Hunderttausend Euro Umsatz. Insofern sind Umsätze aus der Krankenhaus- und Heimversorgung immer als deutlich risikobehafteter, im Vergleich zu den üblichen Apothekenumsätzen, einzuschätzen und daher in der Unternehmensbewertung separat zu betrachten. Das Gleiche gilt für Umsätze aus der Herstellung von Zytostatika u.a. Wenn ein Versorgungsvertrag in naher Zukunft (in weniger als drei Jahren zum Beispiel) wegfällt und eine Verlängerung entweder nicht geplant ist oder nicht möglich erscheint, muss der Gewinn, der auf diesen Teilbereich entfällt, gesondert ermittelt und im Wege einer Zusatzrechnung mit der Formel einer endlichen Rente diskontiert werden. Der verbleibende Restgewinn kann dann mit der bekannten Formel der ewigen Rente abgezinst werden.

Beispielapotheke im Vorort einer Großstadt

Auf unseren Beispielfall bezogen, ergeben sich hieraus keine Konsequenzen, da die Laufzeit des Mietvertrages noch etwa acht Jahre beträgt (inkl. der fünfjährigen Optionsmöglichkeit) und die Verlängerung über diesen Zeitraum hinaus nach einem Gespräch mit dem Vermieter unproblematisch erscheint. Auch eine Krankenhausversorgung besteht nicht.

4.5.5 Zusammenfassung

Kapitalisierungszinssatz = 12 %

Damit stehen alle Daten für die Ermittlung des Kapitalisierungszinssatzes für unseren Beispielfall fest.

▨ Basiszinssatz:	5 %
▨ Risikozuschlag gem. Kapitel 4.5.1	6,5 %
▨ Immobilitätszuschlag gem. Kapitel 4.5.2	1,0 %
▨ Abschlag für die Geldentwertung gem. Kapitel 4.5.3	−0,5 %
Anzuwendender Kapitalisierungszinssatz	12 %

In der Literatur findet man Kapitalisierungszinssätze zwischen 10 und 15 % vor, mehrheitlich etwa 12 % bis 13 %.

5 Substanzwert

Bei aller theoretisch richtigen Erkenntnis, dass dem Ertragswert vom betriebswirtschaftlichen Standpunkt aus allein das Prädikat der Richtigkeit zuerkannt wird, verzichten Theorie und Praxis nicht auf die Berechnung des Substanzwertes, da er nach einer durchaus auch vertretenen (Minder-)Meinung mit erheblich größerer Sicherheit ermittelt werden könne und daher mit wesentlich weniger Unwegsamkeiten verbunden sei, als der Ertragswert. Beim Substanzwert handelt es sich um den Gebrauchswert der betrieblich vorhandenen Substanz.

Unter Substanzwert versteht man im Allgemeinen die Summe der Werte der in der Bilanz enthaltenen Vermögenswerte, bei Apotheken konkret im Sinne der obigen Ausführungen das auf den Käufer übergehende Anlagevermögen und die Warenvorräte. Da im Apothekenbereich die Abwicklung der Forderungen und Verbindlichkeiten üblicherweise durch den Verkäufer selbst erfolgt, werden diese bei der Feststellung des Substanzwerts nicht berücksichtigt.

Die für das Anlagevermögen und die Warenvorräte in der Handels- und Steuerbilanz aufgeführten Werte sind nach einhelliger Auffassung für die Substanzwertberechnung nicht verwertbar, weil sie auf historischen Anschaffungskosten basieren. Es ist daher entsprechend der herrschenden Meinung eine Neubewertung des Vermögens zu den Tagespreisen des Stichtages vorzunehmen. Da es sich aber bei den zu bewertenden Gegenständen überwiegend um gebrauchte Sachen handelt, bedeutet dieser Grundsatz der Bewertung zu Tagespreisen (zu Wiederbeschaffungskosten), dass der zwischen dem Anschaffungszeitpunkt und dem Tag der Bewertung eingetretene Verschleiß berücksichtigt werden muss, also der Zeitwert zu bestimmen ist. Damit ergibt sich grundsätzlich folgendes Schema für die Substanzwertbestimmung:

- Neuwert aufgrund des Tagespreises
  (also zu Wiederbeschaffungskosten)
    - ./. Nutzungsverschleiß (Abschreibungen)
    - ./. Abschläge wegen technischer oder wirtschaftlicher Überholung
    - ./. Absetzung für außerordentliche Wertminderungen oder nicht betriebsübliche Beschaffenheit

  = Zeitwert zu Wiederbeschaffungskosten

Schema für Substanzwertbestimmung

1. Möglichkeit: Wiederbeschaffungskosten ermitteln

Dieser Modus ist auf das gesamte Anlagevermögen und auch auf die Warenvorräte anzuwenden. Bei den Warenvorräten wird dem Alter der Ware durch den Ansatz von branchenüblichen Abschlägen, in Abhängigkeit von der Lagerdauer der vorhandenen Artikel, Rechnung getragen. Abschläge erfolgen im Allgemeinen bei schwer verkäuflicher und unverkäuflicher Ware, sofern diese vom Käufer übernommen wird. Unter schwer verkäuflicher Ware versteht man im Apothekenbereich in der Regel Ware, die seit 12 Monaten nicht mehr abverkauft wurde. Liegt die Ware länger als 18 Monate im Warenlager, spricht man im Allgemeinen von sogenannter unverkäuflicher Ware.

Ausgangspunkt für die Berechnung des Tagespreises (der Wiederbeschaffungskosten) im Bereich des Anlagevermögens ist der im Bewertungszeitpunkt am Markt für den betreffenden Gegenstand zu zahlende Kaufpreis. Gewisse Schwierigkeiten können dabei auftreten, wenn das zu bewertende Objekt nicht mehr erhältlich ist, weil seine Herstellung eingestellt worden ist oder der Produzent ein anderes Modell auf den Markt gebracht hat. In derartigen Fällen bleibt nur die Möglichkeit, die ursprünglichen Anschaffungskosten mithilfe eines oder mehrerer Preisindizes umzurechnen oder eine Schätzung vorzunehmen. Empfehlenswert ist die Bestimmung des Gegenwartswertes mit dem in Frage kommenden Preisindex (zum Beispiel Index der Erzeugerpreise industrieller Produkte) nach der Formel:

Und wenn es das Produkt nicht mehr gibt?

2. Möglichkeit Schätzungen vornehmen

$$\text{Gegenwartswert} = \frac{\text{Anschaffungswert} \times \text{Index Bewertungsjahr}}{\text{Index Anschaffungsjahr}}$$

Bei Apotheken könnte sich theoretisch die Notwendigkeit zur Anwendung dieses Verfahrens bei der Bewertung der Geschäftseinrichtung ergeben. Bei eingebauten Gegenständen sind nicht nur die reinen Anschaffungspreise, sondern auch die Einbaukosten, also die Anschaffungskosten insgesamt im bilanzrechtlichen Sinne, umzurechnen. Auch bereits bilanziell voll abgeschriebene Gegenstände bedürfen der Beachtung, da sie für die Funktionsfähigkeit und die Betriebserlaubnis der Apotheke notwendig sind. Insofern besitzen sie, unabhängig von ihrem Alter, für den Käufer einen Wert. Hier wird man sich in den meisten Fällen einer Schätzung des Wiederbeschaffungspreises bedienen müssen. Hiervon ist dann die durch die bisherige Nutzung entstandene Wertminderung abzusetzen, indem aufgrund der betriebsgewöhnlichen Nutzungsdauer des betreffenden Gegenstandes die jährliche Abschreibungsquote berechnet wird. Einen gewissen Anhaltspunkt für die Festlegung der Nutzungsdauer bieten die steuerlichen Abschreibungstabellen. Unter Zugrundelegung einer gleichmäßigen Abnutzung des Gegenstandes pro Jahr und einem Restwert nach Ablauf der Nutzungszeit (Liquidationserlös) von Null, ergibt sich der Substanzwert nach der Formel:

$$SW = GW \, \frac{n - t}{n}$$

SW = Substanzwert
GW = Gegenwartswert
n = Gesamtnutzungsdauer in Jahren
t = Abgelaufene Nutzungsdauer in Jahren

Der Zeitwert eines Betriebsgegenstandes ist aber nicht allein von seiner Restnutzungsdauer abhängig, sondern kann durch weitere Umstände gemindert werden, die sich aus der technischen und/oder wirtschaftlichen Entwicklung sowie seiner individuellen Beschaffenheit ergeben. In all diesen Fällen muss ein weiterer Abschlag von dem Gegenwartswert vorgenommen werden, über dessen Höhe keine allgemein gültigen Angaben gemacht werden können. Hier müssen im Einzelfall aufgrund des bestehenden Sachverhaltes besondere, die Wertminderung repräsentierende Abzüge erfolgen, die sich ergeben können aus:

a) Nichterfüllung der gesetzlichen Mindestanforderungen an den Apothekenbetrieb nach der Apothekenbetriebsordnung;
b) Mangelhafter baulicher Zustand des Apothekengebäudes und/oder der Geschäftsräume, wenn diese mit dem Unternehmen zugleich veräußert werden (ein seltener Fall), wie zum Beispiel Risse in Decken und Wänden, Feuchtigkeit im Mauerwerk, Schwamm usw. Ein Indiz für die Vornahme eines Abzuges aus diesen Gründen dürfte regelmäßig die Feststellung sein, dass der Erwerber alsbald zu erheblichen Instandsetzungsarbeiten (nicht aber sog. Schönheitsreparaturen) gezwungen sein wird;
c) Unorganischer und damit unwirtschaftlicher Zuschnitt der Betriebsräume einschließlich ihrer dem Umsatz des Unternehmens nicht angemessene Größe;
d) Überalterung der Geschäftseinrichtung.

Die obigen Ausführungen zeigen deutlich, wie schwierig auch die Ermittlung eines Substanzwertes sein kann. Wenn hier und da immer noch die an sich überholte Meinung vertreten wird, dass ein Substanzwert mit größerer Sicherheit ermittelt werden könne, als ein Ertragswert, so liegt hierin sicherlich ein Trugschluss, wenn man sich die Probleme und Schwierigkeiten der Ermittlung des Substanzwertes einmal vor Augen hält.

	Fall 1	**Fall 2**
– Anlagevermögen	T€ 40	T€ 40
– Warenbestand	T€ 140	T€ 140
– Firmenwert	T€ 150	–
– Ertragswert	T€ 330	T€ 160
– Erläuterung	Ertragswert (T€ 330)	Ertragswert (T€ 160)
	ist > als Substanzwert	ist < als Substanzwert
	(T€ 180)	(T€ 180)

Wofür wird Substanzwert benötigt?

Substanzwert als Hilfswert

Viel wichtiger ist die Beantwortung der Frage, wofür der Bewerter den Substanzwert überhaupt benötigt. Da für die Bewertung eines Unternehmens der Ertragswert als der betriebswirtschaftlich richtige Maßstab Gültigkeit hat, kann der Substanzwert nur ein Hilfswert sein. Hierzu zwei Beispiele:

Substanzwert < Ertragswert: Hier spielt der Substanzwert keine Rolle.

Im Fall 1 beträgt der nach dem Ertragswertverfahren ermittelte Apothekenwert (der Ertragswert der Apotheke) T€ 330. Der Substanzwert für Anlagevermögen und Warenbestand, ermittelt auf Basis der Wiederbeschaffungskosten abzüglich Abschreibungen, beträgt T€ 180, so dass der Ertragswert bei weitem über dem Substanzwert liegt und ein Firmenwert in Höhe von T€ 150 als Differenzgröße zum Ansatz kommen kann. In diesem speziellen Fall erübrigt sich eine weitere Befassung mit dem Substanzwert, da dieser als Hilfswert deutlich unter dem Ertragswert liegt.

Substanzwert > Ertragswert: Hier ist der Substanzwert eine interessante Größe.

Anders aber im Fall 2: Aus bestimmten, nicht näher zu beschreibenden Umständen beträgt bei gleichem Substanzwert (nämlich T€ 180) der nach dem Ertragswertverfahren ermittelte Apothekenwert nur T€ 160, unterschreitet also deutlich den zu Wiederbeschaffungskosten abzüglich Abschreibungen ermittelten Substanzwert. In diesem Fall muss sich der Bewerter fragen, ob er nun den Ertragswert mit T€ 160 als Wert der Apotheke ansetzen soll oder den Substanzwert mit T€ 180. Hier spielt der Substanzwert schon eine beachtliche Rolle als Hilfswert, da der Ertragswert kleiner als der Substanzwert ist. Die Entscheidung ist nach Auffassung der Verfasser in diesem besonderen Fall zu Gunsten des Ansatzes eines Ertragswertes als Wert der Apotheke zu fällen. Was nützt dem Käufer ein Substanzwert von T€ 180, wenn er in der Lage ist, hieraus nur Erträge zu erwirtschaften, die einen Ertragswert von T€ 160 repräsentieren. Auf den Ertrag kommt es an und nicht auf die Substanz. Insoweit ist der Substanzwert auch hier nur eine interessante Größe, die jedoch keinen wertbestimmenden Einfluss hat.

Einen wertbestimmenden Einfluss könnte der Substanzwert nur in solchen Fällen haben, in denen überhaupt kein Ertragswert zu verzeichnen ist und die Realisierung der Substanz zu einem bestimmten Betrag führt, der dann dem Wert der Unternehmung entspräche. Dieser Fall dürfte in praxi kaum Relevanz haben, so dass auf ihn hier nicht weiter eingegangen werden muss.

Damit kann man die Bedeutung des Substanzwertes für die Bewertung einer Apotheke als untergeordnet betrachten.

Auf unseren Beispielfall bezogen sollen folgende Werte Gültigkeit haben:

	T€
▨ Anlagevermögen (zu Wiederbeschaffungskosten)	40*
▨ Warenbestand	140
▨ Firmenwert (= Geschäftswert = Goodwill)	150
▨ Ertragswert	330

* zu Buchwerten: T€ 20

Hier liegt ein klassischer Fall vor, der dem Fall 1 im obigen Beispiel insoweit entspricht, als der Ertragswert mit T€ 330 deutlich über dem Substanzwert (T€ 180) liegt, so dass der Substanzwert nicht einmal als Hilfswert eine Rolle spielt.

> Da der Substanzwert bei der Bewertung von Apotheken von so untergeordneter Bedeutung ist, kann man dem Bewerter die komplizierte Ermittlung des zu Wiederbeschaffungskosten anzusetzenden Substanzwertes, insbesondere im Bereich des Anlagevermögens, ersparen, indem der Gutachter ausnahmsweise bei der Bewertung von Apotheken von den Buchwerten ausgeht und diese sachkundig, verändert. Damit erspart der Gutachter sich selbst und seinem Auftraggeber enorme Kosten, weil bei exakter Vorgehensweise ein Aufwand betrieben wird, dem kein Nutzen gegenübersteht.

Marginalien:

Hier ist der Substanzwert wertbestimmend.

Beispielapotheke im Vorort einer Großstadt

Exkurs:
Kostenersparnis im Zusammenhang mit der Ermittlung von Substanzwerten

6 Bestimmung des Unternehmenswertes

6.1 Formel der ewigen Rente

Im Kapitel 4.5.5 war ein Kapitalisierungszinssatz von 12 % ermittelt worden.
Nach der Barwertformel der ewigen Rente

$$E = \frac{F\ddot{U} \times 100}{i}$$

E = Wert des Unternehmens = Barwert der ewigen Rente
FÜ = unterstellter Zukunftsgewinn nach Abzug des Unternehmer-lohns (siehe Kapitel 4.4 = T€ 39,7)
i = Kapitalisierungszinssatz

Beispielapotheke im Vorort einer Großstadt soll nun für den Beispielfall der vorläufige Unternehmenswert ermittelt werden:

$$E = \frac{T€ 39,7 \times 100}{12}$$

$$E = T€ 330$$

Kaufpreis vorläufig: T€ 330 Damit beträgt nach dem vorläufigen Zwischenergebnis der Kaufpreis für die zu bewertende Apotheke T€ 330.

6.2 Berücksichtigung von Ertragsteuern

Der Wert eines Unternehmens wird vom Nutzen bestimmt, den seine Eigentümer aus ihm ziehen können. Entscheidend sind vom Prinzip her die finanziellen Überschüsse, die bei Fortführung des Unternehmens für den Eigner erwirtschaftet werden.[1] Diese Nettozuflüsse sind im Allgemeinen unter Berücksichtigung der Ertragsteuern des Unterneh-

---

1 Vgl.: WP-Handbuch 2002, Band II, a.a.O., S. 1, 2

mens zu ermitteln. Wird das Unternehmen, wie im Apothekenbereich üblich und auch nur rechtlich möglich, als Einzelunternehmen oder als Personengesellschaft (OHG oder GbR) betrieben, so unterliegt der Apotheker mit seinen Einkünften der Einkommensteuer. Die Apotheke selbst wird durch die Einkommensteuer nicht belastet.[2] Deshalb kann man bei der Bewertung von Einzelunternehmen und Personengesell-schaften von kleineren und mittleren Unternehmen auf den Ansatz der Einkommensteuer verzichten, denn der Gewinn und der Kapitalisie-rungszinssatz, die Eckgrößen der Ertragswertermittlung, müssten mit dem gleichen typisierten Steuersatz (35 %) belegt werden. Mathema-tisch führt das zum gleichen Ergebnis. Deshalb verzichten die Verfasser im Rahmen dieses Buches auf den Ansatz der typisierten Einkommen-steuer bei der Unternehmensbewertung von Apotheken.

Beispielapotheke
Zunächst könnte man annehmen, dass das Verfahren unter Ansatz der Einkommensteuer (Nettoverfahren) bei der Bewertung zu einem anderen, einem niedrigeren Unternehmenswert führen würde, weil der um die typisierte Einkommensteuer reduzierte Ertrag, also der Nettoertrag, kapitalisiert wird. Dies ist insoweit nicht richtig, als auch der Kapitalisierungszinssatz beim Nettoverfahren ebenfalls um die Einkommensteuer zu kürzen ist. Wir kommen also zum gleichen Ergebnis wenn ein nachhaltiger Reinertrag von T€ 39,7 zu kapitali-sieren ist:

- Bruttoverfahren:
$$\text{Ertragswert} = \frac{T€\ 39,7 \times 100}{12} = \underline{\underline{T€\ 330}}$$

- Nettoverfahren:
$$\text{Ertragswert} = \frac{T€\ 39,7 - (39,7 \times 35\ \%) \times 100}{12 - (12 \times 35\ \%)} = \underline{\underline{T€\ 330}}$$

---

2 Vgl.: IDW S 1, Pkt. (32), (36), IDW Verlag, Düsseldorf 2005

6.3 Was beinhaltet der Ertragswert?

Der ermittelte Ertragswert in Höhe von T€ 330 beinhaltet alle Werte, die für den Betrieb der Apotheke von unabdingbarer Notwendigkeit sind. Der Ertragswert spiegelt damit den Wert der Apotheke als Ganzes wieder. Im Einzelnen umfasst er konkret folgende Werte:

(1)   das gesamte Anlagevermögen der Apotheke
(2) + das Warenlager
(3) + den Firmenwert (= Geschäftswert bzw. Goodwill)
(4) = Wert der Apotheke als Ganzes

Einrichtung, Warenlager, Firmenwert beinhalten den Ertragswert

Diese drei Werte, d.h. die Einrichtung, das Warenlager und der Firmenwert (Goodwill), sind die Grundlage für den Betrieb der Apotheke und entsprechen in ihrer Gesamtsumme dem Wert der Apotheke als Ganzes.

Würden sich Käufer und Verkäufer auf den ermittelten Ertragswert in Höhe von T€ 330 als Kaufpreis für die Apotheke als Ganzes einigen, würde das Anlagevermögen, das Warenlager und der Firmenwert auf den Käufer übergehen. Die restlichen Forderungen und Verbindlichkeiten, die dann noch verbleiben, muss der Verkäufer getrennt hiervon selber abwickeln, d.h. die Forderungen geltend machen und die restlichen Verbindlichkeiten bezahlen. Häufig stellt man für den Restabwicklungsbereich (Forderungen und Verbindlichkeiten im Saldo) einen negativen Betrag fest, der in der Endrechnung des Verkäufers zu berücksichtigen ist. Hierauf wird später eingegangen. Die oben beschriebene Vorgehensweise bedeutet den Regelfall. Es ist selbstverständlich auch möglich, dass der Käufer die Restabwicklung der Forderungen und Verbindlichkeiten für den Verkäufer übernimmt. Er wird aber sinnvollerweise diesen Saldo getrennt ermitteln und um diesen Betrag, soweit er ihn belastet, den Kaufpreis erhöhen, da der Ertragswert nur die oben genannten drei Faktoren betrifft. Hier unterscheidet sich die Bewertung von Apotheken durchaus von der Bewertung von zum Beispiel Gesellschaften mit beschränkter Haftung (GmbHs), deren Ertragswert die Gesellschaft als Ganzes betrifft, inkl. der restlichen Forderungen und Verbindlichkeiten. Auch bei der Bewertung von Personengesellschaften in anderen Geschäftsbereichen ist es eher üblich, einen Wert für die Gesellschaft als Ganzes inkl. der restlichen Forderungen und Verbindlichkeiten zu ermitteln. Aber auch hier wird der Käufer zunächst einmal den Ertragswert für die Faktoren „Anlagevermögen, Vorratsbestand und Firmenwert" ermitteln und überprüfen, wie sich die verbleibenden Forderungen und Verbindlichkeiten im Saldo ergeben und diesen Betrag zusätzlich kaufpreiserhöhend (wenn es ein posi-

Verkäufer wickelt Rest selber ab

Andere Möglichkeit

Unterschied zwischen Apothekenbewertung und GmbH-Bewertung

tiver Saldo ist) oder kaufpreisvermindernd (wenn es ein negativer Saldo ist) berücksichtigen.

Bei Apotheken ist jedoch die Restabwicklung der übrigen Forderungen und Verbindlichkeiten durch den Verkäufer üblich und soll auch in unserem Beispielfall als gewollt unterstellt werden (siehe auch Kapitel 8).

Auf unseren Beispielfall bezogen, sollen folgende Werte Gültigkeit haben (siehe Kapitel 5, letztes Beispiel): Beispielapotheke im Vorort einer Großstadt

		T€
(1)	Anlagevermögen zu Wiederbeschaffungskosten	40*
(2)	Warenlager	140
(3)	Geschäftswert	150
(4)	Gesamtwert der Apotheke (= Ertragswert)	330

* zu Buchwerten: T€ 20

6.4 Das Problem: Warenbestand

Der Ertragswert soll alle Werte enthalten, die für den Betrieb der Apotheke notwendig sind. Der Ertragswert ist damit unabhängig von der Höhe des Anlagevermögens und der Höhe des Warenlagers. Der Gutachter wird wie folgt vorgehen:

	T€
▨ Da der Ertragswert dem Wert der Apotheke als Ganzes entspricht, ist er der Ausgangswert	330
▨ abzüglich: Wert des Anlagevermögens, bewertet nach Substanzwertgesichtspunkten	./. 40
▨ abzüglich: Wert des Warenlagers	./. 140
Die Differenz ist der Firmenwert	150

Diese Vorgehensweise ist in Literatur und Praxis unbestritten. Sie birgt aber ein Problem in sich, auf das in Literatur und Praxis leider zu wenig Augenmerk gerichtet wird: Hierbei ein Problem

Der Gutachter, der nach der bisher beschriebenen Methode den Wert der Apotheke als Ganzes zutreffend auf der Grundlage der Ertragswertmethode ermittelt hat, geht in der Regel von einer durchschnittlichen Größe des Warenlagers aus, d.h. von einem Warenbestand, der etwa 6 bis 8 %, im Durchschnitt also 7 % des Umsatzes beträgt. Höhe des Warenbestands

Soweit der Warenbestand der zu bewertenden Apotheke tatsächlich diesem Durchschnittswert entspricht, ist die obige Vorgehensweise korrekt.

2 Beispiele losgelöst
von unserem
Beispielfall

Probleme entstehen, wenn der Warenbestand erheblich höher bzw. erheblich niedriger ist, als es dem Durchschnitt von etwa 7 % entspricht.

Hierzu zwei Beispiele (losgelöst vom Beispielfall):

1. Beispiel

Der Gutachter ermittelt als Wert der Apotheke als Ganzes einen Ertragswert in Höhe von T€ 500. Er setzt sich wie folgt zusammen:

		T€
▓	Einrichtung	60
▓	Warenbestand	190
▓	Firmenwert	250
▓	Ertragswert = Wert der Apotheke als Ganzes	500
▓	Des Weiteren betragen die Umsatzerlöse 2,7 Mio. €; damit entspricht der Warenbestand etwa dem Durchschnitt, also 7 % vom Umsatz.	
▓	Kaufvertrag für die Apotheke, datiert vom 31.03.2007; Übergabe der Apotheke am 01.04.2007.	

Folge:

Warenbestand kann
nicht vom Käufer ver-
kleinert werden

Der Verkäufer erhält T€ 500. Der Käufer zahlt T€ 500 und hat keine Möglichkeit, den Warenbestand in irgendeiner Form über das Normalmaß hinaus drastisch abzubauen, da der Warenbestand dem Durchschnittsbestand entspricht und man davon ausgehen kann, dass der Durchschnittsbestand notwendig ist, um eine normale ausgewogene Lieferfähigkeit aufrechterhalten zu können. Damit hat der Käufer der Apotheke in diesem Fall keinen Vorteil.

2. Beispiel

Gleicher Fall wie oben, jedoch liegt ein überhöhter Warenbestand vor.

		T€
▓	Einrichtung	60
▓	Warenbestand	270
▓	Firmenwert	170
▓	Ertragswert = Wert der Apotheke als Ganzes	500
▓	Der Warenbestand entspricht jetzt 10 % des Umsatzes und ist damit um rund 3 % zu hoch, entsprechend rund T€ 80.	

Da der Gutachter zunächst einmal einen Gesamtwert ermittelt, in der Annahme eines normalen Warenbestandes, ändert sich der Ertragswert insgesamt in Höhe von T€ 500 nicht, da der Ertragswert grundsätzlich unabhängig von den Substanzwerten ist, so dass die Höhe der Einrichtung und des Warenbestandes auf ihn zunächst einmal keinen Einfluss haben.

Ohne Korrektur hätte der obige Vorgang folgende Folgen:

▨ Der Verkäufer würde wieder T€ 500 erhalten, weil ja der Ertragswert dem Wert der Unternehmung als Ganzes entspricht und das
überhöhte Warenlager sich nur zu Lasten des Firmenwertes ohne
Erhöhung des Ertragswertes ausgewirkt hat.

▨ Der Käufer zahlt zunächst wieder T€ 500 am 31.03.2007, baut aber
ab dem 01.04.2007 systematisch den überhöhten Warenbestand
von T€ 270 auf T€ 190 ab, so dass ihm als neuem Eigentümer der
Apotheke eine ihm nicht zustehende Liquidität in Höhe von T€ 80
zufließt. Der Kaufpreis beträgt für ihn damit T€ 500 ./. T€ 80, entsprechend T€ 420.

*im Unterschied zu
Fall 1 baut Käufer
Überbestand ab …*

*… und hat so einen
liquiditätsmäßigen
Vorteil*

▨ Benachteiligt ist der Verkäufer. Denn der Ertragswert beträgt nach
wie vor T€ 500 und wird unabhängig von der Höhe des Warenbestandes ermittelt. Der Gutachter hat einen Ertragswert von T€ 500
richtig ermittelt und hat übersehen, dass der Warenbestand überhöht war. Ist aber der Warenbestand überhöht, muss bei gleichem
Ertragswert von T€ 500 der Verkäufer die Möglichkeit erhalten, den
überhöhten Warenbestand, den er mit eigenem Liquiditätsverlust
aufgebaut hat, wieder auf ein Normalmaß zurückzuführen. Wie das
obige Beispiel zeigt, würde der Verkäufer benachteiligt, weil er
T€ 500 erhält, wogegen der Käufer, der eigentlich auch T€ 500 aufbringen müsste, nur T€ 420 bezahlt hat, weil er die Möglichkeit
erhalten hat, den Warenbestand zu Gunsten seiner Liquidität um
T€ 80 abzubauen. Denn dies bedeutet sonst einen bleibenden Vorteil für den Käufer.

Dieses Problem wird bisher in den meisten Kaufverträgen nicht berücksichtigt, weil offensichtlich viele Gutachter und Berater einen normalen
Warenbestand unterstellen bzw. das Problem nicht erkennen.

Zur Lösung wird vorgeschlagen, dass im Kaufvertrag ein zusätzlicher
Passus etwa wie folgt aufgenommen wird: „Der obige Ertragswert in
Höhe von T€ 500 unterstellt einen Warenbestand in Höhe von 7 % des
augenblicklichen Umsatzes, entsprechend T€ 190. Sollte zum Zeitpunkt der Inventur der Warenbestand über diesem Betrag liegen,
erhöht sich der Kaufpreis um den die T€ 190 übersteigenden Betrag.
Sollte der zum Übergabezeitpunkt festgestellte Warenbestand laut
erfolgter Inventur unter T€ 190 zu liegen kommen, vermindert sich der
Kaufpreis entsprechend."

Lösung des Problems

Wichtig ist, dass die genaue Verfahrensweise, auf die sich unter
Berücksichtigung der Spezifika der betreffenden Apotheke Verkäufer und Käufer verständigt haben, eindeutig, also unmissverständ-

*Ratschlag:
Verkäufer und Käufer
sollten eindeutige
Regeln für die Wert-*

ermittlung des Waren-
lagers vereinbaren
und im Kaufvertrag
festlegen

lich, in den Kaufvertrag aufgenommen wird. Das betrifft vor allem auch die Frage der Bewertung der Bestände. Im Einzelnen geht es um die Berücksichtigung der Einkaufsvorteile und der oben genannten Abschläge für schwerverkäufliche und so genannte unverkäufliche Ware. Außerdem sollte fixiert werden, wie Verkäufer und Käufer einvernehmlich schwer- und unverkäufliche Ware definieren, denn hierfür gibt es keine verbindliche Norm und die Modalitäten der Ermittlung beider Gruppen sind bei den Softwarehäusern nicht immer einheitlich. Die klare Definition bezüglich des Kaufpreises für das Warenlager ist wichtig, denn wie verschiedene Beispiele aus der Praxis belegen, kommt es nicht selten in der Endphase des Verkaufs einer Apotheke zu Klimastörungen zwischen Verkäufer und Käufer, weil man sich wegen nicht eindeutiger Festlegungen zum Warenlager um zum Teil geringe Beträge „streitet" und das bei einem Gesamtkaufpreis von vielleicht T€ 500.

Beispielapotheke im
Vorort einer Großstadt

Auf den Beispielfall bezogen ergibt sich Folgendes:

Der Warenbestand mit T€ 140 beträgt 6,8 % des Umsatzes von T€ 2.044 im Jahre 2006.

Der Minderbetrag von 0,2 % macht einen „Unterbestand" von etwa T€ 4 aus, um den der vereinbarte Gesamtkaufpreis von T€ 330 zu kürzen ist.

6.5 Vorläufiger Zwischenwert unter Berücksichtigung von Entscheidungsbandbreiten

Beispielapotheke im
Vorort einer Großstadt

Im Abschnitt 6.1 war ein Ertragswert, bezogen auf unseren Beispielfall, in Höhe von T€ 330 vorläufig ermittelt worden.

Bei der Hinführung zu diesem Wert wurde an den verschiedensten Stellen deutlich gemacht, wie groß die Bandbreite verschiedener zum Ansatz gekommener Wertvorstellungen im Zusammenhang mit der Erstellung eines Bewertungsgutachtens ist. Beispielhaft sei auf folgende Problembereiche hingewiesen, in denen der Gutachter sich zwar bemühte, eine objektive Entscheidung zu fällen, die jedoch zwangsläufig subjektiven Charakter tragen musste:

Möglichkeiten für den
großen Entscheidungs-
spielraum eines
Gutachters

(1) Kapitel 3.2.4   – Einfluss der Funktion des Gutachters

(2) Kapitel 4.2.1.2   – Keine Berücksichtigung Afa-Nachholbedarf

(3) Kapitel 4.2.1.3   – Renovierungskosten

(4) Kapitel 4.2.1.4   – Finanzierungskosten Kaufpreis

(5) Kapitel 4.2.1.5   – Verbesserung Materialeinsatz

(6) Kapitel 4.3   – Höhe des Unternehmerlohns
(7) Kapitel 4.5.1   – Risikozuschlag zum Basiszins
(8) Kapitel 6.4   – Das Problem Warenbestand

Die obigen Aspekte zeigen deutlich, wie groß der Entscheidungsspielraum eines Gutachters ist, auch wenn er als „neutraler Gutachter" handeln möchte.

Insoweit erscheint es unvertretbar, nur eine Zahl als Kaufpreis – hier bisher T€ 330 – als Unternehmenswert zu definieren. Es ist sinnvoll, für die Preisverhandlung zwischen Käufer und Verkäufer eine Bandbreite zu benennen, in der sich die Kaufpreise bewegen könnten.

Daher auch Bandbreite für Kaufpreis

In Anlehnung an die obige Aufzählung der möglichen Entscheidungsvarianten und unter angemessener Berücksichtigung der sich hieraus ergebenden Bandbreiten und im Hinblick auf die erheblichen Unwegsamkeiten, die insbesondere im Hinblick auf die Zukunftsplanung festzustellen sind, wird von folgender Bandbreite als vorläufiger Zwischenwert für die Apotheke ausgegangen:

Der vorläufige Wert der Apotheke beläuft sich auf einen Betrag zwischen T€ 310 und T€ 350.

Beispiel: Zwischen T€ 310 und T€ 350

6.6   Plausibilitätskontrolle

Bereits im Kapitel 2 wurde auf vereinzelte Äußerungen hingewiesen, die im Zusammenhang mit Unternehmensbewertungen bestimmter Branchen, insbesondere von freiberuflichen Praxen und auch von Apotheken, das Postulat erheben, sich bei der Bewertung mehr am Marktwert zu orientieren, als komplizierte Unternehmensbewertungsmethoden auf der Basis des zukünftig erzielbaren nachhaltigen Reinertrages (Ertragswertmethode) zu entwickeln.

Derartige Methoden sind denkbar einfach: Der Wert einer Apotheke richtet sich nach einem Prozentsatz vom vorhandenen Umsatz, der sich wiederum als ein Erfahrungssatz aus tatsächlich abgeleiteten Verkäufen der Vergangenheit ergeben soll. Es handelt sich also um eine auf das Beherrschen von mathematischen Grundkenntnissen zurückgeschnittene Methode.

Die „Marktwertmethode"

Wenn eine Rechnung mit am Markt üblichen Multiplikatoren in Prozent des Umsatzes eine vollständige individuelle Bewertung einer bestimmten Apotheke ersetzen soll, sind solche Methoden abzulehnen. Sie sind inakzeptabel. Soweit „Marktwertverfahren" lediglich zur Ermittlung eines Anhalts- und Orientierungswertes im Rahmen einer Plausibilitätskontrolle durchgeführt werden, ist gegen sie nichts einzuwenden.

Sinnvoll als Plausibilitätskontrolle

Was spricht gegen die reine Marktwertmethode?

Aus folgenden Gründen ist die Ableitung eines Unternehmenswertes aus am Markt erzielten Vergleichswerten durch Ermittlung eines bestimmten Prozentsatzes vom Umsatz als alleinige Grundlage für eine Unternehmensbewertung abzulehnen:

(1) Von den Verfechtern dieser Methode wird gern darauf hingewiesen, dass eine Unternehmensbewertung im Rahmen eines Ertragswertverfahrens zu kompliziert sei und zu theoretischen Werten führen könne. So seien der im Rahmen eines Prognoseverfahrens in Zukunft ermittelte Umsatz und die sich verändernden Kosten von so vielen Unwegsamkeiten abhängig, dass eine Wertermittlung auf dieser Grundlage fraglich erscheine.

Diese Äußerungen sind nicht haltbar. Zum einen müssen die Befürworter dieser Methode sich fragen lassen, wie sie eine Bewertung vornehmen wollen in Unternehmensbereichen, in denen kein Marktwert besteht, weil die Firmen nicht vergleichbar sind. Sie können nicht anders als sich des Ertragswertverfahrens bedienen.

Umsatz ist der Maßstab

Zum anderen, wenn sie ausnahmsweise einmal auf eine sehr homogene Branche stoßen, wie die der Pharmazie, wo tatsächlich über die Jahre effektive Kaufpreise bekannt sind, verwenden sie die gleiche Größe, die sie vorher im Zusammenhang mit dem Ertragswertverfahren kritisiert haben, nämlich den Umsatz als alleinige Bezugsbasis für den anzuwendenden Prozentsatz (der Wert der Apotheke soll bekanntlich einen bestimmten Prozentsatz des bisher erzielten Umsatzes ausmachen). Was vorher so infam erschien, nämlich einen Umsatz zu prognostizieren, wie es im Ertragswertverfahren der Fall ist, wird jetzt toleriert und – noch viel schlimmer – der Umsatz der Vergangenheit wird kaum bereinigt, sondern mehr oder weniger kritiklos und ohne Zukunftseinschätzung übernommen und mit dem am Markt üblichen Prozentsatz zur Kaufpreisbestimmung versehen. Das Ertragswertverfahren ist bemüht, die zukünftige Umsatzentwicklung mit verfeinerten Methoden zu erfassen und darüber hinaus die sich hieraus ergebende und aus anderen Aspekten zu erwartende Kostenentwicklung ebenfalls einzuarbeiten. Hieraus ergibt sich ein klares Bild der zukünftigen Ertragslage, zugegebenermaßen behaftet mit gewissen Unsicherheiten, die bei Zukunftsplanungen immer vorhanden sind. Dagegen aber ein Verfahren als besser zu propagieren, das aus der Vergangenheit lediglich einen Wert greift, diesen mehr oder weniger unkritisch für die Zukunft als bleibend unterstellt und mit einem Faktor belegt, um so zu einer Kaufpreisfindung zu kommen, ist sträflich, wenn es sich hierbei um den einzigen Wert für die Ermittlung des Kaufpreises der Apotheke handelt. Damit gibt es keine Alternative für das oben dargestellte Ertragswertverfahren.

(2) Selbst wenn es für Apotheken zum Beispiel in einer Größenordnung von 2 Mio. € Umsatz in der Vergangenheit mehrheitlich Kaufpreise gegeben hat, die bei zum Beispiel 20 – 30 % vom Umsatz lagen, kann doch kein ernsthafter Käufer diesen Betrag unkritisch bezahlen, denn die verschiedenen Gesundheitsreformen – insbesondere seit dem Jahr 2004 fast jährliche Veränderungen – haben zu einem grundlegenden Wandel der Rahmenbedingungen im Apothekenbereich geführt. Mit der Einführung des GMG im Jahr 2004 ist ein deutlicher Differenzierungsprozess in der Ertragslage der Apotheken in Abhängigkeit vom Umfang und von der Struktur (Sortiments-, und Mengen-Preisstruktur) der Versorgungsaufgabe (der Umsätze) zu verzeichnen. Die Anwendung von aus statistischen Zeitreihen der Vergangenheit rekrutierten Erfahrungswerten des Kaufpreises im Verhältnis zum Umsatz für die Kaufpreisermittlung aktueller Apothekenkäufe und -verkäufe ist deshalb extrem risikobehaftet.

Bei gleichem Umsatz kann Gewinn extrem schwanken

Hinzu kommt, dass sich der Käufer außerdem mit den Gegebenheiten der konkret von ihm in Augenschein genommenen Apotheke befassen muss, mit all ihren Besonderheiten, die sich insbesondere, neben der zukünftigen Umsatzentwicklung, auch aus dem vorhandenen Kostengefüge ergeben und dem direkten Umfeld, wie in den Kapiteln 4.2.1 und 4.2.2 beschrieben. Nur die individuellen Gegebenheiten, betrachtet unter den zukünftigen Bedingungen, zeigen das nachhaltig erzielbare Ergebnis dieser Apotheke und nicht irgendein Faktor in Prozent vom Umsatz.

Es gibt eine Vielzahl von Beispielen, in denen Apotheken mit 2 Mio. € Umsatz nicht über T€ 100 Gewinn hinauskommen und andere Apotheken mit dem gleichen Umsatz – aufgrund besonderer Umstände – T€ 180 Gewinn abwerfen. Der Käufer, der mit der ersten Apotheke einen Gewinn i. H. v. T€ 100 erwirtschaftet, würde dann nach der „Marktwertmethode" den gleichen Kaufpreis bezahlen, wie der Käufer, der in die glückliche Lage versetzt wird, eine Apotheke mit dem höheren Gewinn in Höhe von T€ 180 erwerben zu können. Tatsächlich beträgt aber der Ertragswert der ersten Apotheke rd. T€ 290 (nach Abzug des Unternehmerlohns) und der Ertragswert der besser verdienenden Apotheke mehr als T€ 955. Das reine „Marktwertverfahren" würde, wenn man die Mitte der oben genannten Bandbreite (25 %) verwendet, zu einem Kaufpreis von rd. T€ 500 führen. Ergebnis: das Marktwertverfahren trifft in keinem Fall den individuell ermittelten

Marktwertverfahren ist immer falsch

Ertragswert der beiden Apotheken. Das Marktwertverfahren pauschaliert die individuellen Gegebenheiten der zu bewertenden Apotheken und stellt damit nur ein simplifizierendes Vergleichsverfahren dar.

„Marktwert" zur Information

Lediglich als Plausibilitätskontrolle kann der am Markt für Apotheken in einer bestimmten Größenordnung erzielbare Kaufpreis, soweit er bekannt ist, herangezogen werden, um einen „Anhaltswert", auch im Rahmen eines Gutachtens erwähnen zu können, damit Käufer und Verkäufer sich ein Bild darüber machen können, ob in dem vorliegenden Fall Besonderheiten gegeben sind, die eine große Abweichung zwischen dem individuellen Ertragswert und den in der Vergangenheit am Markt durchschnittlich realisierten Prozentsätzen rechtfertigen.

Vorsicht bei veröffentlichten „üblichen" Prozentsätzen!

Bei diesem Vergleich ist jedoch erhebliche Vorsicht geboten: Die hierzu veröffentlichten Werte – teilweise von denselben Verfassern – weichen stark voneinander ab, so dass es außerordentlich problematisch erscheint, diesen Werten – wenn auch nur als Plausibilitätskontrolle – allzu große Aufmerksamkeit beizumessen.

Eigene Untersuchungen haben ergeben, dass die Bandbreiten der Multiplikatoren für Apotheken des gleichen Umsatzes derart groß sind, dass Durchschnittswerte fast kaum noch ermittelt werden können. Dies zeigen – wie oben ausgeführt – auch Beiträge verschiedener Verfasser. Zur Veranschaulichung der Problematik soll nachfolgender, in der Vergangenheit veröffentlichter Fall, dienen:

Hier: 19,8 %

Für die dort beschriebene Durchschnittsapotheke mit einem Umsatz von T€ 1.719 wurde ein Gesamtwert von T€ 340 ermittelt. Dies entspricht einem Wert für die gesamte Apotheke inkl. Einrichtung und Warenlager von 19,8 % vom Umsatz (das Warenlager macht 9,9 % vom Umsatz aus). Eine Seite weiter wird dann eine Tabelle veröffentlicht, in der die gezahlten Kaufpreise von Apotheken, in Prozent der Umsätze nach Umsätzen gestaffelt, aufgrund von Erfahrungswerten ermittelt werden. Für eine Apotheke dieser Größenordnung wäre danach der Gesamtkaufpreis in Prozent vom Umsatz mit 25,6 % zu ermitteln, zuzüglich dem Warenlager, das in dieser Prozentzahl nicht enthalten ist, so dass ein Prozentsatz von rund 35 % inkl. Warenlager in Frage käme. Diese 35 % Kaufpreis in Prozent vom Umsatz stehen damit im Gegensatz zu dem eine Seite vorher ermittelten Beispiel in Höhe von 19,8 % Gesamtkaufpreis in Prozent vom Umsatz. Der Unternehmenswert in dem praktischen Beispiel wurde sicherlich zutreffend berechnet, steht aber im Widerspruch zu den durchschnittlichen „Marktwerten". Dieses Beispiel soll nur zeigen, wie kritisch die am Markt erzielbaren angeblichen Durchschnittswerte zu sehen sind.

Dort: 35 %

Bei derartigen Abweichungen einen Durchschnitt zu ermitteln, ist also äußerst problematisch, genauso wie es dem englischen Sportschützen ergangen ist, der im ersten Schuss die Tontaube links verfehlt hat, im zweiten Schuss rechts, sich umdreht und vermerkt, dass er im Durchschnitt getroffen habe.

Aus diesem Grunde sollen mit äußerster Zurückhaltung und nur in Verbindung mit der zuvor dargelegten Kritik selbst ermittelte, wie auch aus der Literatur entnommene Durchschnittszahlen in Bandbreiten dargestellt und mit dem Beispielfall verglichen werden:

*Nur „Marktwerte"
in Bandbreiten*

Netto-Umsätze T€	Kaufpreis für Apotheken in % des Umsatzes inkl. Einrichtung, Warenlager, Firmenwert (vgl. Kritik: vorhergehende Ausführungen)
800 – 1.000	10 – 20 (davon Firmenwert: rd. 0 – 10)
1.000 – 2.000	15 – 30 (davon Firmenwert: rd. 5 – 15)
über 2.000	20 – 35 (davon Firmenwert: rd. 10 – 25)

Ausgehend von aktuellen Ergebnissen aus Apothekenbewertungen sind durchschnittlich fallende Prozentsätze für den Anteil der realisierten Kaufpreise an den Umsätzen zu verzeichnen. Dies geht einher mit dem zuvor beschriebenen Renditerückgang in den vergangenen Jahren.

Der gemäß Kapitel 6.5 vorläufig ermittelte Kaufpreis, der zu einer Bandbreite zwischen T€ 310 und T€ 350 führte, stand noch unter dem Vorbehalt der Plausibilitätskontrolle.

*Plausibilitätskontrolle
für Beispielapotheke*

Auf unseren Beispielfall bezogen, führt nun diese Plausibilitätskontrolle zu folgendem Ergebnis:

Bezogen auf den durchschnittlichen Umsatz der Jahre 2004[3] bis 2006 in Höhe von 2.033, ergeben sich:

▓ für den unteren Betrag der Bandbreite von T€ 310 ein Betrag in Höhe von 15,2 % als Apothekenwert in Prozent des Umsatzes und

*Werte zwischen 15,2 %
und*

▓ für den Betrag am oberen Ende der Bandbreite in Höhe von T€ 350 ein Apothekenwert in Höhe von 17,2 % vom Umsatz.

17,2 % vom Umsatz.

Bezogen auf den durchschnittlichen Umsatz nach Bereinigungen infolge der zukünftigen Ärzteentwicklung, gemäß Kapitel 4.2.2.1, ergibt sich für den Beispielfall folgende leicht geänderte Rechnung:

---

3 Hinweis: der Umsatz des Jahres 2004 betrug ursprünglich T€ 1.942, wurde aber wegen der GMG-bedingten Vorzieheffekte auf T€ 2.017 bereinigt.

▓ bisheriger durchschnittlicher Umsatz: T€ 2.033

▓ Umsatzverlust in Folge der zukünftigen Ärzteent-   T€   88
wicklung gemäß Kapitel 4.2.2.1

▓ zukünftig zu erwartender Umsatz.   T€ 1.945

▓ Für den unteren Betrag der Bandbreite von T€ 310
führt dies zu einem Betrag in Höhe von 15,9 % als
Apothekenwert in Prozent des Umsatzes und

▓ für den Betrag am oberen Ende der Bandbreite in
Höhe von T€ 350 führt dies zu einem Apothekenwert in Höhe von 18 % vom Umsatz.

Schlussfolgerungen für die Beispielapotheke	Welche Schlussfolgerungen sind hieraus für die konkret zu bewertende Apotheke zu ziehen?

Die aus eigenen Ermittlungen und teilweise aus der Literatur entnom-
menen Durchschnittszahlen für Umsätze um 2 Mio. € liegen danach in
der Regel um die 20 %. Von diesen sogenannten Marktwerten liegt die
Beispielsapotheke, soweit der obere Wert der Bandbreite betrachtet
wird, nicht weit entfernt.

Warum liegt die Apotheke am unteren Ende der Bandbreite?

Gründe, weshalb diese Apotheke am unteren Wert der Bandbreite
(gemäß Kapitel 6.6 sind das 15 – 30 %) zu liegen kommt, könnten folgende sein:

1. In der Zukunft zu erwartender Umsatzverlust
2. Zu erwartende Rohertragsverluste durch das GKV-WSG
3. Vom Käufer und Verkäufer nicht zu beeinflussende relativ hohe
   Raumkosten, die bei vielen Vergleichsapotheken in dieser Höhe
   nicht anzutreffen sind und
4. Personalkosten, die sich am oberen Ende der Bandbreite bewegen.

Im Ergebnis führt die Plausibilitätskontrolle zu keiner Veränderung
des bisher ermittelten vorläufigen Unternehmenswertes gemäß Kapitel 6.5.

6.7   Endgültiger Unternehmenswert

Nun liegen alle Faktoren vor, um auf der Basis der bisherigen Abhandlungen den endgültigen Unternehmenswert bestimmen zu können.

In der Funktion als neutraler Gutachter (Kapitel 3.2.1) sollte der Gutachter für die im Kapitel 4.1.1 und in der Anlage 1 näher dargestellte
Apotheke den Unternehmenswert ermitteln. Hierzu hat er sich Gedanken gemacht

- zur Vergangenheitsanalyse gemäß Kapitel 4.1
- zur Zukunftsanalyse gemäß Kapitel 4.2
- zum Unternehmerlohn gemäß Kapitel 4.3
- zum Kapitalisierungszinssatz gemäß Kapitel 4.5 und
- zur Plausibilitätskontrolle (Marktwerte) gemäß Kapitel 6.6.

Er hat also die Frage geprüft, inwieweit der zunächst ermittelte Ertragswert in Höhe von T€ 330 gemäß Kapitel 6.1, durch die Überprüfung des Substanzwertes gemäß Kapitel 5 und der Plausibilitätskontrolle gemäß Kapitel 6.6 eine Veränderung erfuhr. Er hat festgestellt, dass weder der Substanzwert noch die Plausibilitätskontrolle im vorliegenden Fall einen Einfluss auf den Unternehmenswert, ermittelt nach dem Ertragswertverfahren haben.

Zusammenfassend wird damit der Unternehmenswert der Beispielapotheke auf einen Betrag zwischen T€ 310 und T€ 350 festgelegt. Diese Bandbreite wird für erforderlich gehalten, da es „den" Unternehmenswert nicht gibt, wie die vorstehenden Ausführungen einleuchtend gezeigt haben.

Unternehmenswert für die Beispielapotheke

In diesem Zusammenhang soll noch ein Problem besprochen werden, das durch Ungewissheiten in Bezug auf den zukünftigen Umsatz entstehen könnte: Sollten sich, im Gegensatz zu der bisher in unserem Beispielfall dargestellten Vorgehensweise, Käufer und Verkäufer über den zukünftigen Umsatz nicht einig sein und sollte der Käufer die durch Konkurrenzentwicklung oder die zukünftige Entwicklung der Ärzteschaft oder auch durch die allgemeinen Umwelteinflüsse erwarteten Umsatzeinbußen erheblich negativer beurteilen als der Verkäufer und sollte der Gutachter hierzu ebenfalls keinen von beiden akzeptierten Mittelwert finden, um ein neutrales Gutachten abgeben zu können, könnte man sich für eine verzögerte Kaufpreisbestimmung entscheiden, die wie folgt als Variation in Frage käme: Käufer und Verkäufer einigen sich zunächst auf einen bestimmten Umsatz, der dann Basis für die Ertragswertberechnung wird. Sollte sich innerhalb der nächsten fünf Jahre der Umsatz in eine bestimmte Richtung bewegen, sei es, wie der Verkäufer erwartet, stagnieren oder, wie der Käufer erwartet, sinken, wird eine hieran angepasste Kaufpreisveränderung auf der Basis des Ertragswertverfahrens erfolgen. Zu denken wäre zum Beispiel an eine Kaufpreiserstattung seitens des Verkäufers in einer Größenordnung von etwa T€ 40 pro T€ 100 Umsatzverlust, begrenzt auf maximal T€ 150 Umsatzverlust, entsprechend T€ 60 maximale Kaufpreiserstattung. Sollte der Umsatz stagnieren oder steigen, erfolgen keine Kaufpreisveränderungen. Diese beispielhaft aufge-

Ratschlag: Verzögerte Kaufpreisbestimmung bei unklarer Umsatzprognose

führte Regelung wirkt sich – auch wenn der Verkäufer eine Kaufpreiserstattung vornehmen muss – eindeutig zu seinen Gunsten aus, da bei einer von vornherein angenommenen Umsatzverminderung um T€ 150 eine Ertragswertverminderung von mehr als T€ 60 zu erwarten ist. Diese Regelung setzt aber voraus, dass der Ertragswert zunächst auf der Basis eines stagnierenden Umsatzes bzw. auf der Basis des Umsatzes ermittelt wird, den der Verkäufer als realistisch ansieht, so dass sich die entsprechenden Veränderungen zu Lasten des Kaufpreises für den Verkäufer auswirken. Einzelheiten sollen an dieser Stelle nicht weiter geregelt werden. Diese Hinweise sollen nur als Anregung aufgefasst werden.

Da es spätestens seit dem Jahr 2004 noch mehr auf die Struktur der Versorgungsaufgabe einer Apotheke ankommt und weniger auf den Umsatz, könnte man die gleichen Überlegungen analog auf die Veränderung des Rohertrages anwenden.

6.8 Bestimmung des Unternehmenswertes bei verschiedenen weiteren Anlässen

Die Anlässe für Unternehmensbewertungen sind so vielfältig, dass sie sich nur schwer nach eindeutigen Kriterien ordnen lassen.

Bisher behandelten wir den Fall des Eigentümerwechsels einer Apotheke aus den verschiedensten Gründen. Angesprochen sind damit die Fälle des Kaufs oder des Verkaufs einer Apotheke oder der Eintritt und Austritt von OHG-Gesellschaftern einer Apotheke.

Eine andere Gruppe von Fällen stellen die

- Erbauseinandersetzungen/Erbteilungen und
- Abfindungsfälle im Familienrecht dar, (z.B. wenn der gesetzliche Güterstand der Zugewinngemeinschaft durch Ehescheidung beendet wird),

um nur die wesentlichsten Fälle zu nennen.

6.8.1 Erbauseinandersetzung

Zukunftsbetrachtung spielt eine geringere Rolle.

Während bei einem Ein- und Austritt von Gesellschaftern aus einer Apotheken-OHG bzw. bei einem Verkauf einer Apotheke die bisher dargestellten Grundsätze Gültigkeit haben, sind diese nur bedingt anzuwenden, wenn es sich um Erbauseinandersetzungen und Abfindungsfälle im Familienrecht handelt. Bei den Erbauseinandersetzungen/Erbteilungen wird häufig in Erfüllung der Wünsche oder Auflagen des Erblassers aufgrund eines Testaments oder einer letztwilligen Verfügung eine Apothekenbewertung durchgeführt, die ebenfalls nach den Grundsätzen betriebswirtschaftlicher Unternehmensbewertung abzuwickeln ist. Es dürfte wohl anerkannt sein, dass bei einer Bewertung in einem solchen Fall ähnliche Grundsätze anzuwenden sind, wie in den bisherigen Kapiteln zu dem Beispielfall beschrieben, wobei die Zukunftsbetrachtung bei einer Bewertung im Rahmen einer Erbauseinandersetzung nicht die Rolle spielt, wie dies bei dem normalen Kauf oder Verkauf einer Apotheke der Fall ist. Hier wird das Unternehmen betrachtet, wie es steht und liegt, so dass der in unserem Sinne verstandene objektivierte Wert, der auch gewisse offenkundige und auf der Hand liegende Veränderungsmöglichkeiten berücksichtigt, in diesem Fall nicht zum Tragen kommen dürfte (siehe Kapitel 4.1.3.2). Zur Berechnung des Pflichtteilsanspruchs[4] wird der Wert des Nachlasses z.Z. des Erbfalls zu Grunde gelegt (§ 2311 BGB). Hier spielen Zukunftsbetrachtungen entsprechend keine Rolle (siehe Kapitel 3.1.4).

An dieser Stelle soll als Hinweis aus der Beratungspraxis dem Erblasser anempfohlen sein, zur Erleichterung der späteren Abwicklung in seinem Testament bzw. Erbvertrag die Bewertungsregeln und die wesentlichsten wertbestimmenden Faktoren frühzeitig festzulegen. Die gesamte Bewertungssystematik, wie sie diesem Buch zu entnehmen ist, kann vom Erblasser vorher bestimmt werden, so dass ein Gutachter in die Lage versetzt würde, ein Gutachten in einem fest umrissenen Rahmen zu erstellen. Hier wäre dann die Ausnahme gegeben, dass mehrere Gutachter im Wesentlichen den gleichen Wert für die Apotheke ermitteln würden. So könnte zum Beispiel der Erblasser die Höhe des Kapitalisierungszinssatzes festlegen (damit ist das Problem Risikozuschlag bereits gelöst) und auch die Höhe des Unternehmerlohns.

Ratschlag:
Erblasser sollte feste Bewertungskriterien im Testament vorgeben

6.8.2 Zugewinnausgleich

Unternehmensbewertungen werden auch erforderlich, wenn der gesetzliche Güterstand der Zugewinngemeinschaft durch Ehescheidung beendet wird und zum Vermögen des Ehegatten eine Apotheke gehört.

---

4 Vgl.: Ratschlag zu Kapitel 3.1.4 zum Thema „Abfindung von Pflichtteilsansprüchen"

Zugewinnausgleichsanspruch ist gegenwartsbezogen.

Auch hier finden die vorstehenden Bewertungsgrundsätze nur teilweise Anwendung. Eine Modifikation muss im Hinblick auf die Zukunftsbetrachtung erfolgen. Eine Unternehmensbewertung im Zusammenhang mit der Ermittlung des Zugewinnausgleichsanspruchs eines Ehegatten kann nur gegenwartsbezogen sein, ohne die Zukunft mit einzubeziehen (siehe Kapitel 3.1.5).

Zugewinnausgleichsverpflichteter ist dadurch i.d. R. benachteiligt.

Damit ist die Unternehmensbewertung in diesem Fall stichtagsbezogen und kann nur Ereignisse mit berücksichtigen, deren Wurzeln in der Vergangenheit liegen, also zum Zeitpunkt, als die Ehe noch bestand. Wertverändernde Faktoren in der Zukunft, sei es ergebniserhöhend oder ergebnisvermindernd, finden keinen Eingang in das Gutachten. Damit enden die Analysen im Zusammenhang mit einem Bewertungsgutachten im Falle der Ermittlung eines Zugewinnausgleichs bei dem Kapitel 4.1.5 bzw. bei dem Zwischenergebnis gemäß Kapitel 4.1.4. Bei der in Zukunft zu erwartenden Entwicklung der Apotheken dürfte dies zum augenblicklichen Zeitpunkt einen erheblichen Nachteil für die gegenüber ihren geschiedenen Ehegatten zugewinnausgleichsverpflichteten Berufsträger sein, weil sie eine Abfindung auf der Basis der Vergangenheitswerte bis zum Scheidungsstichtag oder bis zum Stichtag des dauernd Getrenntlebens leisten müssen, obwohl bekannt ist, dass die Verhältnisse für die Apotheken in Zukunft eher schlechter als besser werden und für eine individuelle Apotheke eher mehr Konkurrenz entstehen wird, als eine Umsatz- und damit auch eine Gewinnausweitung zu erwarten ist. Die Zugewinnausgleichsempfänger sind damit bevorzugt und die Zugewinnausgleichsverpflichteten umgekehrt eher benachteiligt. Inwieweit ein Gutachter hier ein Einsehen hat und diesen Umstand im Rahmen seines Gutachtens vorsichtig mit berücksichtigt, sei dem individuellen Fall überlassen.

In jedem Fall ist die Gefahr der Aushöhlung der Apothekensubstanz gegeben, wenn der zum Ausgleich Verpflichtete im Rahmen des Zugewinnausgleichs Beträge an den Zugewinnberechtigten zahlen muss, die nicht aus vorhandenen Vermögenswerten beglichen werden können, sondern erst zukünftig dem Ausgleichsverpflichteten über Unternehmenserträge zufließen. Die Finanzmittel, die der Zugewinnausgleichsverpflichtete zahlen muss, müssen zunächst durch Kreditaufnahme beschafft werden. Dies bedeutet, dass der Nettovermögenswert, der dem Zugewinnausgleichsverpflichteten verbleibt, unter dem Nettovermögenswert des Zugewinnberechtigten liegen kann. Diesem Umstand muss der Bewertende ein besonderes Augenmerk widmen und berücksichtigen, dass der Zugewinnausgleichsverpflichtete erhebliche Mittel aufnehmen muss, um den Berechtigten abzufinden. Die Zinsen hierfür werden den Unternehmenswert mindern. Dies wäre ein kleiner Ausgleich für die oben beschriebene Tatsache, dass der den

Ertragswert mindernde Zukunftswert bei derartigen Gutachten keine Rolle spielen darf.

Im Rahmen von Zugewinnausgleichsverfahren muss oft auch das Anfangsvermögen ermittelt werden, das zu Beginn der Ehe der jeweilige Partner besessen hat. Wenn hierzu bereits die Apotheke gehörte, ist bei längerer Ehedauer die zwischenzeitliche Geldentwertung zu berücksichtigen. Haben die Eheleute z. B. vor 20 Jahren geheiratet und hatte die Apotheke des Mannes damals einen Wert von umgerechnet T€ 100, so ist anhand der Inflationsraten auszurechnen, welcher Summe heutzutage die damaligen T€ 100 entsprechen. Hat es also z. B. in den letzten 20 Jahren eine Inflation von zusammengerechnet 100 % gegeben, so wären die T€ 100 heutzutage T€ 200 wert. Bei der Berechnung des Zugewinns ist deshalb in das Anfangsvermögen des Ehemanns ein Vermögen von T€ 200 zu stellen.

Ratschlag: Ermittlung des Zugewinnausgleichs, wenn die Apotheke bereits in die Ehe eingebracht wurde.

6.9 Beispiel für die Bewertung einer Apotheke aus der Sicht des Verkäufers (Parteiengutachten)

Im Kapitel 3.2.4 wurde schon darauf hingewiesen, wie wichtig die Kenntnis der Parteien über die Zusammenhänge zwischen Bewertungsanlass und Funktion, in der der Berater tätig werden soll, ist. Je nach Bewertungsanlass und insbesondere auch je nach Funktion des Beraters können unterschiedliche Werte ermittelt werden.

Hierzu ein Beispiel: Während die bisherige Bewertung der im Kapitel 4.1.1 und in Anlage 1 in ihren Einzelheiten dargestellte Apotheke annahmegemäß von einem neutralen Gutachter bewertet wurde, soll nunmehr ein Parteiengutachter dieselbe Apotheke im Auftrage des Verkäufers bewerten. Die unterschiedlichen Werte werden am Ende dieses Abschnitts gegenübergestellt.

Beispielapotheke im Vorort einer Großstadt

Basis für die Bewertung soll wieder die oben genannte Apotheke sein. Im Gegensatz zu den bisher vorgenommenen Bewertungen, wie sie im Beispielfall dargestellt wurden, wird ein Parteiengutachter in der Regel folgende Abweichungen vornehmen:

Änderungen infolge des Parteiengutachtens:

Gleiche Apotheke wie in Kapitel 4.1.1 und in Anlage 1 wird jetzt nicht von einem neutralen Gutachter, sondern von einem Parteiengutachter bewertet.

1. Vergangenheitsanalyse

   Im Rahmen der Vergangenheitsanalyse (vgl. Beispielfall des neutralen Gutachters mit Zwischenergebnis gemäß Kapitel 4.1.4) wird der Parteiengutachter keine Änderungen vornehmen, da schon der neutrale Gutachter ausschließlich Erhöhungen des Ergebnisses für erforderlich hielt. Dies wird der Parteiengutachter nicht anders sehen.

2. Aus der Zukunftsanalyse sich ergebende Änderungen

a) Abschreibungsnachholbedarf in Folge unterlassener Investitionen
Hierzu hat der neutrale Gutachter gemäß Kapitel 4.2.1.2 entschieden, die Offizin müsse neu gestaltet werden. Außerdem wurden gemäß Kapitel 4.2.1.3 Renovierungskosten festgestellt, dass die hinteren Räume und das Arbeitszimmer eigentlich renovierungsbedürftig seien.

Der Parteiengutachter sieht dies aus der Sicht des Verkäufers selbstverständlich anders und wird einen so hohen Renovierungsbedarf nicht akzeptieren wollen. Wenn er sich überhaupt über diese Bereiche Gedanken macht, wird er maximal 50 % der Investitionen als notwendig ansehen.

Hieraus ergeben sich folgende Veränderungen gegenüber dem Gutachten aus neutraler Sicht:

- Nur 50 % an Abschreibungen für die Offizin
  (vgl. Kapitel 4.2.1.2)
  Ergebniserhöhung   T€ 2,3

Gegenüber neutralem Gutachter: Ergebniserhöhung um insgesamt T€ 2,8

- gemäß Abschnitt 4.2.1.3 nur 50 % der Renovierungskosten für die hinteren Räume; durch die Infolge daraus reduzierten Abschreibungen ergibt sich eine Ergebniserhöhung in Höhe von   T€ 0,5

b) Keine Berücksichtigung des Zinsaufwands für die Aufbringung des Kaufpreises
Gemäß Kapitel 4.2.1.4 hat der neutrale Gutachter T€ 10 als Ergebnisverschlechterung berücksichtigt, die der Käufer für Zinsen aufbringen muss, um den Kaufpreis zu finanzieren. Hierüber setzt sich der Parteiengutachter hinweg und vertritt die Auffassung, dass diesen zusätzliche Zinsaufwand der Käufer aus zukünftigen Erträgen aufbringen muss. Dass diese Ansicht nicht unstrittig ist, wurde bereits im Kapitel 4.2.1.4 dargelegt. Es ist Sache des Käufers, diesen Umstand zu erkennen und kaufpreismindernd zu berücksichtigen. Er kann aber von einem Parteiengutachter nicht erwarten, dass er seine Interessen vertritt, so dass diese Vorgehensweise nicht angreifbar ist.

Ergebniserhöhung durch das Parteiengutachten wegen Nichtberücksichtigung der Kaufpreiszinsen: T€ 10

- Auswirkung für das Parteiengutachten:
  Ergebniserhöhung: T€ 10

c) Verbesserung des Materialeinsatzes
Der neutrale Gutachter hätte in Kapitel 4.2.1.5 Materialeinsatz das Ergebnis um etwa T€ 20 (1 % von T€ 2.033) erhöhen können, weil eine erhebliche Diskrepanz zwischen dem Materialein-

satz der Beispielsapotheke zu dem durchschnittlichen Prozentsatz der vergleichbaren Versorgungsprofilgruppe bestand. Aus den am Ende des Kapitels 4.2.1.5 dargestellten Gründen, hat der neutrale Gutachter hiervon nur einen Betrag in Höhe von T€ 5 berücksichtigt (um z.B. den Käufer für seine noch zu vollbringenden Leistungen, den Materialansatz wieder auf das Durchschnittsniveau zu bringen, nicht zu bestrafen).

Aus der Sicht des Parteiengutachters sieht dies anders aus: Er wird mit beredten Worten die Probleme des Verkäufers darstellen, weshalb ihm eine Anpassung an den Durchschnittssatz der Versorgungsprofilgruppe nicht gelungen ist (weil er sich z.B. in den früheren Jahren zuwenig um die Apotheke gekümmert habe).

Wie dem auch sei: Der Parteiengutachter wird somit nicht T€ 5 dem Ergebnis hinzurechnen, sondern die möglichen T€ 20.

🔲 Auswirkungen für das Parteiengutachten:
Ergebniserhöhung   T€ 15

Wegen möglicher Materialeinsatzverbesserung über den bisher angesetzten Betrag hinaus: Ergebnisverbesserung: T€ 15

d) Zukünftige Ärzteentwicklung

Der neutrale Gutachter hat gemäß Kapitel 4.2.2.1 „Zukünftige Ärzteentwicklung" umfangreiche Analysen erstellt, die im Grundsatz eine hohe Akzeptanz der Apotheke bei den Ärzten feststellte. Allerdings hat er auch festgestellt, dass ein Arzt seine Praxis bald aufgeben wird. Die hierdurch sich ergebende Ergebnisverschlechterung, wie sie am Ende des Kapitels 4.2.2.1 dargestellt ist, dürfte auch ein Parteiengutachter in gleicher Form übernehmen müssen.

An diesem Beispiel wird deutlich, wo die Grenzen des Parteiengutachters liegen: Wenn dem Parteiengutachter bekannt ist, dass ein wichtiges und berichtspflichtiges Ereignis eintreten wird – und hierzu gehört der Wegzug eines Arztes – muss er dies nach Ansicht des Verfassers zwangsläufig in sein Gutachten aufnehmen und berücksichtigen. Unterlässt er dies, ist nach Ansicht der Verfasser das Parteiengutachten nicht korrekt.

Hieraus keine Veränderungen, da auch der Parteiengutachter gewissen Grenzen in der Parteilichkeit unterliegt.

An diesem Beispielfall sollen somit die Grenzen der Parteilichkeit eines Gutachters dargelegt werden.

e) In der Zukunft sich verändernde allgemeine wirtschaftliche Entwicklungen

Im Kapitel 4.2.3 „In der Zukunft sich verändernde allgemeine wirtschaftliche Entwicklungen" wurden Ausführungen gemacht zum erwarteten Rückgang der Handelsspanne, zu weiteren Einflussfaktoren durch das GKV-WSG, zu anderen sich im Apothekenbereich insgesamt abzeichnenden Veränderungen und zu den Einflüssen der Markterweiterung durch die Europäische Union. Im

Ergebnis sollten diese negativen Aspekte durch einen Risikozuschlag zum Basiszins Berücksichtigung finden. Auf Kapitel 4.5.1 Risikozuschläge wird verwiesen.

Da es für den Risikozuschlag keine feste Norm gibt, sondern nur Bandbreiten, ist der Risikozuschlag diskussionsfähig.

Im Beispielfall wurde auf Seite 74 von einem Risikozuschlag in Höhe von 6,5 % ausgegangen.

Je höher der Kapitalmarktzins, desto niedriger ist der Kaufpreis. Also wird der Parteiengutachter mit beredten Worten die Risiken nicht so hoch einschätzen, wie der neutrale Gutachter und nur von einem Risikozuschlag von 5 % ausgehen.

Wegen positiverer Zukunftseinschätzung wird der Parteiengutachter den Risikozuschlag um 1,5 % vermindern.

Ergebnis: Der Risikozuschlag vermindert sich um 1,5 %.

Die quantitative Auswirkung auf den Ertragswert wird am Ende dieses Kapitels dargelegt.

f) Unternehmerlohn

Gemäß Kapitel 4.3 Unternehmerlohn wurde der Unternehmerlohn auf T€ 65 im Rahmen des neutralen Gutachtens angesetzt.

Verminderter Unternehmerlohn gemäß Ansatz des Parteiengutachters um T€ 10, damit Ergebniserhöhung: T€ 10

Der Parteiengutachter wird den Unternehmerlohn auf T€ 55 senken wollen. Er wird auch hierfür sicherlich Begründungen finden. Da die Bandbreite zwischen T€ 60 und T€ 70 liegt, ist dies allerdings nur bedingt vertretbar.

▨ Auswirkungen für das Parteiengutachten:
Ergebniserhöhung   T€ 10

g) Zusammenfassung:

Insgesamt hat der Parteiengutachter folgende Ergebniserhöhungen in seinem Gutachten berücksichtigt:

▨ gemäß Punkt 2a	T€ 2,8
▨ gemäß Punkt 2b	T€ 10,0
▨ gemäß Punkt 2c	T€ 15,0
▨ gemäß Punkt 2f	T€ 10,0
Ergebniserhöhung:	T€ 37,8
Bisheriges Ergebnis des neutralen Gutachters lt. Übersicht in Kapitel 4.4	T€ 39,7
zuzüglich Ergebniserhöhungen gemäß obiger Darstellungen:	T€ 37,8
Neues Ergebnis des Parteiengutachters:	T€ 77,5

Neues Ergebnis aufgrund des Parteiengutachtens T€ 77,5.

Dieses Ergebnis wurde bisher gemäß neutralem Gutachten mit einem Kapitalisierungszinssatz von 12 % kapitalisiert, jetzt nur noch von 10,5 %, da der Risikozuschlag um 1,5 % vermindert werden sollte (siehe Kapitel 4.5.5).

Damit werden nunmehr T€ 77,5 mit 10,5 % kapitalisiert. Dies führt zu einem Kaufpreis laut Parteiengutachten in Höhe von T€ 738.

Damit entspricht der Wert des Parteiengutachters mehr als dem Doppelten des Wertes, den der neutrale Gutachter mit max. T€ 350 festgestellt hatte.

Bezogen auf den durchschnittlichen Umsatz der Jahre 2004 (bereinigt) bis 2006 in Höhe von T€ 2.033, führt dies zu einem Gesamtwert inkl. Einrichtung, Warenlager und Geschäftswert in Höhe von rund 36 %. Diese Werte werden zwar vereinzelt in der Literatur genannt (siehe Kapitel 6.6), aus den zu Beginn dieses Kapitels dargestellten Umständen halten die Autoren diese jedoch nur bei extrem hohen Gewinnen für vertretbar und im vorliegenden Fall daher für utopisch.

Kaufpreis Parteien-gutachten: T€ 738 zu neutralem Gutachten: T€ 330.

An diesem Beispiel ist sehr deutlich erkennbar, welche Möglichkeit der Parteiengutachter hat, ohne angreifbar zu sein, durch eine andere Beurteilung verschiedener Sachverhalte zu einem erheblich unterschiedlichen Wert im Vergleich zu dem des neutralen Gutachters zu gelangen.

Dieses Beispiel soll aufzeigen, wie wichtig das Wissen um die verschiedenen Parameter ist.

7 Steuerliche Probleme beim Kauf und beim Verkauf einer Apotheke

In dem nachfolgenden Kapitel soll der Übergang von Betriebsvermögen (Apotheke) mit allen steuerlichen Konsequenzen sowohl auf der Käufer- als auch auf der Verkäuferseite umfassend behandelt werden. Die unterschiedlichen steuerlichen Auswirkungen, die sich durch vielfältige Vertragsgestaltungen zwischen dem Käufer und dem Verkäufer einer Apotheke ergeben, werden anhand unseres Beispielfalles dargestellt.

Idealfall: Einmalzahlung in voller Höhe

Als Kaufpreis für die Apotheke im Beispielfall wurde gem. Abschnitt 6.1 ein Betrag in Höhe von T€ 330 festgelegt. Im Idealfall würde der Käufer der Apotheke diesen Betrag als Einmalzahlung entrichten. Dann gäbe es steuerlich kaum Probleme. In der Praxis ist dieser Fall sicherlich am häufigsten anzutreffen, ebenso wie Ratenzahlungsvereinbarungen, die mit oder ohne Zinsen die Kaufpreiszahlung über eine gewisse Zeit strecken.

Andere Zahlungsmodalitäten = andere steuerliche Auswirkungen.

Es gibt aber noch eine ganze Reihe anderer möglicher Zahlungsmodalitäten, die mit ihren unterschiedlichen steuerlichen Folgewirkungen den Parteien bekannt sein sollten. Der Käufer ist hiervon in der Regel weniger betroffen als der Verkäufer, bei dem sich erhebliche Unterschiede in der Höhe seiner persönlichen Steuerlast ergeben können.

Nachfolgendes Schaubild soll die zu behandelnden Problemkreise in Kurzform darstellen.

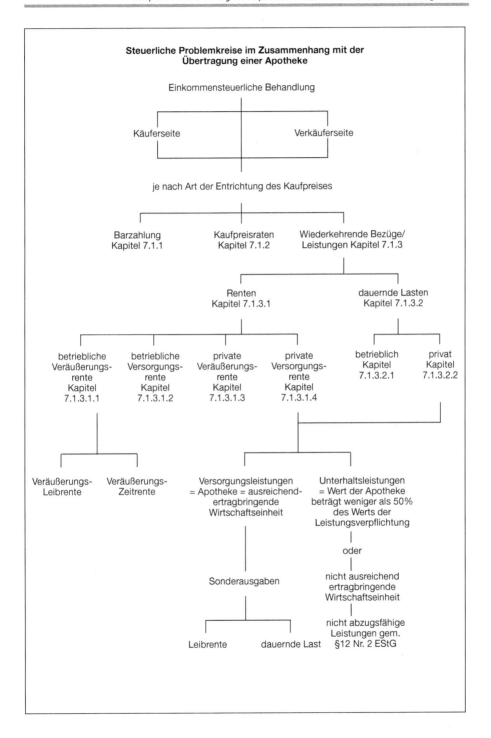

**Steuerliche Problemkreise im Zusammenhang mit der
Übertragung einer Apotheke**

Einkommensteuerliche Behandlung

Käuferseite — Verkäuferseite

je nach Art der Entrichtung des Kaufpreises

| Barzahlung Kapitel 7.1.1 | Kaufpreisraten Kapitel 7.1.2 | Wiederkehrende Bezüge/ Leistungen Kapitel 7.1.3 |

Renten Kapitel 7.1.3.1 — dauernde Lasten Kapitel 7.1.3.2

betriebliche Veräußerungs-rente Kapitel 7.1.3.1.1

betriebliche Versorgungs-rente Kapitel 7.1.3.1.2

private Veräußerungs-rente Kapitel 7.1.3.1.3

private Versorgungs-rente Kapitel 7.1.3.1.4

betrieblich Kapitel 7.1.3.2.1

privat Kapitel 7.1.3.2.2

Veräußerungs-Leibrente

Veräußerungs-Zeitrente

Versorgungsleistungen = Apotheke = ausreichend-ertragbringende Wirtschaftseinheit

Unterhaltsleistungen = Wert der Apotheke beträgt weniger als 50% des Werts der Leistungsverpflichtung

oder

nicht ausreichend ertragbringende Wirtschaftseinheit

Sonderausgaben

Leibrente   dauernde Last

nicht abzugsfähige Leistungen gem. §12 Nr. 2 EStG

7.1 Einkommensteuer

Problemkreise im
Einzelnen

Im Folgenden soll nun auf die verschiedenen Problemkreise bei der Einkommensteuer – getrennt nach Käufer und Verkäufer – im Einzelnen eingegangen werden.

7.1.1 Barzahlung des Kaufpreises

7.1.1.1 Käuferseite

Für den Käufer bedeutet der Erwerb einer Apotheke eine weitreichende Entscheidung, die hohe Kostenbelastungen mit sich bringt. Für ihn ist es daher besonders wichtig, die steuerlichen Konsequenzen je nach Erwerbsart zu analysieren.

Kaufpreis ist auf
– Anlagevermögen
– Vorräte
– Firmenwert
aufzuteilen.

Im Falle der Barzahlung mit Eigenkapital oder auf Kreditbasis ist der Kaufpreis auf die erworbenen Wirtschaftsgüter aufzuteilen. Die beteiligten Parteien können und sollten bereits im Kaufvertrag eine Aufteilung der Kaufpreiszahlung auf die einzelnen Wirtschaftsgüter bestimmen. Diese Aufteilung kann vom Erwerber jedoch nur dann übernommen werden, wenn sie den wirtschaftlichen Gegebenheiten entspricht. Dies ist dann der Fall, wenn die Wirtschaftsgüter vom Käufer der Apotheke mit den Teilwerten, höchstens jedoch mit den ursprünglichen Anschaffungs- oder Herstellungskosten in der Bilanz angesetzt werden (§ 6 Abs. 1 Nr.1, 2 und 7 EStG). Die gesetzliche Definition für den Teilwert lautet: „Teilwert ist der Betrag, den ein Erwerber des ganzen Betriebs im Rahmen des Gesamtkaufpreises für das einzelne Wirtschaftsgut ansetzen würde; dabei ist davon auszugehen, dass der Erwerber den Betrieb fortführt." In der Praxis entspricht der Teilwert im allgemeinen dem Verkehrswert des Wirtschaftsgutes.

Kaufpreis > AV +
Vorräte – dann Differenz = Firmenwert

Wenn der Gesamtkaufpreis die Summe der Teilwerte des Anlagevermögens und der Vorräte übersteigt, was in der Regel der Fall sein wird, dann ist beim Erwerber in Höhe der Differenz ein Firmenwert anzusetzen. Dieser Firmenwert stellt den Anteil des Kaufpreises dar, der für die Übernahme des Kundenstammes und den vom Verkäufer geschaffenen Ruf gezahlt wird. Der Gesetzgeber schreibt für den Firmenwert in § 7 Abs. 1 Satz 3 EStG zwingend eine Nutzungsdauer von 15 Jahren vor, dies entspricht einer Abschreibungsquote von 6,67 %.

Ratschlag

Der Käufer einer Apotheke sollte unter dem Gesichtspunkt der steuerlichen Gewinnminimierung bestrebt sein, einen möglichst hohen Anteil des Kaufpreises auf die Wirtschaftsgüter des Anlage- und Umlaufvermögens zu verteilen, da diese Wirtschaftsgüter i.d.R. mit höheren Abschreibungssätzen zwischen 10 % und 30 %[1] (ohne Sonder-AfA) abzuschreiben sind und somit zu einem früheren Zeitpunkt zu höheren Betriebsausgaben führen.

Beispiel:
Bilanz einer zu veräußernden Apotheke zum 31.12.2006. Der Verkauf erfolgt zum 31.12.2006 für einen Preis in Höhe von T€ 330.

Bilanz per 31.12.2006

Aktiva		Passiva	
	€		€
Apothekeneinrichtung	10.000	Eigenkapital	96.000
Betriebs- und		Rückstellungen	15.000
Geschäftsausstattung	7.500	langfristige Verbind-	
Beteiligungen	2.500	lichkeiten	45.000
Warenbestand	140.000	Verbindlichkeiten aus	
Forderungen	45.000	Lieferungen und Leis-	
Kasse, Bankguthaben	11.000	tungen	56.000
Sonstige Forderungen	3.500	Sonstige Verbind-	7.500
		lichkeiten	
	219.500		219.500

In den Wirtschaftsgütern des Sachanlagevermögens (T€ 10 + T€ 7,5 + T€ 2,5) sollen in unserem Beispiel T€ 20 an stillen Reserven enthalten sein (T€ 8 für die Einrichtung und T€ 12 für die Geschäftsausstattung), d.h., die Teilwerte des Sachanlagevermögens betragen am Veräußerungstag insgesamt T€ 40. Weitere stille Reserven sind in der Bilanz nicht enthalten. Der Verkäufer wickelt seine Forderungen und Verbindlichkeiten selbst ab, d.h., er überführt das Kassen- und Bankguthaben beim Verkauf in sein Privatvermögen, zieht die Forderungen ein und zahlt auf der anderen Seite seine in den Verbindlichkeiten und Rückstellungen enthaltenen Schulden. Somit ergibt sich für den Käufer folgende Eröffnungsbilanz auf den 1.1.2007:

---

1 Im Zuge der Steuerreform ist der Satz für die degressive Abschreibung ab 2001 auf höchstens 20 % gesunken. Für Anschaffungen nach dem 31.12.2005 und vor dem 1.1.2007 ist der Satz wieder auf 30 % angehoben worden. Im Zuge der Unternehmensteuerreform 2008 wird die degressive Abschreibung zum 1.1.2008 abgeschafft.

Käuferbilanz/Eröffnungsbilanz auf den 01.01.2007

Aktiva		Passiva	
	€		€
Firmenwert[2]	150.000	Eigenkapital	15.000
Apothekeneinrichtung[3]	18.000	Kaufpreisverbind-	330.000
Betriebs- und		lichkeit	
Geschäftsausstattung[4]	19.500		
Beteiligungen	2.500		
Vorräte	140.000		
Bankguthaben	15.000		
(Annahme)			
	345.000		345.000

[2] Kaufpreis	T€ 330	[3] T€ 10	zu Buchwerten
./. Teilwerte	T€ 40	T€ 8	stille Reserven
Anlagevermögen		T€ 18	
./. Warenbestand	T€ 140		
= Firmenwert	T€ 150		

[4] T€ 7,5	zu Buchwerten
T€ 12	stille Reserven
T€ 19,5	

Käufer erhält höheres Abschreibungspotenzial.

Durch die erfolgte Auflösung der stillen Reserven beim Sachanlagevermögen über die Buchwerte des Verkäufers hinaus erhält der Käufer der Apotheke zusätzliches Abschreibungspotenzial. Die Wirtschaftsgüter des Sachanlagevermögens sind beim Käufer über die voraussichtlichen Jahre ihrer Restnutzung abzuschreiben; der Firmenwert ist zwingend auf 15 Jahre zu verteilen. Die hieraus resultierenden Abschreibungsbeträge stellen beim Käufer Betriebsausgaben dar und mindern somit seine steuerpflichtigen Einkünfte.

Üblicherweise wird die Kaufpreisverbindlichkeit zumindest teilweise über betriebliche Darlehen finanziert. Die hierbei entstehenden Belastungen durch Schuldzinsen und ggf. ein zu leistendes Disagio sind beim Käufer ebenfalls als Betriebsausgaben im Rahmen seiner Gewinnermittlung abzugsfähig.

7.1.1.2 Barzahlung des Kaufpreises – Verkäuferseite

Zu den Einkünften aus Gewerbebetrieb gehören auch Gewinne, die erzielt werden bei der Veräußerung des ganzen Gewerbebetriebs (=Apotheke) § 16 Abs. 1 Nr.1 EStG. Beim Verkäufer ist der Veräußerungsgewinn aus dem Verkauf der Apotheke im Rahmen einer Einmalzahlung grundsätzlich wie folgt zu ermitteln (vgl. § 16 Abs. 2 EStG):

Veräußerungspreis
./. Veräußerungskosten (z.B. Notarkosten, Maklerprovisionen)
./. Wert des Betriebsvermögens

= Veräußerungsgewinn

Der Wert des Betriebsvermögens entspricht nur dann dem Kapitalkonto, wenn *sämtliche* Aktiva und Passiva vom Käufer übernommen werden. In der Regel ist dies nicht der Fall, da, wie bereits eingangs vermerkt und in den Kapiteln 6.3 ff. dargestellt, der Kaufpreis nur den Verkauf des Anlagevermögens, der Vorräte und des Firmenwertes beinhaltet. Die übrigen Forderungen und Verbindlichkeiten muss der Verkäufer selbst abwickeln. Dann ergibt sich der Veräußerungsgewinn wie folgt:

Veräußerungsgewinnermittlung im Regelfall

Veräußerungspreis
./. Veräußerungskosten
./. Buchwert des Sachanlagevermögens
./. Warenbestand

= Veräußerungsgewinn

In unserem Beispiel ergibt sich daraus konkret folgende Berechnung:

	€	
Apothekenverkaufspreis	330.000	
./. Veräußerungskosten	0,–	(Annahme)
./. Buchwert der Apothekeneinrichtung	10.000	
./. Buchwert Betriebs- und Geschäftsausstattung	7.500	
./. Buchwert Beteiligungen	2.500	
./. Warenbestand	140.000	
= Veräußerungsgewinn	170.000	

Die Probe zu dieser Rechnung kann durch Gegenüberstellung der obigen Ausgangsbilanz mit einer Veräußerungsbilanz erfolgen – das Ergebnis führt zu dem gleichen Veräußerungsgewinn.

Probe:
2. Rechnung

	Bilanz vor Veräußerung	Veräußerungsbilanz
	€	€
Aktiva		
Apothekeneinrichtung	10.000	–,–
Betriebs- und Geschäftsausstattung	7.500	–,–
Beteiligungen	2.500	–,–
Vorratsbestand	140.000	–,–
Forderungen	45.000	45.000
Kasse, Bankguthaben	11.000	11.000
Sonstige Forderungen	3.500	3.500
Forderungen aus Apothekenverkauf	–,–	330.000
	219.500	389.500

Passiva

Eigenkapital	96.000	266.000
Rückstellungen	15.000	15.000
Langfristige Verbindlichkeiten	45.000	45.000
Verbindlichkeiten aus Lieferungen und Leistungen	56.000	56.000
Sonstige Verbindlichkeiten	7.500	7.500
	219.500	389.500

Ergebnis:

Kapital gem. Bilanz vor Veräußerung	96.000
Kapital gem. Veräußerungsbilanz	266.000
= Veräußerungsgewinn	170.000

Veräußerungsgewinne sind stl. begünstigt

Veräußerungsgewinne sind gem. §§ 16 Abs. 4, i.V. mit 34 Abs. 2 Nr.1 EStG begünstigt. Bei Betriebsveräußerungen nach dem 31.12.2003 erhält der Apotheker *auf Antrag* einen Freibetrag von höchstens T€ 45, wenn folgende Voraussetzungen erfüllt sind:

Voraussetzung Freibetrag

- ▪ der Steuerpflichtige hat das 55. Lebensjahr vollendet oder ist im sozialversicherungsrechtlichen Sinne dauernd berufsunfähig *und*
- ▪ der Steuerpflichtige hat nach dem 31.12.1995 noch keine begünstigte Veräußerung eines Betriebes vorgenommen (Veräußerungsfreibetrag wird nach dem 31.12.1995 nur noch einmal im Leben eines Steuerpflichtigen gewährt).

Beispielapotheke im Vorort einer Großstadt

Der Freibetrag von € 45.000 ermäßigt sich um den Betrag, um den der Veräußerungsgewinn € 136.000 übersteigt. Somit entfällt der Freibetrag ab einem Veräußerungsgewinn von € 181.000.

In unserem Beispiel gehen wir davon aus, dass der Veräußerer die Voraussetzungen für die Gewährung des Freibetrages erfüllt. Der Freibetrag ermittelt sich wie folgt: Zunächst wird die Differenz zwischen Veräußerungsgewinn (€ 170.000) und Freigrenze (€ 136.000) ermittelt (= € 34.000). Dieser Betrag kürzt den Freibetrag des Steuerpflichtigen, so dass dieser nur noch einen Freibetrag in Höhe von € 11.000 geltend machen kann (€ 45.000 ./. € 34.000).

Unabhängig von der Gewährung des Freibetrages ist der Veräußerungsgewinn gem. § 34 Abs. 2 Nr. 1 EStG ab 2001 mit einem ermäßigten (= sogenannten „halben durchschnittlichen") Steuersatz zu besteuern. Für das Veräußerungsjahr ist daneben noch der laufende Gewinn zu ermitteln, der nicht steuerbegünstigt ist. Der „halbe Steuersatz" beträgt seit 2004 56 % des durchschnittlichen Steuersatzes, der sich ergäbe, wenn die tarifliche Einkommensteuer nach dem gesamten zu versteuernden Einkommen zu bemessen wäre (§ 34 Abs. 3 EStG). Der Mindeststeuersatz beträgt 15% seit 2005. Auch hier gelten die gleichen Voraussetzungen wie für die Gewährung des Freibetrages. Daneben gibt es noch eine „Fünftelregelung". Diese ist jedoch deutlich ungünstiger und bei hohen steuerlichen Progressionen ohne nennenswerte Auswirkung.

> Bei einer hohen Gewinnsituation ist es angeraten, die Veräußerung der Apotheke auf den Beginn des nächsten Veranlagungszeitraumes zu verschieben (z.B. 2. Januar des Folgejahres). Dadurch trifft der laufende Apothekengewinn nicht auch noch auf den Veräußerungsgewinn. Aufgrund des progressiven Einkommensteuertarifes führt dies beim Veräußerer zu Steuerersparniseffekten, wenn dieser nach dem Verkauf der Apotheke z.B. im Januar 2007 im Verhältnis nur noch geringere steuerpflichtige Einkünfte erzielt. Bei der möglichen Inanspruchnahme des ermäßigten Steuersatzes sollten geplante Veräußerungen – falls möglich – auf einen Veräußerungszeitpunkt nach dem 1.1.2007 verschoben werden.

Ratschlag: Veräußerungszeitpunkt auch unter steuerlichen Aspekten festlegen.

Für die weitere Berechnung der Steuerlast unseres Veräußerers gehen wir von folgenden zusätzlichen Daten aus:
Der Steuerpflichtige ist verheiratet und wird mit seiner Ehefrau zusammen veranlagt. Aus der Apotheke hat er im Jahr 2006 einen lfd. Gewinn in Höhe von € 55.000,– erzielt. Seine Ehefrau hat ein Jahresbruttogehalt in Höhe von € 20.000,– erhalten. Für die Eheleute ergeben sich abzugsfähige Sonderausgaben in Höhe von € 8.001,–. Weitere Abzüge sind nicht vorzunehmen.
Unser Beispiel wird ohne die Anrechnung der Gewerbesteuer berechnet (für die Besteuerung des laufenden Gewinns), weil diese maßgeblich von der Höhe des Hebesatzes der Gemeinde, in der sich die Apotheke befindet, abhängig ist.

Einkünfte aus Gewerbebetrieb

Laufender Gewinn		55.000,–	
Veräußerungsgewinn (§ 16 EStG)	170.000,–		
./. Freibetrag gem. § 16 Abs. 4 EStG	11.000,–	159.000,–	214.000,–

Einkünfte aus nichtselbständiger Arbeit

Bruttoarbeitslohn Ehefrau	20.000,–		
./. Arbeitnehmerpauschbetrag (§ 9a Nr. 1 EStG)	920,–		19.080,–
= Gesamtbetrag der Einkünfte			233.080,–
./. Sonderausgaben			./. 8.001,–
= zu versteuerndes Einkommen			225.079,–

Es ergibt sich aus dem Beispiel ein zu versteuerndes Einkommen von € 225.079,–.

Hieraus ergibt sich nach Anwendung der Splittingtabelle (f. Ehegatten) eine Einkommensteuer von € 78.704,–. Dies entspricht einem durchschnittlichen Steuersatz von 34,9674 %. Gemäß § 34 Abs. 3 EStG sind hiervon 56 %, dies entspricht 19,5817 %, auf die außerordentlichen Einkünfte von € 159.000,– anzuwenden.

Zu versteuerndes Einkommen I:		225.079,–
Steuer I (Tarif):	78.704.–	
Eingangsbetrag	225.078,–	
Durchschn. Steuersatz	34,9674 %	
56 % Steuersatz I	19,5817 %	
./. Einkünfte nach § 34 Abs. 3 EStG		159.000,–
verbleibendes zu versteuerndes Einkommen II		66.079,–
Steuer II (Tarif)		13.594,–
Steuer nach § 34 Abs. 3 EStG		
159.000,– × 19,5817 %		31.134,–
Summe der Steuer		44.728,–

Alle Berechnungen ohne Solidaritätszuschlag und Kirchensteuer.

Ergebnis Vergleicht man nun die Steuerlast, die sich ohne die Anwendung des § 34 EStG ergeben hätte (€ 78.704,–), mit der ermäßigten Steuer (€ 44.728,–), so ergibt sich eine Ersparnis des Steuerpflichtigen in Höhe von € 33.976,–.

7.1.2 Kaufpreisraten

7.1.2.1 Käuferseite

Kaufpreisraten sind wiederkehrende, als Entgelt für den Erwerb der Apotheke zu erbringende Zahlungen, die in jeweils gleichbleibender Höhe für eine von vornherein festgelegte Zeitdauer zu leisten sind. Den Kaufpreisraten ist ein Stundungscharakter und kein Versorgungscharakter beizumessen (sonst ggf. Rente!). Zu beachten ist natürlich Folgendes: Das Risiko, dass der Käufer langfristig die Raten nicht finanzieren kann, ist höher als bei der Sofortzahlung. Ist bereits im Kaufvertrag neben dem Kaufpreis die Zahlung von Schuldzinsen vereinbart worden, so bereitet die Berechnung keine weiteren Schwierigkeiten. Verteilen sich die Kaufpreisraten auf einen kurzen Zeitraum von bis zu 12 Monaten[5], so ist die

---

5 Vgl.: Jansen/Wrede, Renten, Raten, Dauernde Lasten, 10. Aufl., 1992, Rz 286

Summe der Kaufpreisraten mit dem Gesamtkaufpreis gleichzusetzen. Dieser ist dann wie beim Barkauf auf die einzelnen Wirtschaftsgüter aufzuteilen (s. dort); die an den Verkäufer der Apotheke zu leistenden Zinsen sind als Betriebsausgabe abzugsfähig.

Anders gestaltet sich der Fall, wenn sich die Ratenzahlung über einen längeren Zeitraum (= mehrere Jahre) erstreckt und im Vertrag Zinszahlungen nicht ausdrücklich vereinbart wurden oder sogar ausdrücklich ausgeschlossen sind. Dann ist in den festgelegten Raten ein Zinsanteil für die Stundung des Kaufpreises enthalten, der für die Ermittlung des Gesamtkaufpreises herausgerechnet werden muss. Dies geschieht über die Ermittlung eines sogenannten Barwertes (= Gegenwartswert der Summe aller Raten) zum Veräußerungszeitpunkt. Diese Berechnung ist für jedes Wirtschaftsjahr neu durchzuführen und erfolgt mittels der Rentenformel (vgl. §§ 1 Abs. 2, 13 BewG und Anlage 9a zu § 13 BewG).

Die laufenden Ratenzahlungen, die der Käufer der Apotheke leistet, sind in einen Zins- und Tilgungsanteil zu zerlegen. Der Tilgungsanteil ergibt sich aus der Differenz des Barwerts zu Beginn und zum Ende des Wirtschaftsjahres. Saldiert man die jährliche Ratenzahlung mit der Barwertminderung, so erhält man den als Betriebsausgabe abzugsfähigen Zinsanteil. Der Barwert zum Veräußerungszeitpunkt entspricht dem Wert, der vom Erwerber auf die erworbenen Wirtschaftsgüter einschließlich dem Firmenwert zu verteilen ist. Die Vorgehensweise entspricht dabei der bei der Barzahlung des Kaufpreises (siehe Kapitel 7.1.1.1).

Tatsächliche jährliche Ratenzahlung ./. Barwertminderung = Zinsanteil

Das nachfolgende Beispiel soll die Behandlung der Ratenzahlungen noch einmal verdeutlichen.

Im Vertrag über den Verkauf einer Apotheke wird von den Parteien vereinbart, dass der Kaufpreis in Höhe von € 426.080,– in 10 Jahresraten von € 42.608,– zahlbar ist. Zinszahlungen werden nicht vereinbart. Diese Vereinbarung entspricht dem Kauf der bewerteten Apotheke zu dem bekannten Gegenwartswert von T€ 330 zum Zeitpunkt der Bewertung. D.h., aus dem Kaufpreis ist der Barwert der Zahlungen am Veräußerungstag zu errechnen, indem man 1/10 des Kaufpreises (= Rate) mit dem Vervielfältiger für zehnjährige in gleichen Jahresraten zu tilgende Forderungen multipliziert (Anlage 9a zu § 13 BewG/vgl. nachfolgendes Beispiel).

Kaufpreis über 10 Jahre i.H.v. T€ 426 entspricht Gegenwartswert von T€ 330

Der jährliche Zins- und Tilgungsanteil ergibt sich dann aus der nachfolgenden Berechnung für die einzelnen Jahre.

1. Jahr	Gegenwartswert für 10 Jahre auf die Rate von € 42.608,–	
	42.608 × 7,745	329.998,96
	Gegenwartswert für 9 Jahre auf die Rate von € 42.608,–	
	42.608 × 7,143	304.438,94
	Gegenwartswertminderung 10 auf 9 Jahre	25.650,02
	Zinsen (Rente ./. Gegenwartswertminderung)	
	(42.608 – 26.650,02)	16.957,98
2. Jahr	42.608 × 6,509 = 277.335,47 = Gegenwartswertminderung	27.013,47
	Zinsen (42.608 – 27.013,47)	15.594,53
3. Jahr	42.608 × 5,839 = 248.788,11 = Gegenwartswertminderung	28.547,36
	Zinsen (42.608 – 28.547,36)	14.060,64
4. Jahr	42.608 × 5,133 = 218.706,86 = Gegenwartswertminderung	30.081,25
	Zinsen (42.608 – 30.081,25)	12.526,75
5. Jahr	42.608 × 4,388 = 186.963,90 = Gegenwartswertminderung	31.742,96
	Zinsen (42.608 – 31.742,96)	10.865,04
6. Jahr	42.608 × 3,602 = 153.474,02 = Gegenwartswertminderung	33.489,89
	Zinsen (42.608 – 33.489,89)	9.118,11
7. Jahr	42.608 × 2,772 = 118.109,38 = Gegenwartswertminderung	35.364,64
	Zinsen (42.608 – 35.364,64)	7.243,36
8. Jahr	42.608 × 1,897 = 80.827,38 = Gegenwartswertminderung	37.282,00
	Zinsen (42.608 – 37.282,00)	5.326,00
9. Jahr	42.608 × 0,974 = 41.500,19 = Gegenwartswertminderung	39.327,18
	Zinsen (42.608 – 39.327,18)	3.280,82
10. Jahr		41.500,19
	Zinsen (42.608 – 41.500,19)	1.107,81
Zinssumme 1. bis 10. Jahr		96.081,04

Behandlung in der Bilanz: Der ermittelte Barwert in Höhe von rund € 330.000,– entspricht den Anschaffungskosten des Käufers der Apotheke und ist, wie in den vorangegangenen Beispielen, auf die einzelnen Wirtschaftsgüter zu verteilen. Gleichzeitig ist der Barwert der Raten auf der Passivseite der Eröffnungsbilanz des Käufers als Verbindlichkeit zu passivieren und jährlich anzupassen.

7.1.2.2 Kaufpreisraten – Verkäuferseite

Veräußert der Apotheker seinen Betrieb gegen einen in Raten zu zahlenden Kaufpreis und erstreckt sich die Ratenzahlung auf einen mehr
als zehn Jahre dauernden Zeitraum und kommt die Absicht des Veräußerers zum Ausdruck, sich eine Versorgung verschaffen zu wollen,
dann hat der Steuerpflichtige bezüglich der Versteuerung seines Veräußerungsgewinns ein *Wahlrecht* zwischen der *Sofortbesteuerung* und
der Besteuerung erst bei Zufluss der Ratenzahlungen (s. hierzu R 16
Abs. 11 EStR).

Wahlrecht bei Raten-
zahlungen >10 Jahre

Fällt seine Wahl auf die Sofortbesteuerung, dann besteht der Veräußerungspreis der Apotheke in dem Barwert der Ratenzahlungszusage
(= € 330.000,–; zur Ermittlung siehe Käuferseite) zum Zeitpunkt der
Veräußerung. Ein ermittelter Veräußerungsgewinn ist gem. § 16 Abs. 4
i.V. mit § 34 Abs. 2 Nr. 1 EStG nach den oben unter „Barzahlung" gem.
Kapitel 7.1.1.2 beschriebenen Grundsätzen begünstigt. Die laufenden
Ratenzahlungen sind in einen Zins- und Tilgungsanteil aufzuteilen. In
den Jahren des Zuflusses der Raten hat der Veräußerer dann in Höhe
des Zinsanteils Zinseinkünfte gem. § 20 Abs. 1 Nr. 7 EStG, sofern sich
die Forderung im Privatvermögen befindet.

Die gleichen steuerlichen Folgen ergeben sich für den Verkäufer bei
vereinbarten Ratenzahlungen bis zu 10 Jahren. Zu diesem Fall besteht
dann allerdings keine Wahlmöglichkeit zwischen Sofortbesteuerung
und Besteuerung bei Zufluss.

Entscheidet sich dagegen der Verkäufer der Apotheke für die Besteuerung erst bei Zufluss (= nachträgliche Versteuerung), so sind die
Raten erst in voller Höhe nachträgliche Einkünfte aus Gewerbebetrieb
gem. §§ 15, 24 Nr. 2 EStG, wenn die Zahlungen die Summe aus Buchwert des Betriebsvermögens zum Veräußerungszeitpunkt und Veräußerungskosten übersteigen. Der Nachteil dieser Besteuerungsart
besteht darin, dass der Freibetrag nach § 16 Abs. 4 und die Tarifbe-
günstigung nach § 34 Abs. 2 und 3 EStG (ermäßigter Steuersatz) nicht
gewährt werden. (BFH v. 21.12.1988, BStBl 1989 II, 409; R 16 Abs. 11
EStR).

Besteuerung erst
bei Zufluss

Ratschlag: Veräußerungszeitpunkt unter steuerlichen Gesichtspunkten planen

Der Apotheker sollte sich bei der Entscheidung von seinem steuerlichen Berater unterstützen lassen, da sich hieraus erhebliche Steuerbelastungsunterschiede ergeben können. Dabei kann als Anhaltspunkt folgende Überlegung dienen:

→ Unterliegt der Apotheker auch langfristig mit seinen Einkünften einem hohen Steuersatz und geht die Laufzeit der Raten nicht weit über 10 Jahre hinaus, so könnte eine Sofortversteuerung günstiger sein.

→ Sind dagegen in den Jahren des Zuflusses der Raten nur noch Einkünfte im Bereich einer geringen Einkommensteuerprogression zu erwarten und erstreckt sich die Ratenzahlung über eine lange Zeit, so wird es i.d.R. günstiger sein, der Zuflussbesteuerung den Vorzug zu geben. Dabei sind ggf. auch zukünftig zu erwartende Steuergesetz- bzw. -tarifänderungen zu berücksichtigen.

7.1.3 Kauf bzw. Übertragung gegen wiederkehrende Leistungen

7.1.3.1 Renten

Definition: Rente

Eine weitere Möglichkeit im Rahmen der Zahlungsvarianten besteht in der Vereinbarung einer Verpflichtung zur Zahlung einer Rente an den Veräußerer. Eine Rente ist ein einheitlich nutzbares selbständiges Recht (Rentenstammrecht), das dem Berechtigten für die Lebensdauer eines Menschen oder für die Dauer von mindestens 10 Jahren eingeräumt ist und dessen Erträge aus fortlaufend wiederkehrenden, gleichmäßigen Leistungen in Geld oder vertretbaren Sachen bestehen. Gleichmäßige Leistungen liegen auch vor bei der Vereinbarung von Wertsicherungsklauseln (Anpassungsklausel an die allgemeinen Preissteigerungen), nicht aber bei schwankenden Bezugsgrößen wie Gewinn oder Umsatz.

Unterschied: Rente und dauernde Last

Bei diesen Bezugsgrößen würde es sich bei der wiederkehrenden Leistung um eine dauernde Last handeln, die hier an späterer Stelle behandelt werden soll (siehe Kapitel 7.1.3.2).

Abgrenzung Renten-Kaufpreisraten – Laufzeit < 10 Jahre Kaufpreisraten

Renten sind von den Kaufpreisraten abzugrenzen. Die Abgrenzung wird zum einen von der Laufzeit, zum anderen davon abhängig gemacht, ob der Vertrag mit einem Wagnis für die Beteiligten verbunden ist oder ob die Absicht des Veräußerers aus der Vereinbarung hervorgeht, seine Versorgung sicherzustellen. Bei einer Laufzeit bis zu 10 Jahren werden grundsätzlich Kaufpreisraten angenommen. Geht die Laufzeit über 10 Jahre hinaus, werden Zeitrenten und Kaufpreisraten steuerlich gleich behandelt, wenn in dem Vertrag die Absicht des Veräußerers zum Ausdruck kommt, sich eine Versorgung zu verschaffen.

Im Gegensatz zu den Kaufpreisraten besteht bei der Vereinbarung von Renten ein gewisses, mit den Zahlungen verbundenes Risiko. So könnte der Veräußerer der Apotheke frühzeitig sterben, was für den Erwerber bedeuten würde, dass im gleichen Jahr die restliche Rentenverpflichtung in voller Höhe ertragserhöhend aufgelöst werden müsste, wobei die Anschaffungskosten der Wirtschaftsgüter davon nicht berührt werden.

Auf der anderen Seite könnte der Veräußerer jedoch auch die bei der Barwertermittlung zugrunde gelegte Lebenserwartung deutlich übersteigen, so dass der neue Apothekeninhaber wesentlich mehr aufwenden müsste, als ursprünglich angenommen. Das allgemeine wirtschaftliche Risiko der Illiquidität des Käufers ist in beiden Fällen identisch.

Entscheidend für die steuerliche Behandlung der Rentenzahlungen beim Kauf einer Apotheke ist die Klärung der Frage, ob sich Leistung und Gegenleistung entsprechen oder ob der Versorgungscharakter der Rente überwiegt.

Ist der Erwerber der Apotheke ein Fremder, so wird in der Regel nicht zu prüfen sein, ob sich Leistung (Kaufpreis) und Gegenleistung (Apotheke) entsprechen, da ein fremder Dritter nicht bereit sein wird, mehr aufzuwenden, als er an Werten tatsächlich erhält.

Handelt es sich jedoch bei dem Erwerber um einen Angehörigen des Apothekeninhabers, so muss regelmäßig geprüft werden, wie die Leistungen im Zusammenhang mit der Übertragung des Apothekenvermögens zu qualifizieren sind.

Folgende Fälle sind für den Fall, dass der Erwerber ein Angehöriger ist, möglich:

- Fallgruppe I: Als Sonderausgaben abziehbare Versorgungsleistungen (Leibrente oder dauernde Last), vgl. Abschnitt Private Versorgungsrenten, Seite 130 f.
- Fallgruppe II: Gegenleistung (Entgelt oder Teilentgelt) im Rahmen eines Anschaffungsgeschäftes unter Sonderung des Zins oder Ertragsanteils, vgl. Abschnitte Betriebliche Veräußerungsrente, Betriebliche Versorgungsrente und Private Veräußerungsrente.
- Fallgruppe III: Freiwillige Zuwendung (Unterhaltsleistung nach § 12 Nr. 2 EStG), vgl. Abschnitt Private Versorgungsrente – Verkäuferseite.

Aus diesen Fallgruppen ergeben sich unterschiedliche steuerliche Rechtsfolgen, die in den folgenden Kapiteln jeweils mitbehandelt werden.

Bei Renten: Risiko

Betriebliche Veräußerungsrente

Käuferseite

Wenn Barwert der Rente dem Verkehrswert entspricht

Eine betriebliche Veräußerungsrente liegt vor, wenn die Rente dem echten Kaufpreis für die Veräußerung einer ganzen Apotheke entspricht, wobei Leistung und Gegenleistung so abgewogen sind, dass der Barwert der Rente dem Wert der übertragenen Gegenstände zuzüglich Firmenwert entspricht. Bei einer Betriebsveräußerung unter Fremden kann man regelmäßig von der Ausgewogenheit der Rentenvereinbarung ausgehen, da der Erwerber der Apotheke nicht bereit sein wird, über deren tatsächlichen Wert hinaus Zahlungen zu leisten. Entspricht somit der Barwert der Rente – ermittelt durch versicherungsmathematische Gutachten oder nach dem Bewertungsgesetz BewG (Jahresrente × Kapitalwertfaktor gem. Anl. 9 BewG = Gegenwartswert der Rente) – dem Verkehrswert des übertragenen Vermögens der Apotheke einschließlich stiller Reserven und Firmenwert im Veräußerungszeitpunkt, so gilt der Rentenbarwert als Anschaffungskosten und ist somit auf die einzelnen Wirtschaftsgüter aufzuteilen (vgl. Beispiel zur Barzahlung des Kaufpreises in Kapitel 7.1.1).

Übertragung zwischen nahen Angehörigen aber Leistung und Gegenleistung wie unter Fremden

Eine betriebliche Veräußerungsrente liegt auch vor, wenn Betriebsvermögen zwischen nahen Angehörigen übertragen wird und die Werte der Leistung und Gegenleistung wie unter Fremden nach kaufmännischen Gesichtspunkten gegeneinander abgewogen sind. Maßgebend ist, dass die Parteien subjektiv von der Gleichwertigkeit ausgehen. Es kann daher auch bei objektiver Ungleichwertigkeit ein Veräußerungsgeschäft vorliegen.[6]

Bei Vermögensübertragungen auf Familienangehörige besteht eine nur schwer widerlegbare Vermutung dafür, dass die Übertragung aus familiären Gründen, nicht aber im Wege eines ausgewogenen Veräußerungsgeschäftes erfolgt.[7] Zur Abgrenzung zur privaten Versorgungsrente ist R 12.1 EStR zu beachten.

bilanzielle Behandlung

Der Aktivierung der erworbenen Wirtschaftsgüter steht die Passivierung des ermittelten Barwertes als Verbindlichkeit gegenüber. Durch das zunehmende Alter des Rentenempfängers und durch die bereits geleisteten Rentenzahlungen vermindert sich der Rentenbarwert jedes Jahr, so dass er zu jedem Bilanzstichtag neu zu ermitteln und mit dem jeweiligen Wert zu passivieren ist (BFH v. 12.11.1985 VIII R 286/81, BStBl 1986 II S. 55).

---

6 Vgl.: BFH v. 29. 1. 1992, BStBl II, 465; BFH v. 30. 7. 2003, BStBl II, 211; BMF v. 16. 9. 2004, BStBl I, 922 Tz. 4, 50.

7 Vgl.: BFH v. 29. 1. 1992, BStBl II, 465; BFH v. 30. 7. 2003, BStBl. II, 211.

Der Saldo zwischen dem neu errechneten Wert und dem Rentenbarwert des vorangegangenen Jahres ist der Tilgungsanteil der Rentenverpflichtung, der für den Erwerber einen buchmäßigen Ertrag darstellt, wobei die laufenden Rentenzahlungen Betriebsausgaben sind. In dem Umfang, in dem die lfd. Rentenzahlungen die Barwertminderung übersteigen, ergibt sich der Zinsanteil der Rente, der sich als Betriebsausgabe gewinnmindernd auswirkt.

> Zinsanteil =
> echte Rentenzahlung
> ./. Barwertminderung
> der Verpflichtung p.a.

Eine Unterscheidung zwischen Veräußerungs-Leibrente und Veräußerungs-Zeitrente ist beim Käufer nur insoweit relevant, als sich je nach Rentenart unterschiedliche Barwerte ergeben können. Daher werden diese Renten beim Veräußerer ausführlich dargestellt.

Verkäuferseite

Die steuerliche Behandlung der betrieblichen Veräußerungsrente beim Verkäufer der Apotheke vollzieht sich ähnlich wie bei dem Verkauf gegen Raten (Laufzeit >10 Jahre) und soll daher nur verkürzt dargestellt werden (s. hierzu Kapitel 7.1.2.2). Beim Verkäufer ist allerdings zu unterscheiden zwischen der betrieblichen Veräußerungs-Leibrente und der betrieblichen Veräußerungs-Zeitrente.

Eine Veräußerungs-Leibrente ist eine Rente, die an die Lebensdauer des Veräußerers geknüpft ist und ggf. auch auf die Lebensdauer eines Angehörigen erweitert werden kann.

Beispiel: Verkauf einer Apotheke gegen die Vereinbarung einer lebenslangen Rente, wobei der Rentenanspruch beim Tod des Veräußerers auf dessen Ehefrau übertragen werden und erst bei ihrem Tod erlöschen soll.

Die Veräußerungs-Zeitrente ist dagegen nicht an die Lebensdauer des Veräußerers gekoppelt, sie endet mit dem vereinbarten Zeitablauf. Die Mindestlaufzeit beträgt hierbei 10 Jahre (sonst würde es sich um Kaufpreisraten handeln).

Es besteht wie beim Verkauf gegen Raten (Laufzeit > 10 Jahre) ein Wahlrecht zwischen sofortiger und nachträglicher Versteuerung:

■ **Sofortige Versteuerung** (unter Inanspruchnahme der Vergünstigungen gem. §§ 16, 34 EStG)

> *Ermittlung des Veräußerungsgewinns:*
> Rentenbarwert (R 16 Abs. 11 S. 4 EStR)
> ./. vom Veräußerer getragene Veräußerungskosten
> ./. Buchwert des Kapitalkontos
> ───────────────────────────────
> = Veräußerungsgewinn

Bei Höhe des Rentenbarwerts: Unterschied zw. Leibrente und Zeitrente
Veräußerungs**leib**rente

Bei der Ermittlung des Rentenbarwertes ergeben sich unterschiedliche Werte, je nachdem, ob es sich um eine Leibrente (Anlage 9 BewG) oder ob es sich um eine Zeitrente (Anlage 9a BewG) handelt.

Bei einer Veräußerungsleibrente hat der Rentenempfänger zusätzlich zur sofortigen Versteuerung des Veräußerungsgewinns jedes Jahr den Ertragsanteil der zugeflossenen Rente gem. § 22 Nr. 1 S. 3 a, lit. bb EStG zu versteuern.

Veräußerungs**zeit**rente

Wurde dagegen eine Veräußerungszeitrente vereinbart, so führt der in der Rente enthaltene Zinsanteil zu Einkünften aus Kapitalvermögen i. S. des § 20 Abs. 1 Nr. 7 EStG und der Verkäufer erhält hierfür den Sparerfreibetrag (zur Zeit € 750/1.500 Verheiratete).

▨ **Nachträgliche Versteuerung** des Veräußerungsgewinns

Zunächst erfolgt eine erfolgsneutrale Verrechnung der laufenden Rentenzahlungen mit dem Buchwert des Betriebsvermögens der Apotheke im Zeitpunkt der Veräußerung. Bei Überschreiten dieses Wertes erzielt der Veräußerer nachträgliche Einkünfte aus Gewerbebetrieb gem. § 24 Nr. 2 i. V. mit § 15 EStG ohne Abzug von Freibeträgen. Sollte die Rentenforderung des Veräußerers aus irgendwelchen Gründen vor Erreichung des steuerlichen Kapitalkontos ausfallen, so kann er einen betrieblichen Verlust in Höhe der Differenz auch noch nach Jahren steuerlich geltend machen.

Beispiel nachträgliche Versteuerung:
Unser Beispiel-Apotheker veräußert seine Apotheke zum 30.06.2007 gegen die Gewährung einer lebenslangen Rente. Der Rentenbarwert soll T€ 330 betragen, die monatliche Rente beträgt € 3.551,– und wird vom Erwerber bereits ab 01.07.2007 gezahlt. Die steuerlichen Buchwerte (= Kapitalkonto) betragen € 227.264,–.

Steuerliche Behandlung:
Die Renteneinnahmen bleiben so lange steuerfrei, bis die Rentenzahlungen den Buchwert überschritten haben.

	€
Steuerliche Buchwerte	227.264,–
./. 6 Monate 2007	21.306,–
./. 2008 bis einschl. 2011	170.448,–
4 Jahre × (12 × 3.551)	
./. 10 Monate 2012 (bis 31.10.)	35.510,–
	–,–
Rentenzufluss ab 01.11. bis 31.12.2012	
= zu versteuern in 2012 gemäß § 24 Nr. 2	7.102,–
i. V. m. § 15 EStG als nachträgliche Einkünfte	
aus Gewerbebetrieb	
Ab 2013 sind jährlich zu versteuern	42.612,–

Vergleicht man die beiden möglichen Varianten, so liegt der Vorteil der sofortigen Versteuerung darin, dass der Veräußerer, wenn er die entsprechenden Voraussetzungen erfüllt, die Vergünstigungen der §§ 16 Abs. 4 (Freibetrag) und 34 EStG (ermäßigter Steuersatz) in Anspruch nehmen kann.

Der Rentenzufluss ist dann jeweils nur mit dem darin enthaltenen Zinsanteil (= Ertragsanteil) steuerpflichtig, dessen prozentuale Höhe vom Alter des Veräußerers bei Beginn der Rente abhängig ist.

Geht man jedoch davon aus, dass die steuerlichen Vergünstigungen nicht mehr gewährt werden, soweit der Veräußerer in der Vergangenheit bereits eine steuerbegünstigte Veräußerung getätigt hat, so wird in aller Regel die Variante „nachträgliche Versteuerung des Veräußerungsgewinns" günstiger sein, da hier eine Verschiebung der steuerpflichtigen Einnahmen in spätere Jahre erfolgt, wenn zumeist die steuerpflichtigen Einkünfte des Veräußerers nicht mehr so hoch sind wie in seiner unternehmerisch „aktiven" Zeit. Hinzu kommt noch der Zinseffekt.

Im konkreten Einzelfall sind beide Varianten zu prüfen und im Hinblick auf die jeweiligen Gegebenheiten in der Steuergesetzgebung gegeneinander abzuwägen. Insbesondere ist auch die übrige Einkünftesituation zu bedenken.

Ratschläge:
Vorteil der sofortigen Versteuerung

Bei Wegfall der steuerlichen Vergünstigungen: andere Betrachtung

Betriebliche Versorgungsrente

Käuferseite

Eine betriebliche Versorgungsrente liegt vor, wenn anlässlich einer Betriebsveräußerung unter fremden Dritten die Rente dem Apothekeninhaber (= Rentenberechtigter) aus betrieblichen Gründen als Gegenleistung für früher im Betrieb erbrachte Leistungen und nicht aus privaten Gründen oder als Gegenleistung für die Übertragung von Wirtschaftsgütern zum Zwecke der Versorgung gezahlt wird. Sie kommt vor allem bei Personengesellschaften, ausnahmsweise bei Einzelunternehmen vor. Versorgungsrenten an Angehörige beruhen im Zweifel auf privaten Gründen.[8]

Definition:
... Rente nicht als Gegenleistung für eine Vermögensübertragung

Die jährlichen Rentenzahlungen des Käufers der Apotheke stellen in voller Höhe Betriebsausgaben dar. Da sich bei der betrieblichen Versorgungsrente Leistung und Gegenleistung i.d.R. nicht gleichwertig gegenüberstehen, sind die übernommenen Wirtschaftsgüter nicht zum Rentenbarwert zu aktivieren. Der Erwerber der Apotheke hat nach § 6 Abs. 3 EStG die Buchwerte des bisherigen Inhabers fortzuführen,

Renten = voll Betriebsausgaben

---

8 Vgl.: Schmidt, EStG, 25. Aufl., 2006, § 4 Rz 88

... dafür keine Erhöhung der Anschaffungskosten beim Erwerber (keine Abschreibungserhöhung)

da die Versorgungsrente nicht als Entgelt für den übertragenen Betrieb angesehen wird (BFH v. 27.4.1977, BStBl II 603).[9] Zahlt jedoch der Erwerber eine Abfindung in Höhe des Kapitalkontos an den Rentenempfänger, so stellt dieses Teilentgelt Anschaffungskosten nach § 6 Abs. 1 Nr. 7 EStG dar.[10]

Die Rentenverbindlichkeit darf beim Vorliegen einer betrieblichen Versorgungsrente nicht passiviert werden.[11] Fällt die Rentenverpflichtung, z.B. durch Tod des Berechtigten weg, kann somit beim Zahlungsverpflichteten auch kein Gewinn entstehen, da eine aufzulösende Verbindlichkeit nicht vorhanden ist.

Verkäuferseite

Bei der betrieblichen Versorgungsrente sind die laufenden Bezüge des Apothekenverkäufers in voller Höhe als nachträgliche Einkünfte aus Gewerbebetrieb gem. § 24 Nr. 2 i.V. m. § 15 EStG zu versteuern. Eine Verrechnung mit dem Wert des Kapitalkontos erfolgt hier nicht. Da ein Veräußerungsgewinn nicht zu ermitteln ist, sind hier auch die Vergünstigungen: Veräußerungsfreibetrag und/oder ermäßigter Steuersatz (§ § 16 Abs. 2, 34 EStG) nicht zu gewähren. Diese Einkünfte unterliegen nicht der Gewerbesteuer.

Private Veräußerungsrente

Die private Veräußerungsrente soll hier nur der Vollständigkeit halber mit behandelt werden. Sie spielt bei der Übertragung von Betriebsvermögen (= Apotheke) keine Rolle, sondern sie kommt vor im Zusammenhang mit der Veräußerung **privater** Vermögenswerte, z.B. Übertragung eines Mietwohngrundstücks gegen eine Leibrente auf Lebenszeit des Veräußerers, wobei Leistung und Gegenleistung nach kaufmännischen Gesichtspunkten abgewogen sind (vgl. Tz. 50ff. BMF v. 16. 9. 2004, BStBl I 04, S. 922).

Private Versorgungsrenten

Käuferseite

– Zwischen nahen Angehörigen

– Leistung und Gegenleistung entsprechen sich nicht

– Versorgungscharakter im Vordergrund

In Fällen, in denen existenzsicherndes Vermögen (hier: Apotheke) zwischen nahen Angehörigen (vor allem Eltern/Kinder) gegen Versorgungsleistungen übergeben wird und die Rente nicht nach kaufmännischen Grundsätzen bemessen ist, handelt es sich in der Regel um eine private Versorgungsrente. Die Vermögensübergabe gegen Versorgungsleistungen ist grundsätzlich an das Vorliegen von Leistungen auf

---

9 Vgl.: Jansen/Wrede, a. a. O., Rz 365
10 Vgl.: Jansen/Wrede, a. a. O., Rz 363
11 Vgl.: BFH v. 20.07.1978 IV R 43/74, BStBl 1979 II S. 9; BFH v. 20.10.1978 VI R 107/77, BStBl 1979 II S. 176

die Lebenszeit des Empfängers geknüpft und an das Vorliegen einer klaren und eindeutigen Vereinbarung zwischen Übergeber und Empfänger des Vermögens. Finden Betriebsübertragungen auf diese Weise statt, so spricht man von vorweggenommener Erbfolge. Darunter sind Vermögensübertragungen unter Lebenden mit Rücksicht auf die künftige Erbfolge zu verstehen. Der Übernehmer soll nach dem Willen der Beteiligten wenigstens teilweise eine unentgeltliche Zuwendung erhalten.[12] Die steuerliche Behandlung der Rente ist davon abhängig,[13] ob es sich um so genanntes privilegiertes Vermögen handelt. In einer ersten Prüfungsstufe wird daher überprüft, ob es sich bei der Übertragung des Vermögens um so genannte existenzsichernde Wirtschaftseinheit handelt. Dies ist bei Übergabe einer Apotheke in aller Regel erfüllt. Ist die erste Prüfungsstufe zu bejahen, so ist im Rahmen einer zweiten Prüfung der Frage nachzugehen, ob eine ausreichend Ertrag bringende Wirtschaftseinheit übertragen wird[14].

Hierzu neueste Rechtsprechung:
Zu welchem Typus ist der Vermögensübergabevertrag einzuordnen?
– existenzsichernd?
– ertragbringend?

> ### 1. Prüfungsstufe
> ### Übergabe einer existenzsichernden Wirtschaftseinheit?
> ### wenn ja:
> ### 2. Prüfungsstufe
>
> ausreichend Ertrag bringend?
> (Rspr. des X. Senats).
> Versorgungsleistung nicht höher als langfristig erzielbarer Ertrag?
> Rechtsfolgen:
> - ▪ regelmäßig dauernde Last, Bezugnahme auf § 323 ZPO nicht erforderlich;
> - ▪ Ausnahme: Leibrente, wenn Abänderbarkeit ausdrücklich ausgeschlossen ist.

Bei Apotheken der Fall

Eine ausreichend Ertrag bringende Wirtschaftseinheit liegt vor, wenn nach überschlägiger Berechnung die Versorgungsleistungen nicht höher sind, als der langfristig erzielbare Ertrag des übergebenen Vermögens. Die Versorgungsleistungen müssen durch entsprechende Erträge aus dem übernommenen Vermögen abgedeckt sein. Davon ist

Erträge müssen ausreichen, um Versorgungsleistungen zu erbringen.

---

12 Vgl.: BMF v. 16.9.2004, BStBl. I, 922, Tz. 10; Beschluss des Großen Senats des BFH vom 5.7.1990, BStBl II S. 847
13 Vgl.: BMF v. 23.12.1996, BStBl. I, S. 1508 geändert durch BMF vom 30.10.1998, BStBl I S. 1417
14 Die noch in der Vorauflage erwähnte „Typus 2"-Regelung ist nach Rechtsprechung des BFH obsolet (vgl. BFH GrS v. 1/00 v. 12.5.2003). Typus 2 ist letztmals für Vermögensübertragungen aufgrund eines vor dem 1.1.2004 abgeschlossenen Vertrages anzuwenden (vgl. BMF v. 16.9.2004, BStBl. I, 922, Tz. 4).

auszugehen, wenn nach den Verhältnissen im Zeitpunkt der Vermögensübergabe der durchschnittliche jährliche Ertrag ausreicht, um die jährlichen Versorgungsleistungen zu erbringen.

Bei der Übertragung von Apotheken gegen wiederkehrende Leistungen im Wege der vorweggenommenen Erbfolge, besteht eine nur in Ausnahmefällen (z. B. mehrjährige Verluste) widerlegbare Vermutung dafür, dass die Erträge ausreichen, um die wiederkehrenden Leistungen zu erbringen.

Damit liegen keine Anschaffungskosten vor. Der Berechtigte erzielt Renteneinkünfte.

Unterhaltsleistungen (Zuwendungen) dürfen nach § 12 Nr. 2 EStG nicht abgezogen werden. Diese liegen vor, wenn es sich nicht um eine existenzsichernde und/oder nicht ausreichende ertragbringende Wirtschaftseinheit handelt. Die wiederkehrenden Leistungen nach § 12 Nr. 2 EStG sind dann nicht abziehbare Unterhaltsleistungenn und damit steuerlich beim Leistenden nicht zu verwerten.

Als SA voll abziehbar; Buchwertfortführung

Versorgungsleistungen bei denen beide Prüfungsstufen zu bejahren sind, sind beim Verpflichteten in vollem Umfang als Sonderausgaben abziehbare dauernde Lasten (§ 10 Abs. 1 Nr. 1a EStG), wenn sie abänderbar sind. Versorgungsleistungen, die im Rahmen einer Vermögensübergabe vereinbart werden, sind regelmäßig abänderbar[15]. Der Verpflichtete (Sohn) erwirbt die Apotheke unentgeltlich und führt die Buchwerte des Übergebers (Vater) fort (§ 6 Abs. 3 EStG).

Versorgungsleistungen sind dagegen eine nur mit dem Ertragsanteil als Sonderausgabe abziehbare Leibrente (§ 10 Abs. 1 Nr. 1a Satz 2 EStG), wenn und soweit die Vertragsparteien ihre Abänderbarkeit ausdrücklich ausschließen. Eine Wertsicherungsklausel begründet allein keinen Ausschluss der Abänderbarkeit.

Eine ursprünglich abgeschlossene Leibrentenverpflichtung kann durch einen zivilrechtlich wirksamen Änderungsvertrag mit Wirkung für die Zukunft in eine dauernde Last umgewandelt werden.

Private Versorgungsrente – Verkäuferseite

Rente: Voll steuerpflichtig; kein Veräußerungsgewinn

Die Versorgungsleistungen sind beim Empfänger (= Vater) in vollem Umfang steuerpflichtige wiederkehrende Bezüge und gem. § 22 Nr. 1 Satz 1 EStG als sonstige Einkünfte zu versteuern. Der Empfänger der Versorgungsleistungen erzielt keinen Veräußerungsgewinn.

Vorsicht bei Weiterverkauf:

Verkauft oder überträgt der Empfänger des Vermögens die Apotheke, endet grundsätzlich der Zusammenhang mit der Vermögensübergabe. Die Rente ist dann weiterhin zu zahlen, darf aber nicht mehr abgezo-

---

15 Vgl.: BFH-Urteil v. 11.03.1992 – BStBl. II Seite 499, BMF-Schreiben v. 23.12.1996, Rz. 36

gen werden. Eine Versteuerung durch den Rentenempfänger muss nicht mehr erfolgen.[16]

7.1.3.2 Kauf gegen Vereinbarung einer dauernden Last

Die wiederkehrenden Bezüge im Zusammenhang mit dem Verkauf einer Apotheke können auch in der Vereinbarung einer dauernden Last bestehen. Dauernde Lasten sind auf besonderer Verpflichtung beruhende wiederkehrende Leistungen, die auf unbestimmte Zeit oder für mindestens zehn Jahre aufgebracht werden müssen. Eine Gleichmäßigkeit der Leistung ist weder in den Zeitabständen noch in der Höhe erforderlich. Dies ist der wesentliche Unterschied zur Leibrente. Bei dauernden Lasten besteht die Möglichkeit der Abänderbarkeit i.S. des § 323 ZPO. Der BFH hat mit Urteil vom 13.12.2005 (BFH/NV 2006, S. 1003) entschieden, dass die Erhöhung einer dauernden Last auf Grund der geänderten Bedürfnisse des Versorgungsempfängers solange unschädlich sind, wie sie aus denen im Zeitpunkt der Übergabe erzielbaren Nettoerträge bestritten werden kann.

Beispiel für eine dauernde Last: Vereinbarung der Apothekenübergabe gegen eine jährliche Zahlung von 10 % des Jahresgewinns aber mindestens 10 % von € 50.000.

Definition

Wesensmerkmal: Keine Gleichmäßigkeit der Leistung

Betriebliche dauerende Last

Käuferseite

Ist die dauernde Last betrieblich veranlasst, liegt ihr also die Apothekenveräußerung unter fremden Dritten zugrunde, so gelten für die steuerliche Behandlung im Wesentlichen die gleichen Grundsätze, wie für betriebliche Veräußerungsrenten (vgl. Abschnitt Betriebliche Veräußerungsrente, Seite 124). Der Erwerber der Apotheke aktiviert die Wirtschaftsgüter mit ihren Teilwerten und passiviert die Verpflichtung mit ihrem Barwert. Der Zinsanteil in der dauernden Last stellt eine Betriebsausgabe dar.

Wie betriebliche Veräußerungsrente

Steht bei der Vereinbarung der dauernden Last der Versorgungsgedanke im Vordergrund, so ergibt sich für den Apothekenerwerber das gleiche Bild wie bei der betrieblichen Versorgungsrente (vgl. Abschnitt Betriebliche Versorgungsrente, Seite 127); die dauernde Last stellt beim Käufer in voller Höhe Betriebsausgabe dar, die Wirtschaftsgüter sind gem. § 6 Abs. 3 EStG mit ihren Buchwerten fortzuführen.

Wie betriebliche Versorgungsrente

Verkäuferseite

Handelt es sich um eine betrieblich veranlasste dauernde Last, so erfolgt die Behandlung beim Veräußerer ebenso wie bei den betriebli-

Wie bei betrieblicher Veräußerungszeitrente

---

16 Vgl.: BMF v. 16.9.2004, BStBl. I, S. 922, Tz. 28.

chen Veräußerungszeitrenten (vgl. Kapitel 7.1.3.1, Seite 126). D.h., dass nur der Zinsanteil der dauernden Last zu Einkünften aus Kapitalvermögen i.S. des § 20 Abs. 1 Nr.7 EStG führt und der Veräußerer hierfür den Sparer-Freibetrag gemäß § 20 Abs. 4 EStG (z.Z. € 750 Ledige/ 1.500 Verheiratete) erhält.

Steht bei der dauernden Last der Versorgungsgedanke im Vordergrund, so erzielt der Verkäufer der Apotheke aus den Zahlungen in voller Höhe nachträgliche Einkünfte aus Gewerbebetrieb gem. § 24 Nr. 2 i.V. mit § 15 EStG. Es erfolgt dann keine Verrechnung mit dem Kapitalkonto und es werden weder ein Freibetrag noch ein ermäßigter Steuersatz gewährt.

Private dauernde Last

Käuferseite

Übertragung unter Angehörigen

Eine private dauernde Last liegt vor, wenn eine Apotheke im Rahmen der Vermögensübergabe gegen Versorgungsleistungen unter Angehörigen übergeben wird und folgende Voraussetzungen erfüllt sind:

– Kein Vollentgelt
– Lebenszeit

▨ Die dauernde Last darf kein Vollentgelt für den Betrieb darstellen und sie muss auf die Lebenszeit des Veräußerers/Übergebers gewährt werden. Der Vorteil der Vereinbarung einer dauernden Last liegt in der Absicherung des Betriebsübergebers nach der Übergabe der Apotheke und ist damit nur im Rahmen einer vorweggenommenen Erbfolge sinnvoll.

– Vereinbarung
– abänderbar

▨ Es ist eine klare und eindeutige Vereinbarung erforderlich und die Versorgungsleistungen müssen nach § 323 ZPO abänderbar sein (sonst Leibrente).

▨ Es muss existenzsicherndes Vermögen übertragen werden (bei Apotheken/Betrieben geht der Gesetzgeber davon aus, dass dem so ist).

▨ Es müssen so genannte privilegierte Empfänger und Übergeber des Vermögens vorliegen. In der Regel ist dies die Familie.

Beispiel:[17]

Vater V übeträgt Sohn S eine Apotheke (Buchwert € 50.000,–; Teilwert T€ 500,–; jährlicher Ertrag € 50.000,–). Im Übergabevertrag verpflichtet sich S gegenüber V zu lebenslänglichen und nach § 323 ZPO abänderbaren Versorgungsleistungen in Höhe von monatlich € 2.000,–, jährlich € 24.000,–.

---

17 Vgl.: BFH v. 16.09.1965, BStBl. III S. 706

Lösung:

(1) Versorgungsleistung (T€ 24) ist < jährlicher Ertrag
    (ausreichend ertragbringende und existenzsichernde Wirtschafts-
    einheit gem. Tz. 7ff, 19ff. BMF v. 15.9.2004)
(2) Versorgungsleistung ist abänderbar (also dauernde Last)
(3) *Steuerliche Folgen beim Erwerber = S:*
    ▨ S erwirbt den Betrieb unentgeltlich und führt somit die Buch-
      werte des V fort (§ 6 Abs. 3 EStG).
    ▨ Die Versorgungsleistungen von monatlich € 2.000,– kann S als
      Sonderausgabe gemäß § 10 Abs. 1 Nr.1a EStG in voller Höhe
      abziehen.

Verkäuferseite
Steuerliche Folgen beim Übergeber = V:

▨ V erzielt analog keinen Veräußerungsgewinn i.S.d. § 16 I Nr.1 EStG
▨ Die Leistungen von S hat V in voller Höhe als sonstige Einkünfte
  (§ 22 EStG) zu versteuern.

Hinweis:
Zum Zeitpunkt der Drucklegung wurde das Jahressteuergesetz 2008 im
Entwurf bekannt gegeben. Dort wurden die Regelungen zur Vermögensübergabe gegen Versorgungsleistungen (S. 128 ff Private Versorgungsrente) abgeändert bzw. angepasst.
Der Umfang der existenzsichernden Wirtschaftseinheit wurde eingeschränkt. Soweit derzeit abschätzbar, ergeben sich für die Übergabe
von Apotheken keine Änderungen. Lediglich für so genannte Misch-
fälle (Übertragung einer Apotheke und beispielsweise eines Mietwohn-
grundstückes) sind Einschränkungen für Verträge, die nach dem
1.1.2008 abgeschlossen werden, vorgenommen worden.
Künftig (ab dem 1.1.2008) werden nur noch Einzelunternehmen (z. B.
Apotheken) und Mitunternehmeranteile (z. B. Apotheken-OHG) und
bestimmte Fälle von GmbH-Beteilungen sowie land- und forstwirt-
schaftliches Vermögen (die hier nicht relevant sind) begünstigt sein.
Darüber hinaus entfällt die Unterscheidung Rente und dauernde Last.
Künftig wird es nur noch die dauernde Last geben. Das bedeutet, Son-
derausgabenabzug in voller Höhe mit korrespondierender Versteuerung beim Empfänger der dauernden Last. Verträge, die vor dem
31.12.2007 abgeschlossen wurden, werden dann nach der alten
Rechtslage weiter gelten.
Auch hier gilt: Für derartige Fälle sollte dringend der erfahrene steuerliche Berater herangezogen werden.

7.2 Umsatzsteuer

Geschäftsveräußerung kein steuerbarer Umsatz

Die Umsatzsteuer stellt seit dem 1.1.1994 bei Geschäftsveräußerungen kein Problem mehr dar, da durch das Steuermissbrauchsbekämpfungsgesetz (StMBG) der Tatbestand der Geschäftsveräußerung durch den Gesetzgeber als nicht steuerbar gestellt wurde (vgl. § 1 Abs. 1a UStG). Von einer Geschäftsveräußerung i.S. des Gesetzes geht man aus, wenn die wesentlichen Grundlagen eines Unternehmens oder eines gesondert geführten Betriebes an einen Unternehmer für dessen Unternehmen übertragen werden. Das gilt auch dann, wenn der Erwerber erst mit dem Erwerb des Unternehmens seine unternehmerische Tätigkeit beginnt[18]. In diesen Fällen vollzieht sich demnach der Veräußerungsvorgang umsatzsteuerneutral.

7.3 Gewerbesteuer

Keine Gewerbesteuer auf Veräußerungsgewinn

Der Gewinn aus der Veräußerung oder die Aufgabe eines Gewerbebetriebs (Apotheke) gehört nicht zum Gewerbeertrag, soweit ein Einzelunternehmen oder ein Anteil an einer Personengesellschaft veräußert wird.[19]

Somit vollzieht sich der Verkauf oder die Übertragung einer Apotheke für den Veräußerer gewerbesteuerneutral.

---

18 Vgl.: A 5 Abs. 1 UStRR zu § 1 Abs. 1 a UStG
19 Vgl.: R 39 Abs. 1 Nr.1 GewStR zu § 7 S. 2 GewStG

8 Was verbleibt dem Verkäufer unter dem Strich nach Erhalt des Kaufpreises unter Abzug aller Verbindlichkeiten und Steuerzahlungen?

Die im Beratungsalltag von den verkaufswilligen Mandanten am häufigsten gestellte Frage ist die nach dem erzielbaren Nettobetrag aus dem Verkauf der Apotheke. Bei der komplexen Materie ist diese Frage sehr verständlich, da ein verkaufswilliger Apotheker wohl kaum in der Lage sein wird, alle Faktoren zur Ermittlung des Nettoerlöses nach Abzug seiner Verbindlichkeiten und der zu zahlenden Steuern zu ermitteln.

Aus diesem Grunde soll für die praktische Handhabung an unserem Beispielfall gemäß Kapitel 4.1.1 und auf der Basis des hierfür gemäß Kapitel 6.1 ermittelten Kaufpreises in Höhe von T€ 330 ermittelt werden, welchen Nettoerlös unter Berücksichtigung aller Faktoren der Apotheker erzielt:

Annahmen für unser Beispiel:

Kaufpreis gemäß Kapitel 6.1   T€ 330

- ▨ Gemäß Kaufvertrag beinhaltet dieser Kaufpreis den Übergang des Anlagevermögens, des Warenbestands und des Geschäftswertes. Die restliche Abwicklung der Forderungen und Verbindlichkeiten ist Sache des Verkäufers.
- ▨ Es wird Folgendes angenommen (Bilanzwerte zum Übergabezeitpunkt seitens des Verkäufers):

	€
– Forderungen	45.000,–
– Kasse/Bankguthaben	11.000,–
– Sonstige Forderungen	3.500,–
= Summe der Forderungen (= Vermögenswerte)	59.500,–
– Rückstellungen	15.000,–
– Langfristige Verbindlichkeiten	45.000,–
– Verbindlichkeiten aus Lieferungen und Leistungen	56.000,–
– Sonstige Verbindlichkeiten	7.500,–
= Summe der Verbindlichkeiten (= Schulden)	123.500,–

       – Saldo der Forderungen und der Verbindlichkeiten   € 64.000,–
       (negativer Saldo)
       (Zu den Zahlen vgl. Abschnitt 7.1.1.2)

▨ Der Veräußerungsgewinn beträgt T€ 170 (auf Kapitel 7.1.1.2 wird verwiesen).

▨ Käufer und Verkäufer vereinbaren Barzahlung des Kaufpreises.

▨ Unter den gemäß Kapitel 7.1.1.2 dargestellten Voraussetzungen ergibt sich eine Einkommensteuer in Höhe von € 31.134,– auf den Veräußerungsgewinn (isoliert auf den Verkauf bezogen).

Berechnung des beim Verkäufer verbleibenden Nettobetrages:
Nunmehr sind alle Daten vorhanden, um den verbleibenden Nettobetrag aus dem Verkauf der Apotheke für den Verkäufer zu ermitteln.

▨ Kaufpreis der Apotheke   € 330.000,–
   abzüglich vom Verkäufer selbst abzuwickelnde
   Forderungen und Verbindlichkeiten – im Saldo
   ein Negativbetrag in Höhe von   ./. € 64.000,–
   abzüglich hierauf zu zahlende Einkommen-   ./. € 31.134,–
   steuer
   verbleibender Nettobetrag für den Verkäufer   **€ 234.866,–**

Aus dem Verkauf der Apotheke mit einem Kaufpreis in Höhe von € 330.000,– verbleibt im vorliegenden Fall – unter Berücksichtigung des halben Steuersatzes – ein Nettobetrag in Höhe von € 234.866,–. Dieses Ergebnis ist selbstverständlich für jede Apotheke individuell zu ermitteln. Ferner müssen auch die übrigen Einkünfte versteuert werden. Dies haben wir hier zur Vereinfachung weggelassen. Das Ergebnis richtet sich sehr stark nach der Höhe des Eigenkapitals der Apotheke bzw. ob Verbindlichkeiten bestehen, denen nicht entsprechend höhere Forderungen gegenüberstehen. Im Endergebnis ist also das bisherige Entnahmeverhalten des Apothekers sicherlich auch entscheidend dafür, ob von dem erzielten Kaufpreis negative Werte abzuziehen sind, um den Saldo der Forderungen und Verbindlichkeiten abzudecken oder, ob dieser Saldo sogar positiv ist. Im vorliegenden Beispiel war der Saldo negativ.

Bisheriges Entnahme-
verhalten ist wichtig.

Ratschlag:
An einen evtl.
negativen Saldo aus
der Abwicklung der
Forderungen und
Verbindlichkeiten den-
ken und frühzeitig
Schulden tilgen

Es ist in diesem Zusammenhang von Beraterseite sicherlich sinnvoll, rechtzeitig den Mandanten darauf hinzuweisen, in den letzten Jahren vor einem beabsichtigten Verkauf einer Apotheke entsprechende Tilgungsleistungen bzw. den Abbau von Verbindlichkeiten verstärkt ins Auge zu fassen. Ansonsten rechnet sich der Apotheker ein hohes Verkaufsergebnis aus (das er vielleicht sogar erzielt), zieht evtl. im Geiste nur noch die hierauf entfallenen Steuern ab und vergisst, dass er noch den negativen Saldo aus den Forderungen und Verbindlichkeiten, die er bekanntlich selber abwickeln muss, zu berücksichtigen hat. Dies kann zu unangenehmen Überraschungen führen. Im vorliegenden Beispielfall – der durchaus den normalen Verhältnissen entspricht – waren es immerhin T€ 64, die vom Verkaufspreis abzuziehen sind, weil hiervon der Schuldenüberhang gegenüber den Forderungen noch bezahlt werden musste. Zur Vermeidung von finanziellen Fehlbeträgen sollte der Apotheker über diesen Umstand informiert sein.

9 Folgen aus dem Kauf für den Käufer – Geldverwendungsrechnung

In der Praxis unterlassen die Käufer nicht selten die unabdingbar notwendige Geldverwendungsrechnung, die unter Berücksichtigung auch der privaten Ausgaben zeigen soll, ob das Investitionsvorhaben – hier Kauf einer Apotheke – überhaupt finanzierbar ist.

Beispielapotheke im Vorort einer Großstadt Anhand unseres Beispiels soll nun nachgeprüft werden, wie sich der vorliegende Fall für den Käufer darstellt.

Hierzu wieder eine Zusammenfassung der Annahmen:

- Kaufpreis: € 330.000,–
- Die Finanzierungszinsen sind bereits in der Gewinn- und Verlustrechnung berücksichtigt.
- Gemäß Kapitel 4.4, ergibt sich als Gewinn gemäß dortiger Annahmen ein Betrag in Höhe von T€ 104,7 (T€ 39,7 zuzüglich kalkulatorischem Unternehmerlohn in Höhe von T€ 65).
- Es sei festgehalten, dass es sich hierbei um den langfristigen Gewinn handelt, der kurz nach Kaufphase sicherlich noch deutlich höher sein würde. Hierauf gehen wir aber an dieser Stelle nicht ein.
- Steuerliche Belastung dieses Gewinns für ein Ehepaar unter Berücksichtigung der üblichen Sonderausgaben u.a.   rd. € 24.600,–
- Tilgung des Kaufpreises soll über einen Zeitraum von 10 Jahren erfolgen (ebenfalls vereinfachte Annahme):
  Tilgung pro Jahr   rd. € 33.000,–
- Jährliche Lebenshaltungskosten   € 31.000,–
- Altersversorgungs- und Versicherungsbeiträge   € 15.000,–

Hieraus ergibt sich folgende Geldverwendungsrechnung:

Unterstellter Gewinn im Durchschnitt der nächsten Jahre	T€ 104,7
./. Steuern	T€ 24,6
./. Lebenshaltungskosten	T€ 31,–

./. Altersversorgungs- und Versicherungskosten	T€ 15,–
./. Tilgung für den Kaufpreis der Apotheke	T€ 33,–
Verbleibende Reserve pro Jahr	T€ 1,1

Über den Ansatz der einzelnen Positionen kann man trefflich streiten. Es soll sich insoweit nur um ein Beispiel handeln. Tatsache ist, dass jeder Käufer eine derartige Geldverwendungsrechnung erstellen muss, um zu erkennen, ob er überhaupt in der Lage ist, eine Apotheke in der beabsichtigten Form zu erwerben. Das Beispiel im Ratschlag zu Kapitel 6.5 zeigt einleuchtend, dass es auch zu hohe Kaufpreise gibt, die letztlich dazu führen, den Käufer in Schwierigkeiten zu bringen.

Die Geldverwendungsrechnung soll den Käufer vor derartigen Problemen bewahren.

Ratschlag

10 Durchführung des Aquisitionsprozesses

Im Zusammenhang mit dem Erwerb einer Apotheke ist insbesondere aus der Sicht des Käufers eine Vielzahl von Maßnahmen zu ergreifen, die hier nur auszugsweise dargestellt werden können.

10.1 Finanzierung

Auf eine grundlegende Darstellung aller Finanzierungsvarianten wird verzichtet. Die Ausführungen beschränken sich auf die im Zusammenhang mit Apothekenübertragungen gängigen Finanzierungsarten.

An erster Stelle der Finanzierungsmöglichkeiten ist das Eigenkapital zu nennen, das der Käufer aufbringen kann. Es reduziert den Fremdkapitalbedarf und bildet eine wichtige Grundlage für die Kreditwürdigkeit. Die eigenen Mittel können in Bargeld, Wertpapieren, Lebensversicherungen mit Rückkaufwert, angesparten Bausparverträgen, Schmuck und Kunstgegenständen und auch in Immobilien bestehen.

Das darüber hinaus notwendige Fremdkapital wird mittel- und/oder langfristig in den meisten Fällen von den Banken zur Verfügung gestellt, soweit der Erwerber nicht die Möglichkeit hat, dieses aus seinem privaten Bereich oder von Verwandten zu beschaffen.

In diesem Zusammenhang erwähnenswert sind die verschiedenen Kreditprogramme des Bundes und der Länder zur Gründung selbständiger Existenzen, die besondere Beachtung verdienen. Eine Gesamtdarstellung sämtlicher Förderprogramme würde wegen der sich ständig ändernden Aktualität den Rahmen dieses Buches sprengen. Darüber hinaus ist die Hausbank bei der Vergabe der meisten Förderungsmittel ohnehin einzuschalten, so dass dieser hinsichtlich der Vergabe der optimalen Fördermittel die entscheidende Kompetenz zufällt. Auch die Kredit gewährenden Stellen, wie

- Deutsche Ausgleichsbank
- Kreditanstalt für Wiederaufbau
  geben Informationen über die jeweils
  gültigen Richtlinien und Konditionen.

Einige Grundregeln sind für alle Programme und auch die übrigen Bankkredite gleichermaßen zu beachten:

- Zum Zeitpunkt der Beantragung der Mittel darf mit Existenzgründungsvorhaben noch nicht begonnen worden sein.
- Auch Eigenmittel müssen für das Vorhaben eingesetzt werden (zwischen 10 und 20 %). Damit soll die Identifikation des Existenzgründers mit seinem Vorhaben dokumentiert werden (Risiko des Verlustes seiner Eigenmittel).
- In der Regel nur Förderung der ersten Existenzgründung.
- Bei Antragstellung muss fachliche Qualifikation des Gründers nachgewiesen werden.
- Finanzierungshilfen werden nur gewährt, wenn das Vorhaben eine nachhaltige, tragfähige Vollexistenz erwarten lässt. Hierzu sind folgende Unterlagen zusätzlich einzureichen:
  - Aufstellung der geplanten Investitionen
  - Rentabilitätsvorschau
  - Lebenslauf mit Qualifikationsnachweis
  - Bei vorgesehener Betriebsübernahme: möglichst die drei letzten Bilanzen des zu übernehmenden Betriebes (bei Neugründung Rentabilitätsvorschau für die nächsten zwei bis drei Jahre)
  - Stellungnahme der zuständigen Handelskammer oder anderer Institutionen.

Im Apothekenbereich kommen im Wesentlichen

- Eigenkapitalhilfe- und
- Existenzgründungsdarlehen

in Betracht.

Während die Eigenkapitalhilfedarlehen ohne Sicherheitengestellung gewährt werden, sind die Existenzgründungsdarlehen banküblich abzusichern.

Zusammenfassend sei festgehalten, dass die Finanzierung von Apotheken unter 1,2 Mio. sicherlich von den Banken restriktiver gehandhabt wird, als dies in früheren Jahren der Fall war.

Die für eine Finanzierung kritischen Größenordnungen

10.2 Mietvertrag

Es wurde bereits an anderer Stelle darauf verwiesen, welche Bedeutung die Laufzeit des Mietvertrages für den Käufer hat. Insoweit wird auf Kapitel 4.5.4 verwiesen und zu den Ratschlägen 1 und 2 dieses Kapitels. Im Rahmen von Ausführungen zu der „Durchführung des Aquisitionsprozesses" muss der Vollständigkeit halber dieser Aspekt noch einmal deutlich herausgestellt werden.

10.3 Rechtliche Fragen der Apothekenübernahme

10.3.1 Üblicher Verfahrensablauf

Wenn ein Apotheker seine Apotheke an Fremde – für Familienmitglieder gelten selbstverständlich andere Grundsätze – veräußern möchte, gibt es für den technischen Verfahrensablauf unterschiedliche Möglichkeiten.

Für den Fall, dass der Apotheker aus dem Kollegenkreis bereits Interessenten kennt, erübrigt sich in der Regel, wenn man sich hinsichtlich des Kaufpreises einig wird, die Kandidatensuche.

Möglichkeiten der Käuferfindung

Schwieriger wird es, wenn – und dies ist der Regelfall – der Apotheker beabsichtigt, innerhalb einer gewissen Zeit die Apotheke zu verkaufen und der Käufer noch nicht bekannt ist. Hier hat der Apotheker folgende Möglichkeiten zur Käuferfindung (wobei die Aufzählung keinen Anspruch auf Vollständigkeit erhebt):

1. Über Kontakte durch den Großhandel

   Anmerkung:
   Dies könnte dann problematisch werden, wenn der Großhandel dem Käufer zu viele Informationen gibt, über die der Großhandel in der Regel verfügt. Dies muss im Einzelfall je nach Vertrauensverhältnis zu den Mitarbeitern des Großhandels entschieden werden. An sich ist der Großhandel durch seine vielen Kontakte für die Verschaffung von Kaufinteressenten durchaus prädestiniert.

2. Anfragen bei der Apothekerkammer und den Apothekerverbänden.
3. Kontaktaufnahme über den Steuerberater, wenn dieser sich in der Branche auskennt und über entsprechende Informationen hinsichtlich kaufwilliger Apotheker verfügt.
4. Spezialisierte Apothekenvermittlungsgesellschaften oder Apothekenvermittler, die professionell die Vermittlung angehen.
5. Anzeigen.

Ablauf

Nachfolgend soll davon ausgegangen werden, dass in jedem Fall mehrere Interessenten zur Auswahl stehen. Für den Verkäufer empfiehlt sich dann folgendes Vorgehen:

1. Es wird in der Regel von einem Fachmann im Auftrag des verkaufswilligen Apothekers ein Bewertungsgutachten mit der Aufführung aller für den Interessenten wichtigen Parameter erstellt.
2. Dieses Gutachten wird an die Kaufinteressenten gesandt oder in einem persönlichen Gespräch (empfehlenswert!) überreicht (s. Kapitel 10.3.2 Geheimhaltungspflichten).
3. Ideal wäre, wenn eine Frist für ein Kaufpreisangebot gesetzt werden könnte, soweit genügend Interessenten vorhanden sind und an der

Apotheke ein Interesse besteht (soweit also der Apotheker eine gewisse Marktmacht hat).

4. Anhand der vorliegenden Angebote wird vom Apotheker entschieden, wer in die Endverhandlung eintreten kann. In der Regel wird das höchste Gebot den Ausschlag geben, dies muss aber nicht sein.

5. Die Fristen sollten relativ kurz gesetzt werden, damit sich die Apotheke nicht „zerredet".

10.3.2 Geheimhaltungspflichten

Der Kaufinteressent wird im Verlauf der Verhandlungen erhebliche Einblicke in die Geschäftsgeheimnisse gewinnen. Für beide Parteien ist aus diesem Grunde die Verpflichtung abzuleiten, die Kaufverhandlungen vertraulich zu behandeln. Hierzu sollten vertragliche Regelungen getroffen werden. Allerdings darf der Nutzen nicht überschätzt werden. Der Verletzungsnachweis ist schwierig zu führen. Auch dass ein Schaden entstanden ist, ist schwer nachweisbar. Das letzte Problem kann man allerdings durch die Vereinbarung einer Vertragsstrafe regeln, die unabhängig von einem Schadensnachweis zu zahlen ist.

Vertraulichkeit vereinbaren

Die Einschaltung des Steuerberaters oder eines Unternehmensmaklers bietet insoweit eine gewisse Gewähr, dass Verhandlungen nur mit ernsthaften Interessenten begonnen werden, die evtl. zunächst nur die Zahlen erhalten und nicht auch den Namen des verkaufswilligen Apothekers.

10.3.3 Culpa in contrahendo, § 311 Abs. 2 BGB (Redliche Verhandlungsführung)

„Auch der willkürliche Abbruch von Vertragsverhandlungen begründet [...] in der Regel keine Ansprüche der jeweils anderen Partei, und zwar auch dann nicht, wenn dies im Hinblick auf die Verhandlungen erhebliche Aufwendungen [...] gemacht hat. Etwas anderes kann jedoch gelten, wenn derjenige, der die Verhandlungen ohne triftigen Grund abbricht, bei der anderen Partei besonderes Vertauen in den bevorstehenden Vertragsabschluss geweckt hat. Unredlich ist es auch Vertragsverhandlungen aufzunehmen oder fortzusetzen, wenn eine ernstliche Abschlussabsicht nicht besteht".[1] Dies nachzuweisen ist aber äußerst schwierig.

Man könnte in diesem Zusammenhang auch an eine Absichtserklärung denken. Obwohl diese rechtlich nicht bindend ist, haben beide Parteien

---

1 Vgl.: Hölters, Handbuch des Unternehmens- und Beteiligungskaufs, 2. Auflage, Köln, Seiten 379/380

eine Basis bzw. ein Arbeitspapier für die weiteren Vertragsverhandlungen. Vor unredlichen Absichten schützt aber diese Absichtserklärung nicht.

10.3.4 Haftung des Käufers

Nachfolgend sollen einige haftungsrechtliche Aspekte angesprochen werden, die bei der Übernahme einer Apotheke – insbesondere aus der Sicht des Käufers – zu beachten sind.

10.3.4.1 Haftung des Erwerbers bei Firmenfortführung gemäß § 25 Abs. 1 Satz 1 HGB

Wird die bisherige Firma (Firmenname) der übernommenen Apotheke fortgeführt (sei es mit oder ohne Nachfolgezusatz), ist § 25 Abs. 1 S. 1 HGB zu beachten. Diese Vorschrift begründet eine Haftung des Übernehmers für alle im Apothekenbetrieb des früheren Inhabers begründeten Verbindlichkeiten. Diese besondere Haftung kommt lediglich im Falle des Erwerbs aus der Hand eines Konkurs- oder Vergleichsverwalters nicht zum Zuge (zum vertraglichen Ausschluss der Haftung siehe sogleich unten). „Haften" im Sinne des § 25 HGB bedeutet dabei nicht nur ein Einstehenmüssen für etwaige Schulden des früheren Inhabers, sondern auch ein Einrücken des Erwerbers in die gesamten betrieblichen Verpflichtungen des Veräußerers, also auch z.B. in bestehende Verpflichtungen zum Warenbezug. Der Umfang der Haftung des Erwerbers ist dabei noch nicht einmal auf den Wert des erworbenen Apothekenbetriebs begrenzt; er muss vielmehr mit seinem ganzen Vermögen einstehen. Der bisherige Inhaber haftet gegenüber dem Gläubiger für die von ihm eingegangenen Verbindlichkeiten neben dem neuen Inhaber – gesamtschuldnerisch – weiter; Haftungsansprüche sind auf fünf Jahre begrenzt (§ 26 Abs. 1 HGB). In einzelnen Fällen können die Ansprüche schon vor Ablauf dieser Frist verjähren. Im Kaufvertrag sollte vereinbart werden, dass der Veräußerer dem Erwerber Ausgleich zu leisten hat, wenn der Erwerber über § 25 HGB in Anspruch genommen wird. Nach § 25 HGB tritt der Erwerber bei der Fortführung der Firma mit Zustimmung des Veräußerers zugleich in alle Forderungen des bisherigen Unternehmens ein; eine Einzelabtretung der Forderungen ist in diesem Falle nicht erforderlich; vielmehr wird dem neuen Apothekeninhaber im Verhältnis zu den Schuldnern der Apotheke die Stellung eines Gläubigers von Gesetzes wegen beigelegt. An die Stelle der Anzeige des Inhaberwechsels gegenüber den Schuldnern kann dann die Bekanntmachung des Geschäftsübergangs gem. § 15 Abs. 2 S. 1 HGB im Handelsregister treten, um die Schuldner zu veranlassen, nur noch an den neuen Inhaber zu zahlen.

Wollen die Parteien vereinbaren, dass trotz Fortführung der Firma der Erwerber der Apotheke für die Schulden des bisherigen Inhabers nicht haften soll und seine Forderungen auf den neuen Apothekeninhaber nicht übergehen sollen, so ist dies zulässig. Eine solche Abbedingung der Haftung wirkt den Geschäftspartnern gegenüber aber nur, wenn sie entweder durch Eintragung ins Handelsregister oder – z.B. brieflich – unmittelbar den Geschäftspartnern bekannt gemacht worden ist (§ 25 Abs. 2 HGB).

> Zur Vermeidung von Risiken empfiehlt es sich, die Vereinbarung, dass der neue Inhaber für die Verbindlichkeiten des Veräußerers nicht haftet, unverzüglich zum Handelsregister anzumelden.

Ratschlag

10.3.4.2 Haftung des Erwerbers gemäß § 75 Abgabenordnung (AO)

Nach § 75 AO haftet der Erwerber eines Unternehmes im Ganzen für Betriebssteuern und Steuerabzugsbeträge, die seit dem Beginn des letzten vor der Übereignung liegenden Kalenderjahres entstanden sind. Diese haftungsrechtliche Vorschrift des § 75 AO trifft auch die Konstruktionen, in denen ein Apotheker nicht den gesamten Betrieb vom Veräußerer übernimmt, sondern nur das Warenlager, die Einrichtung und den Geschäftswert, ohne die Forderungen und Verbindlichkeiten.

Nach § 75 AO haftet der Erwerber für alle Steuern, bei denen sich die Steuerpflicht auf den Betrieb der Apotheke gründet. Dies sind im Wesentlichen:

- Gewerbesteuer
- Umsatzsteuer
  und Steuerabzugsbeträge wie
- im Wesentlichen die Lohnsteuer.

Auch für den Fall des § 75 AO gilt die einschränkende Vorschrift, dass die Haftung auf den Bestand des übernommenen Vermögens beschränkt sein soll.

10.3.4.3 Übernahme von Arbeitsverhältnissen gemäß § 613 a BGB (siehe Kapitel 11.2.3)

Schließlich muss der Erwerber noch eine weitere wichtige rechtliche Vorschrift beachten, hier den § 613 a BGB. Aufgrund dieser Vorschrift tritt der Erwerber in alle bestehenden Arbeitsverhältnisse als Arbeitgeber ein. Diese Vorschrift ist zwingend. Kündigungen sind aus Anlass der Übernahme nicht möglich. Ist die Apotheke personell überbesetzt, muss sich dies in der Kaufpreisfindung niederschlagen; das Gesetz schützt die Mitarbeiter in der Apotheke davor, aus Anlass der Übernahme den Arbeitsplatz zu verlieren. Erst später sind Kündigungen – z.B. aus „betrieblichen Gründen" – denkbar (siehe Kapitel 11.2.3).

10.3.4.4 Zustimmung des Ehegatten

Wenn auf Seiten des Veräußerers die Apotheke den wesentlichen Anteil am Vermögen oder das gesamte Vermögen darstellt, bedarf der Verkauf nach § 1365 BGB der Zustimmung des Ehegatten des Verkäufers. Erfolgt diese Zustimmung nicht, bleibt der Verkauf unwirksam.

Ratschlag

Es empfiehlt sich aus diesem Grunde, dass der Ehegatte dem Vertrag zwecks güterrechtlicher Zustimmung beitritt. Dies sollte im Kaufvertrag gleich mit vorgesehen werden.

11 Kaufvertrag

11.1 Grundsätzliches zum Inhalt und zur Form eines Kaufvertrages

Durch den Kauf eines Apothekenbetriebes gehen die das Unternehmen „Apotheke" ausmachenden Vermögenswerte vom Verkäufer auf den Käufer über. Der Käufer tritt nicht nur hinsichtlich der Führung der Apotheke, sondern auch hinsichtlich des Eigentums an den Vermögenswerten an die Stelle des bisherigen Inhabers. Diese Rechtsfolge basiert auf dem Abschluss eines Kaufvertrages. In diesem sind die Interessen des erwerbenden Apothekers und des bisherigen Inhabers zum Ausgleich zu bringen. Zu diesem Interessenausgleich gehören nicht nur die Bestimmungen zur Höhe und Zahlung des Kaufpreises, sondern auch alle anderen Vereinbarungen, die im Einzelnen von beachtlichem wirtschaftlichen Gewicht sein können, z.B. Gewährleistungszusagen des Verkäufers. Bei der Verhandlung einer Apothekenübernahme ist deshalb nicht nur der Ermittlung des Kaufpreises Beachtung zu schenken, sondern auch der Festlegung der einzelnen weiteren Verpflichtungen des Käufers bzw. des Verkäufers.

Gegenstand des Kaufs ist das Unternehmen Apotheke, also eine sogenannte Rechtsgesamtheit. Auch wenn die Übertragung auf einer einheitlichen Vereinbarung, dem Kaufvertrag, beruht, werden dabei rechtlich die das Unternehmen ausmachenden Gegenstände und Rechte einzeln übertragen. Die Übertragung erfolgt jeweils nach den für die einzelnen Gegenstände gültigen Regeln. Das bedeutet, dass

a) wenn der Kauf auch ein Grundstück (mit den Apothekenräumen) umfasst, das Grundstück mit den Gebäuden in einem notariellen Vertrag aufzulassen und der Eigentumswechsel im Grundbuch einzutragen ist (§ § 925, 873 BGB),

b) bei den beweglichen Sachen (insbesondere Geschäftsausstattung und Warenvorräte) neben der Einigung über den Eigentumswechsel die Übergabe (Übertragung des unmittelbaren Besitzes, § 854 BGB, z.B. mit Hilfe einer gemeinsamen Inventur) notwendig ist (§ § 929 ff. BGB),

c) Forderungen, die sich gegen Dritte richten (z.B. aus der Rezeptab-
rechnung), abzutreten sind (§§ 398ff. BGB), am besten mit einer
Anzeige des Inhaberwechsels gegenüber dem Dritten,

d) eventuell bestehende Schutzrechte wie Warenzeichen oder Dienst-
leistungsmarken sowie das Recht am Firmennamen ebenfalls abge-
treten werden müssen (§ 413 BGB) und

e) Verbindlichkeiten des bisherigen Apothekeninhabers nach den
Regeln der §§ 414ff. BGB durch den Erwerber zu übernehmen sind
(wenn dies so gewollt ist).

Selbstverständlich können die Parteien des Kaufvertrages genau festlegen, welche Gegenstände übertragen werden und welche Positionen
ausgeklammert werden sollen, also beim Verkäufer verbleiben
(z.B. Forderungen und Verbindlichkeiten, die in der Regel nicht übergehen, sondern vom Veräußerer abgewickelt werden).

Für den Kaufvertrag ist zwar die Schriftform gesetzlich nicht vorge-
schrieben, praktisch aber erforderlich, damit die Verpflichtungen der
beiden Vertragsparteien dokumentiert und beweisbar sind und damit
der Erwerber den Kauf der Apotheke bei der Beantragung der Betriebserlaubnis (§ 2 Abs. 1 Nr. 5 ApoG) nachweisen kann.

Sofern mit der Apotheke Grundstücke übertragen werden, muss
immer eine notarielle Beurkundung durchgeführt werden.

11.2 Wichtige im Kaufvertrag aufzunehmende besondere Bestimmungen

Kaufvertragsmuster
bedenklich

Es ist außerordentlich bedenklich, ein Muster für einen Apotheken-
kaufvertrag beizufügen. Wichtiger ist es, auf die Besonderheiten, die in
einem Kaufvertrag enthalten sein müssen, nochmals zusammenfassend hinzuweisen, um dem Leser die Möglichkeit zu geben, die in
einem Kaufvertrag aufgeführten Bestimmungen in ihrer Bedeutung
erkennen zu können. Aus diesem Grunde sollen nachfolgend die wichtigsten Bestimmungen, die in einem Kaufvertrag enthalten sein müssten, zusammengefasst dargestellt werden mit Hinweis auf die evtl. an
anderen Stellen bereits erfolgten Erläuterungen.

11.2.1 Gewährleistung der Fortsetzung des Mietvertrages

Wenn der Käufer nicht gleichzeitig Eigentümer der Betriebsräume werden kann, muss er die mietweise Nutzung der Räumlichkeiten sicher-
stellen. Hat der Verkäufer die Apotheke selbst in gemieteten Räumen

betrieben, muss sich der Käufer bemühen, in die Rechte und Pflichten aus dem bisherigen Vertrag anstelle des bisherigen Mieters (des Vorbesitzers der Apotheke) einzutreten oder einen entsprechenden eigenen Mietvertrag zu erhalten. Ohne Klarheit über die Nutzung der Räumlichkeiten sollte der Kaufvertrag über das Apothekenunternehmen nicht abgeschlossen werden – oder nur unter der aufschiebenden Bedingung, dass dem Erwerber der Apotheke die Räume zu angemessenen Konditionen überlassen werden. Im Gegenzug kann auch der Mietvertrag unter der Voraussetzung abgeschlossen werden, dass der Apothekenkauf zustande kommt, so dass die – wirtschaftlich voneinander abhängigen – Verträge auch in ihrer rechtlichen Wirksamkeit aneinander gekoppelt sind.

Gehören Grundstück und Gebäude mit den Apothekenräumen dem Verkäufer und werden diese ebenfalls verkauft, sollte bei der Kaufpreisermittlung zwischen dem Wert des Grundstückes, dem Wert des Gebäudes und dem Wert des Apothekenunternehmens unterschieden werden. Dies gilt zum einen wegen der unterschiedlichen steuerlichen Behandlung der Gegenwerte und zum anderen auch wegen der unterschiedlichen rechtlichen Natur der Verträge (Grundstückskaufvertrag, Unternehmenskaufvertrag) und im Hinblick auf z.B. etwaige Minderungsansprüche bei der Verletzung von Gewährleistungsverpflichtungen des Verkäufers hinsichtlich eines der Vertragsteile.

11.2.2 Regelungen zur Inventur

Im Kapitel 6.4 wurde auf das Problem der Höhe des Warenbestandes zum Zeitpunkt der Kaufverhandlungen und zum Zeitpunkt der Übertragung hingewiesen.

Als Lösung ist im Kaufvertrag ein zusätzlicher Passus etwa wie folgt aufzunehmen: „Der obige Ertragswert in Höhe von T€ 500 unterstellt einen Warenbestand in Höhe von 7 % des augenblicklichen Umsatzes entsprechend T€ 190. Sollte zum Zeitpunkt der Inventur der Warenbestand über diesem Betrag liegen, so erhöht sich der Kaufpreis um den die T€ 190 übersteigenden Betrag. Sollte der zum Übergabezeitpunkt festgestellte Warenbestand laut gemeinsamer Inventur unter T€ 190 zu liegen kommen, vermindert sich der Kaufpreis entsprechend.

11.2.3 Regelungen zur Abwicklung der Forderungen und Verbindlichkeiten seitens des Verkäufers – auch im Zusammenhang mit § 613 a BGB

Sollten entgegen der üblichen Gepflogenheiten die Forderungen und Verbindlichkeiten vom Käufer mit übernommen werden, d.h., sollte die Apotheke als Ganzes Gegenstand des Kaufvertrages sein, spricht man von einem Betriebsübergang im Ganzen.

Wird jedoch die Abwicklung der Forderungen und Verbindlichkeiten von dem Verkäufer übernommen, soll noch einmal daran erinnert werden, den Ausschluss der Übernahme der Forderungen und Verbindlichkeiten beim Handelsregister anzumelden. Dies sollte im Kaufvertrag vorgesehen werden.

Die Veräußerung der Apotheke im Ganzen ist ein Betriebsübergang nach § 613 a BGB. Da der Begriff des Betriebes aus § 613 a BGB eine auf Dauer angelegte wirtschaftliche Einheit darstellt, die letztlich aus einer organisatorischen Gesamtheit von Personen und Sachen zur Ausübung einer wirtschaftlichen Tätigkeit mit enger Zielsetzung besteht, ist bereits der Verkauf der wesentlichen materiellen und immateriellen Betriebsmittel auch bei einer Apotheke ein Betriebsübergang. Zwar kann die Zulassung an sich nicht übertragen werden, wenn aber innerhalb der bisherigen Apothekenräume die bestehende Einrichtung beibehalten wird, liegt ein Betriebsübergang vor. Damit gehen die Arbeitsverträge zwingend auf den Käufer über. Es ist daher bereits im Vorfeld des Apothekenkaufs ratsam, die bestehenden Arbeitsverträge zu prüfen und insbesondere zu erfassen, welche monatliche Vergütung, Sondervergütung (z. B. Weihnachtsgeld, Urlaubsgeld, Überstundenvergütung u. ä.), Pensionszusagen, Urlaubsregelung, Versicherung, Kündigungsfristen in den jeweiligen Arbeitsverträgen vereinbart sind. Sollen einzelne Mitarbeiter nicht übernommen werden, so sollte der bisherige Apothekeninhaber noch die Kündigung aussprechen. Die zu übernehmenden Arbeitsverträge sollten in der Anlage des Kaufvertrages beigefügt werden. Aufgrund des Betriebsüberganges sind der Verkäufer und Käufer der Apotheke gemäß § 613 a Abs. 5 BGB verpflichtet, die Mitarbeiter in Textform über den Zeitpunkt oder den geplanten Zeitpunkt des Übergangs, den Grund für den Übergang, die rechtlichen, wirtschaftlichen und sozialen Folgen des Übergangs für die Arbeitnehmer und die hinsichtlich der Arbeitnehmer in Aussicht genommenen Maßnahmen zu informieren. Eine Verletzung des Informationsanspruches führt dazu, dass die in § 613 a Abs. 6 BGB statuierte Widerspruchsfrist nicht zu laufen beginnt.

Ratschlag: Zustimmung Arbeitnehmer nach § 613a BGB frühzeitig einholen.

Da die Mitarbeiter nach § 613 a Abs. 6 BGB innerhalb eines Monats nach Zugang der Information nach § 613 a Abs. 5 BGB dem Übergang des Arbeitsverhältnisses widersprechen können, empfiehlt es sich, möglichst frühzeitig die Zustimmung der Arbeitnehmer zum Betriebsübergang einzuholen.

11.2.4 Wettbewerbsverbot für den Verkäufer

Ist der Verkäufer als Apotheker persönlich und sachlich in der Lage, dem Käufer auch nach dem Kauf noch Konkurrenz zu machen, sei es durch die Führung einer neuen, sei es durch die Mitarbeit in einer anderen Apotheke, so kann er dem Käufer wirtschaftlich schaden und den Wert der übertragenen Apotheke, insbesondere des übertragenen Kundenstamms, mindern. Ohne eine ausdrückliche vertragliche Vereinbarung ist der Verkäufer aber nicht gehindert, so zu verfahren. Deshalb empfiehlt es sich, im Interesse des Käufers in den Kaufvertrag ein ausdrückliches Wettbewerbsverbot zu Lasten des Verkäufers aufzunehmen. Der Umfang eines solchen Wettbewerbsverbots bestimmt sich nach dem Interesse, das der Käufer an der Unterlassung des Wettbewerbs hat. Auf der anderen Seite ist das Interesse des Verkäufers, in seiner beruflichen und wirtschaftlichen Entscheidungsfreiheit möglichst frei zu bleiben, auch zu respektieren. Rechtlich durchsetzbar ist insoweit nur ein ausgewogenes Wettbewerbsverbot. Das Interesse des Käufers geht konkret soweit, wie der örtliche Einzugsbereich der Apotheke reicht. Zeitlich reicht es soweit in die Zukunft, bis man annehmen kann, dass Bindungen des Verkäufers zum Kundenstamm sich mangels eines fortdauernden Kontakts verflüchtigt haben. Die Rechtsprechung zu Unternehmenskäufen hat dazu eine zeitliche Grenze von längstens fünf Jahren angenommen.

11.2.5 Zahlungsweise des Kaufpreises

Bei den Regelungen über den Kaufpreis ist nicht nur der Ermittlung der Höhe, sondern auch der Zahlungsweise Aufmerksamkeit zu widmen. Die Parteien können vereinbaren, ob das Entgelt in einer Summe oder in Raten, in Form einer Rente oder in Mischformen gezahlt wird oder ob ein Teil des Kaufpreises dadurch bezahlt wird, dass Verbindlichkeiten des Verkäufers übernommen werden. Enthält der Vertrag keinerlei Abmachungen in diese Richtung, so gilt nach dem BGB, dass der Käufer zu Ratenzahlungen nicht berechtigt ist (§ 266 BGB) und der Kaufpreis sofort zu begleichen ist, wenn sich nicht aus den Umständen etwas anderes ergibt (§ 271 BGB, maßgeblich dürfte dann regelmäßig der Übergabestichtag sein). Eine Verzinsung des Kaufpreises kann nur verlangt werden, wenn eine solche vereinbart ist oder der Käufer in den Schuldnerverzug gerät, vgl. § 288 BGB. Die verschiedenen Formen der Kaufpreiszahlung haben nicht nur eine unterschiedliche wirtschaftliche Bedeutung (insbesondere bei der Vereinbarung z.B. einer Leibrente), sondern auch sehr unterschiedliche steuerliche Konsequenzen (vgl. dazu Kapitel 7).

11.2.6 Einwilligung in die Firmenfortführung

Der Kaufvertrag sollte eine Vereinbarung auch zu der Frage des Erwerbs und der Fortführung der Firma der Apotheke enthalten (unter Firma ist hier insbesondere der Firmenname gemeint). Bei der Veräußerung des Apothekengeschäfts kann nach § 22 Abs. 1 HGB der Erwerber die bisherige Firma fortführen, wenn der Veräußerer hierin ausdrücklich einwilligt. „Ausdrücklich" in diesem Sinne bedeutet, dass an der Einwilligung keine Zweifel bestehen dürfen; sie braucht nicht ausdrücklich schriftlich vorzuliegen, sondern kann auch stillschweigend erteilt sein, muss sich dann aber aus den Umständen eindeutig ergeben. Aus der Übertragung des Handelsgeschäfts allein kann nicht auf die Einwilligung in die Firmenfortführung geschlossen werden. Ohne eine Regelung darf der Erwerber die Firma nicht fortführen, was den Wert der Apotheke unter Umständen deutlich verringern kann. Wird die Apotheke eines verstorbenen Inhabers veräußert, so kommt es auf die Einwilligung der Erben in die Weiterführung der Firma an. Der Erwerber kann aufgrund der Firmenfortführung die Apotheke unter dem bisherigen, für ihn also fremden Namen führen (z.B. „Dr. Lobesam-Apotheke"). Dabei ist es ihm freigestellt, ob er dieser übernommenen Firma einen das Nachfolgeverhältnis andeutenden Zusatz beifügen will; er ist hierzu weder durch § 22 HGB noch durch andere Bestimmungen gezwungen.

Nur selten wird der Erwerber beim Kauf der Apotheke zur Weiterführung der bisherigen Firma vertraglich verpflichtet. Die Einwilligung der alten Firma hindert den Erwerber also in der Regel nicht, statt dessen einen neuen Firmennamen zu bilden, der den üblichen dafür geltenden Vorschriften entsprechen muss. Er kann auch den bisherigen Firmenzusatz („Markt-Apotheke") als Teil der mit seinem eigenen Namen und Vornamen gebildeten Firma übernehmen.

Da der Veräußerer die Firma nicht ohne den Apothekenbetrieb veräußern kann, ist letztlich die Firma – im Sinne des Namens der Apotheke – in der Hand des Veräußerers in der Regel kein Gegenstand besonderen wirtschaftlichen Wertes. Wirtschaftlich sind deshalb die Fragen der „Firmenfortführung" im Zusammenhang mit der Übernahme und Bewertung des Geschäftswertes (Lage, Kundenbezeichnung, good will) zu betrachten.

11.2.7 Abbedingung der Haftung gemäß § 25 Abs. 2 HGB

Wollen die Parteien vereinbaren, dass trotz Fortführung der Firma der Erwerber der Apotheke für die Schulden des bisherigen Inhabers nicht haften soll, so ist dies zulässig. Eine solche Abbedingung der Haftung wirkt den Geschäftspartnern gegenüber aber nur, wenn sie ins Handelsregister eingetragen, bekannt gemacht oder den Geschäftspartnern mitgeteilt worden ist.

Selbst wenn dies geschieht, sollte dennoch im Kaufvertrag zusätzlich vereinbart werden, dass der Veräußerer dem Erwerber Ausgleich zu leisten hat, wenn der Erwerber über § 25 HGB in Anspruch genommen wird.

11.2.8 Gewährleistung

Nach dem BGB hat der Verkäufer Gewähr zu leisten, dass dem Apothekengeschäft keine Fehler anhaften. Dies gilt sowohl für sogenannte Rechts- als auch für sogenannte Sachmängel.

Der Verkäufer haftet z.B. dafür, dass die übertragenen Gegenstände frei von Rechten Dritter sind (§ 435 BGB), also z.B. dass die verkaufte Geschäftseinrichtung nicht zur Sicherheit übereignet ist oder die Waren nicht unter Eigentumsvorbehalt geliefert sind. Bestehen solche Rechte Dritter, ist im Kaufvertrag auf diese Rechte hinzuweisen. Anderenfalls hat der Käufer die sich aus dem BGB ergebenden Rechte (§ 437 BGB), insbesondere einen Schadensersatzanspruch wegen bestehender „Rechtsmängel".

Unter „Sachmängeln" versteht man Fehler, die dem Apothekenbetrieb anhaften und die vertraglich vorgesehene Nutzungsmöglichkeit, also die Apothekenfortführung, erschweren oder gar aufheben. Hier kommt eine Fülle von Umständen in Betracht, von denen man annehmen kann, dass sie infolge ihrer Beschaffenheit und vermutlichen Dauer Einfluss auf den Wert des Apothekenbetriebs haben, also auch z.B. eine (verschwiegene) bevorstehende Kündigung des (nicht mitübertragenen) Geschäftslokals oder die (ebenfalls nicht mitgeteilte) mangelnde Entsprechung der Räume oder Einrichtungen im Hinblick auf die Vorschriften der Apothekenbetriebsordnung. Wollen sich beide Seiten hinsichtlich dieser Eigenschaften Klarheit verschaffen, kann der Verkäufer aus Anlass des Verkaufs bei der Apothekenaufsicht eine amtliche Besichtigung beantragen, um die Ordnungsmäßigkeit der Apotheke feststellen zu lassen. Hinsichtlich etwaiger Beanstandungen kann er sich dann verpflichten, diese auf seine Kosten aus der Welt zu räumen.

Wegen eines vom Verkäufer zu vertretenden Sachmangels hat der Käufer das Recht, vom Kaufvertrag zurückzutreten und Schadensersatz zu fordern (§§ 440, 323 und 326 Abs. 5 BGB) oder die Herabsetzung des Kaufpreises (Minderung) zu verlangen (§ 441 BGB).

Als „Sachmangel" gilt rechtlich auch das Fehlen einer zugesicherten Eigenschaft. Hierzu zählen alle Umstände, die vom Verkäufer als ausdrücklich vorhanden bezeichnet wurden und damit Bestandteil des Kaufvertrages geworden sind. Nicht jede im Verlauf einer Kaufverhandlung bezüglich des Apothekenbetriebes abgegebene Erklärung bildet aber bereits eine zugesicherte Eigenschaft, sondern lediglich das, für das der Verkäufer erkennbar mit einer Zusicherung einstehen wollte. Dies kann z.B. für die (im Vertrag ausdrücklich genannten) erreichbaren Jahresumsätze des Apothekenbetriebs gelten. Also sollten die wesentlichen Bemessungsgrundlagen für die Ermittlung des Kaufpreises im Vertrag niedergelegt werden. Nur so werden sie zu einer zugesicherten Eigenschaft gemäß § 434 BGB und geben dem Käufer bei Nichtvorliegen einen Anspruch auf Minderung des Kaufpreises (§ 441 BGB) oder berechtigen ihn vom Vertrag zurückzutreten (§§ 440, 323 und 326 Abs. 5 BGB) und/oder Schadensersatz (§§ 440, 280, 281, 283 und 311 a BGB) oder nach § 284 BGB Ersatz vergeblicher Aufwendungen verlangen. Die bloße Formulierung, dass der Käufer sich über die wirtschaftlichen Verhältnisse informiert habe, reicht für eine Haftung des Verkäufers nicht aus. Ein anderes Beispiel: ist dem Verkäufer definitiv eine Apothekenneugründung als weitere Konkurrenz bekannt, so ist er aus nebenvertraglicher Obliegenheit verpflichtet, den Käufer darauf hinzuweisen. Unterbleibt eine entsprechende Information, kann der Käufer vom Vertrag zurücktreten und Schadensersatz oder nur Schadensersatz verlangen.

Da aus der Sicht beider Parteien eine Rückabwicklung des Kaufvertrages auch bei dem Vorliegen eines Mangels oft nicht gewollt ist, wird zumindest diese Rechtsfolge in Kaufverträgen meistens ausgeschlossen. Auch darüber hinaus können die Verpflichtungen des Verkäufers für die Gewährleistung wegen Rechts- oder Sachmängel vertraglich beschränkt oder – von dem Fall des arglistigen Verschweigens eines Fehlers abgesehen – auch ausgeschlossen werden. Der vertragliche Ausschluss von Verkäuferpflichten kann sehr weit gehen. Aber auch ein ausdrücklich formulierter vertraglicher Ausschluss der Gewährleistung kann den Verkäufer nicht vor jeder Schadensersatzverpflichtung schützen. Denn Schadensersatzansprüche des Käufers kommen auch dann in Betracht, wenn der Verkäufer im Umfeld der Vertragsverhandlungen sich etwas hat zuschulden kommen lassen.

11.2.9 Beitritt des Ehegatten zum Kaufvertrag

Siehe Kapitel 10.3.4.4 und den dortigen Ratschlag.

11.3   Musterkaufvertrag

Nachdem nun die wesentlichen Aspekte, die bei einem Kaufvertrag Berücksichtigung finden sollten, besprochen sind, wird aus gutem Grund auf die Beifügung eines Musterkaufvertrages verzichtet. Es sei nachdrücklich darauf hingewiesen, jeden einzelnen Apothekenverkauf als einen individuellen Vorgang anzusehen, der mit einem „Musterkaufvertrag" nicht abgehandelt werden kann. Ein solcher Musterkaufvertrag kann den zu vereinbarenden Einzelproblemen in einem besonderen Fall nie gerecht werden. Die Erstellung eines solchen Vertrages sei branchenerfahrenen Juristen vorbehalten. Die vorherigen Anregungen mögen als Vorbereitung für das Gespräch mit einem Juristen dienen, um auf dieser Basis möglichst viele Probleme von vornherein abzudecken.

„Muster ohne Wert"

12 Checkliste

Im Gegensatz zu den üblichen Checklisten, die im Zusammenhang mit dem Kauf bzw. Verkauf einer Apotheke gerne erstellt werden, soll auf eine Aufzählung aller möglichen Aspekte verzichtet werden, da diese von vornherein mit dem Makel der Unvollständigkeit behaftet ist. Es wird auf verschiedene Zusammenfassungen im Rahmen dieses Buches hingewiesen, die beim nochmaligen Nachlesen mehr Hinweise geben, als es einer normalen Checkliste entspricht.

Folgende Bereiche sind es, die hierfür insbesondere in Frage kommen:

1. Kapitel 10.3.1 Üblicher Verfahrensablauf zum Generalthema Durchführung des Aquisitionsprozesses.
2. Kapitel 10.1 zu Finanzierungsfragen.
3. Kapitel 10.2 zum Thema Mietvertrag.
4. Kapitel 11 zum Thema Kaufvertrag, insbesondere Kapitel 11.2 zu den wichtigsten im Kaufvertrag aufzunehmenden Bestimmungen, die gleichzeitig Problembereiche beinhalten, die im Vorfeld zu klären sind.
5. Als Generalcheckliste wird auf die „Zusammenfassung der besonderen Ratschläge" gemäß Anlage 2 des Buches hingewiesen, die insgesamt 27 Aspekte umfasst, die von dem Käufer bzw. Verkäufer einer Apotheke im Vorfeld der Aufnahme von Kaufvertragsverhandlungen oder während der Verhandlungen sinnvollerweise beachtet werden sollten, auch wenn nicht alle Aspekte im Einzelfall zutreffen müssen.
6. Alle übrigen Aspekte, die sich unter anderem mit der Konkurrenzsituation, zukünftigen Ärzteentwicklung, zukünftigen Entwicklung im Gesundheitswesen und vielem anderen mehr befassen und die üblicherweise im Rahmen einer Checkliste aufgeführt werden, gehören nach unserem Verständnis in den Bericht zum Bewertungsgutachten und werden deshalb hier nicht gesondert aufgeführt. Zum Thema Bewertungsgutachten werden im Bereich der „Zusammenfassung der besonderen Ratschläge" gemäß Anlage 2 viele Hinweise gegeben.

13 Zusammenfassung

Es wäre diesem Buch nicht dienlich, als Schlusserläuterung allgemeine Hinweise zu wiederholen, die bereits an anderer Stelle dargestellt wurden. Aus diesem Grunde sollen nachfolgend zur Hilfestellung des Lesers in das Tableau „Darstellung der Problembereiche einer Unternehmensbewertung" auf der folgenden Seite, überschrieben mit „Bewertung nach der Ertragswertmethode – die sieben Problembereiche" – zum besseren Verständnis noch eingetragen werden, in welchen Kapiteln die Kernprobleme zu den einzelnen Bereichen abgehandelt wurden. Dies dient nicht nur einer schlüssigen Zusammenfassung aller sieben Problembereiche, sondern dem erleichterten Auffinden der einzelnen abgehandelten Aspekte.

Schließlich wird auf die gesonderte Anlage bezüglich der zusammengefassten Darstellung aller „Ratschläge" (Anlage 2) und aller „Exkurse" (Anlage 3) verwiesen.

Alle
Ratschläge: Anlage 2
Exkurse: Anlage 3

Abschließend sei als Hinweis aus der Beratungspraxis jedem Käufer nochmals angeraten, vor Unterschrift unter den Kaufvertrag eine sogenannte „Geldverwendungsrechnung" zu erstellen, die ihm beweisen soll, ob er überhaupt in der Lage ist, von den zu erwartenden Gewinnen neben Steuern, Altersversorgungs- und Versicherungsbeiträgen und zusätzlichen Zins- und Tilgungsbelastungen aus der Kaufpreiszahlung u.a. einen auskömmlichen Lebensunterhalt bestreiten zu können. Das gilt gleichermaßen auch und gilt besonders für den Erwerb einer oder mehrerer Filialunternehmen, der seit dem GMG seit 2004 möglich ist. Hier sind die zusätzlichen Kosten des/r Filialleiters/in und Zins- und Tilgungsleistungen zu beachten. Auf Kapitel 9 wird verwiesen.

Analog wird dem Verkäufer empfohlen, gemäß Kapitel 8 noch einmal zu ermitteln, was ihm nach dem Verkauf unter dem Strich nach Erhalt des Kaufpreises unter Abzug aller Verbindlichkeiten und Steuerzahlungen verbleibt, damit auch er keine Überraschungen erlebt.

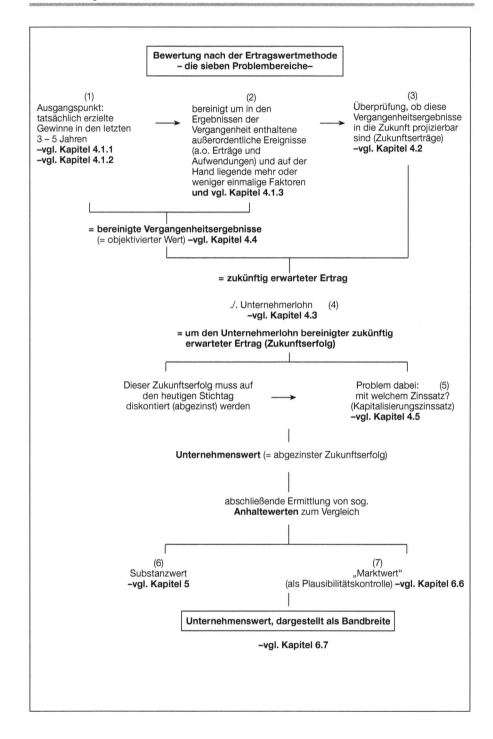

**Bewertung nach der Ertragswertmethode
– die sieben Problembereiche–**

(1)
Ausgangspunkt:
tatsächlich erzielte
Gewinne in den letzten
3 – 5 Jahren
–vgl. Kapitel 4.1.1
–vgl. Kapitel 4.1.2

(2)
bereinigt um in den
Ergebnissen der
Vergangenheit enthaltene
außerordentliche Ereignisse
(a.o. Erträge und
Aufwendungen) und auf der
Hand liegende mehr oder
weniger einmalige Faktoren
und vgl. Kapitel 4.1.3

(3)
Überprüfung, ob diese
Vergangenheitsergebnisse
in die Zukunft projizierbar
sind (Zukunftserträge)
–vgl. Kapitel 4.2

= bereinigte Vergangenheitsergebnisse
(= objektivierter Wert) **–vgl. Kapitel 4.4**

= zukünftig erwarteter Ertrag

./. Unternehmerlohn   **(4)**
–vgl. Kapitel 4.3

**= um den Unternehmerlohn bereinigter zukünftig
erwarteter Ertrag (Zukunftserfolg)**

Dieser Zukunftserfolg muss auf
den heutigen Stichtag
diskontiert (abgezinst) werden

Problem dabei: **(5)**
mit welchem Zinssatz?
(Kapitalisierungszinssatz)
–vgl. Kapitel 4.5

Unternehmenswert (= abgezinster Zukunftserfolg)

abschließende Ermittlung von sog.
Anhaltewerten zum Vergleich

(6)
Substanzwert
–vgl. Kapitel 5

(7)
„Marktwert"
(als Plausibilitätskontrolle) **–vgl. Kapitel 6.6**

Unternehmenswert, dargestellt als Bandbreite

–vgl. Kapitel 6.7

Anlage 1

Beispielapotheke
Gewinn- und Verlustrechnung für die Jahre 2004 bis 2006

	2004		2005		2006	
	T€	%	T€	%	T€	%
Umsatzerlöse	1.942[1]	100,0	2.039	100,0	2.044	100,0
Wareneinsatz	1.416	72,9	1.499	73,5	1.511	73,9
Rohgewinn	526	27,1	540	26,5	553	26,1
Sonstige Erträge	5	0,3	6	0,3	12	0,6
	531	27,4	546	26,8	545	26,7
Personalaufwand	280	14,4	283	13,9	285	13,9
Abschreibungen	17	0,9	19	0,9	18	0,9
Raumkosten	68	3,5	69	3,4	69	3,4
Versicherungen, Beiträge	6	0,3	7	0,4	7	0,4
Reparaturen und Instandhaltungen	2	0,1	1	0,0	1	0,0
Fahrzeugkosten	6	0,3	7	0,4	7	0,4
Werbe- und Reisekosten	15	0,8	31	1,5	18	0,9
Porto, Telefon	2	0,1	3	0,1	2	0,1
Dienstleistungen Rechenzentrum	5	0,3	6	0,3	6	0,3
Buchführungs- u. Abschlusskosten	13	0,7	14	0,7	14	0,7
Mieten für Einrichtungen	8	0,4	8	0,4	9	0,4
Zinsaufwand	7	0,4	5	0,2	4	0,2
Steuern	8	0,4	7	0,4	9	0,4
Sonstige Aufwendungen	8	0,4	9	0,4	9	0,4
Kosten gesamt	445	23,0	469	23,0	458	22,4
Ertrag/Gewinn	86[1]	4,4	77	3,8	87	4,3
Wareneinsatz-Personalkosten-Koeffizient	87,3		87,4		87,8	

1) Auf Grund GMG-bedingter Vorzieheffekte ist eine Bereinigung (Erhöhung) der Umsatzerlöse um, wie vom Gutachter verantwortlich ermittelt, rd. T€ 75 vorzunehmen. Das führt unter Berücksichtigung der sich dann veränderten Gewerbesteuer zu einem bereinigten Ertrag in Höhe von T€ 104 und einer bereinigten Rendite von rd. **5,1 %**.

Anlage 2

Zusammenfassung der besonderen Ratschläge

Seite

Kapitel 1.3	Unternehmenswert überprüfen! Einheitsgutachten ablehnen!	5
Kapitel 3.1.1	Verpachtung als Alternative zum Verkauf	15
Kapitel 3.1.4	Warum Bewertungsgutachten bei anstehenden abzugeltenden Pflichtteilansprüchen?	17
Kapitel 3.2.4	Apotheker muss Kenntnis über Bewertungsanlass und Funktion des Beraters haben	24
Kapitel 4.2.1.1	Vertrauensfördernde Maßnahmen seitens Käufer, Verkäufer und Gutachter	41f
Kapitel 4.2.2.1	Vergleich theoretisch möglicher Arztumsätze mit tatsächlichen Arztumsätzen zur Akzeptanzfeststellung	54
Kapitel 4.5	Information über die Auswirkungen unterschiedlicher Kapitalisierungszinssätze auf den Unternehmenswert	69
Kapitel 4.5.1	Über die Höhe des Risikozuschlags zum Basiszins diskutieren	74
Kapitel 4.5.4	Bewertung bei unterschiedlichen Restlaufzeiten von Mietverträgen	80
Kapitel 4.5.4	Rechtzeitige Verlängerung des Mietvertrages ist kaufpreisbestimmend	81
Kapitel 6.4	Verkäufer und Käufer sollten eindeutige Regeln für Wertermittlung des Warenbestandes festlegen	93f
Kapitel 6.7	Verzögerte Kaufpreisbestimmung	101f
Kapitel 6.8.1	Erblasser sollte feste Bewertungskriterien im Testament vorgeben	103
Kapitel 6.8.2	Ermittlung Zugewinnausgleich, wenn die Apotheke bereits in Ehe eingebracht wurde	105
Kapitel 7.1.1.1	Optimale Aufteilung des Kaufpreises auf die einzelnen Wirtschaftsgüter	112f
Kapitel 7.1.1.2	Optimaler Veräußerungszeitpunkt unter steuerlichen Gesichtspunkten aus der Sicht des Verkäufers zur Vermeidung der Kumulation von Einkünften	117
Kapitel 7.1.2.2	Sofortversteuerung oder erst bei Zufluss der Raten?	122

Seite

Kapitel 7.1.3.1 Richtschnur bei Überlegungen zur Sofortbesteuerung oder erst bei Zufluss im Rahmen
von Kaufpreisratenvereinbarungen bzw. bei
betrieblichen Veräußerungsrenten 127
Kapitel 8 Was bleibt unter dem Strich über – an einen
evtl. negativen Saldo aus der Abwicklung der
Forderungen und Verbindlichkeiten denken
und frühzeitig Schulden tilgen 136f
Kapitel 9 Geldverwendungsrechnung soll den Käufer
vor Liquiditätsproblemen bewahren 139
Kapitel 10.3.4.1 Abbedingung der Haftung gem. § 25 Abs. 1
S. 1 HGB zum Handelsregister anmelden 145
Kapitel 10.3.4.4 Güterrechtliche Zustimmung des Ehegatten
unter Umständen einholen 146
Kapitel 11.2.3 Zustimmung Arbeitnehmer nach § 613a BGB
frühzeitig einholen 150

Anlage 3

Auflistung der Exkurse

Kapitel 4.1.1 Zum Sinn eines Bewertungsbeispiels 26f
Kapitel 4.1.2 Mehr als 70 % vom Gesamtumsatz als Re-
zeptumsatz bewirken evtl. höheren Wareneinsatz 30
Kapitel 4.2.1.2 Auswirkung der unterlassenen Investitionen
auf den Ertragswert und damit auf den
Geschäftswert 44
Kapitel 4.2.1.4 Kaufpreismindernde Berücksichtigung von Fi-
nanzierungskosten 46
Kapitel 4.2.1.5 Bandbreiten bei der Ermittlung des Warenein-
satzes 49
Kapitel 4.2.2.2 Marktauftritt der Mitbewerber 58f
Kapitel 4.3 Bandbreiten bei der Ermittlung des Unterneh-
merlohns 65f
Kapitel 4.5 Logische Begründung für einen hohen Kauf-
preis bei niedrigem Kapitalisierungszinssatz
und umgekehrt 69f
Kapitel 4.5 Basiszinssatz stichtagsbezogen? 71
Kapitel 4.5.1 Kritik am Ansatz eines Risikozuschlags 76f
Kapitel 5 Kostenersparnis im Zusammenhang mit der
Ermittlung von Substanzwerten 87

Sachregister

A

Abschlussbilanz   113
Abschreibungen   29
– Anlagevermögen   43
Abzinsung s. Kapitalisierungszinssatz
Ärzteentwicklung   51, 56
Alternativanlage   69 ff.
Alternativrendite   72
Anlagevermögen   11, 83, 90
Apotheke
– Rechtsgesamtheit   147
Apothekenbewertung   90
Apothekendichte; Versorgungsgrad, pharmazeuti-
    scher   57
Aquisitionsprozess, Durchführung   140
Auflösung OHG   16
Ausgangswerte für die Bewertung   1
außerordentliche Ereignisse   32

B

Bandbreite
– Bewertung   2, 65, 69, 75, 78, 79
– Kaufpreis   21, 95
– Marktwert   99
Barwert   7, 67
Barwertminderung   119
Basiszinssatz   71
Beispiel für die Bewertung   105
Berater   18
Bereinigung
– Vergangenheitswerte   30 f.
Bestimmung des Unternehmenswertes   88
Betriebsvermögen   115
Bewerter   21
– Funktionen   21
Bewertung   2, 18, 21, 71, 103
– Ablauf   6, 100
– Marktwert   95
– Mietvertrag   81
– Notwendigkeit   1
– zu Wiederbeschaffungskosten   83
Bewertungsanlass
– Kurzübersicht   4
– Funktion des Bewertenden   14
– Erbauseinandersetzungen   16, 24, 102
– gesellschaftliche Auseinandersetzungen   24
– gesellschaftsrechtliche Auseinandersetzungen
    16
– Prüfung Kreditwürdigkeit   18
– Verkauf aus Altersgründen   14, 24
– Verkauf durch Erben   15, 18
– Zugewinnausgleich   17, 103 f.
Bewertungsgutachten   4, 94
Bewertungsstichtag   37, 67, 71
Bewertungssystematik   103
Bilanz   113

C

Checkliste   156

D

Darlehen
– Eigenkapitalhilfe   141
– Existenzgründungsdarlehen   141

E

Einkommensteuer   112
Exkurse
– Zusammenfassung   157 ff.
Erbauseinandersetzung   16 f., 102
– Zukunftsanalyse   24
Erben   15 ff., 18, 24
Erbfolge
– vorweggenommene   129
Erblasser   103
Ereignisse
– außerordentliche   32
Eröffnungsbilanz   114
Ertragswert   3, 10, 38, 44, 67, 86, 90
Ertragswertermittlung   25
Ertragswertmethode   25, 38
Ertragswertverfahren   96
– modifiziert   101
Ewige Rente
– Formel   88

F

Fachmann   16
Finanzierbarkeit; Apothekenkauf   138
Finanzierung   140
– Eigenkapital   140
– Fremdkapital   140
– Kreditprogramme Bund, Länder   140
Finanzierungsarten   140
Finanzierungskosten
– hälftiger Ansatz   46
– Investition   46
– Kaufpreis   46
Firmenfortführung   152
Firmenwert   11, 86, 90, 112, 114
Folgen aus dem Kauf für den Käufer – Geldver-
    wendungsrechnung   138
Forderungen   11, 90
Freibetrag   116

G

Geheimhaltungspflichten   143
Geldentwertung   71, 78
Geldverwendungsrechnung
– Käufer   138
– Verkäufer   135
gesellschaftsrechtliche Auseinandersetzungen
    16
Gewährleistung   153
Gewerbesteuer   49, 134
Gewichtung   36
Gewinn   25, 61, 66
– nachhaltiger   9
Gewinn- und Verlustrechnung   25, 159
Gewinnschwankungen   7, 36
GKV-Umsatz   51
Goodwill   11, 90
Grundlegende Hinweise   1
Grundsätzliche Kriterien   6
Gutachten   17, 66
– neutrales   43
– Parteiengutachten   2
Gutachter   16, 40, 43, 68, 87, 95, 104
– Funktionen   21
– neutraler   14, 21, 24, 31, 46, 47, 73

H

Haftung   154
– Abbedingung   152
– für Betriebssteuern   145
Haftung des Käufers   144
Handelsregister   144, 150
Handelsspanne   60

I

Immobilitätszuschlag   71, 78, 79
Inventur   93, 149
Investitionen
– unterlassene   43

J

Jahresgewinn
– Einflussfaktoren   8

K

Käufer   42, 46, 65, 69, 75
– Haftung   144
– Rechtsfolge   147
Käuferbilanz   114
Käuferfindung   142
Kapitalisierungszinssatz   10, 67, 72
Kapitalmarktzins   69
– Alternativanlagen   10
Kaufpreis   1, 12, 66, 68, 70, 80, 81, 90, 93
– Barzahlung, Käuferseite   112
– Barzahlung, Verkäuferseite   114
Kaufpreisbestimmung
– verzögerte   101
Kaufpreisraten   118
– Käuferseite   118
– Verkäuferseite   121
Kaufpreisveränderung   101
Kaufpreiszahlung
– Formen   151
Kaufverhandlungen   2, 16, 21, 24
Kaufvertrag   93, 144, 147 ff., 152
– Ausschluss Übernahme von Forderungen,
    Verbindlichkeiten   150
– Fortführung der Firma   152
– Gewährleistung   153
– Haftung, Abbedingung   153
– Kaufpreis   154
– Kaufpreiszahlung   151
– Muster   148, 155
– notarielle Beurkundung   148
– Warenbestand   149
– Wettbewerbsverbot   151
– wichtigste Bestimmungen   148
Kennziffernanalyse   28
Kosten
– übrige   28
Kostenanalyse   47

L

Last
– dauernde   131

– private dauernde, Käuferseite   132
– private dauernde, Verkäuferseite   133
Liquiditätsbelastung   43

M

Mängel
– Rechtsmängel   153
– Sachmängel   153
Marktpreis   3
Marktwert s. Wert   3
Marktwertmethode   95
Marktwertverfahren   98
Mietvertrag   34, 79, 80, 148

N

Nettoerlös   135

O

OHG   24

P

Parteiengutachten   17, 105
Parteiengutachter   36
Personalbereich   40
– Altersstruktur   40
– Personalkosten   40
– Qualität   42
– tarifliche Situation   41
Personalkosten   28, 32, 40
Pflichtteilsanspruch   16
Plausibilitätskontrolle   11, 95
Prognose   9, 38

R

Ratenzahlung   119, 121
– Barwert   119, 121
– Zinsanteil   119
Raumkosten   29, 35
Ratschläge
– Zusammenfassung   157 ff.
Rechtliche Fragen der Apothekenübernahme   142
Rechtsmängel   153, 154
Reinertrag
– nachhaltig zu erzielender   10, 65
Renovierungskosten   45
Rente   122
– ewige   68, 79, 88
– zeitlich begrenzt   79
Rentenbarwert   124, 126
Restlaufzeit, Mietvertrag   79

Rezeptvolumen
– Gewichtung   52
Risiken
– allgemeine   60, 72
– spezielle   40, 72
Risikoeinschätzung, Zukunft   74
Risikozuschlag   72 ff., 75

S

Sachmängel   153 f.
Schiedsgutachter   23
Sofortbesteuerung   121
Standortqualität   50, 57
Steuer
– Veranlagungszeitraum   117
– Probleme beim Kauf und Verkauf   110
Steuersatz
– halber, ermäßigter   117
Substanzwert   83
Substanzwertbestimmung   83

T

Teilwert   112

U

Übernahme von Arbeitsverhältnissen   145
Umsatz   96
– analyse   51
Umsatzbereich   28
– Einwohnerentwicklung   59
– Gesundheitspolitik   62
– Infrastruktur   59
– Standortqualität   50
Umsatzpotenzial
– Ermittlung   54
Umsatzsteuer   134
Unternehmensbewertung   6, 19, 37, 67
– Einflussfaktoren   20, 38
– Ertragswertmethode   7
– Ertragswertverfahren   96
– Marktwertmethode   12
– Marktwertverfahren   95
– objektivierte   19
– Substanzwertmethode   6
Unternehmenswert   6, 11, 67
– endgültiger   106
– Marktwert   95
– objektiver   19, 21, 23, 73
– bei verschiedenen weiteren Anlässen   102
Unternehmenswert s. Wert   2
Unternehmerlohn   9, 64
Unternehmerrisiko   73

V

Veräußerungsbilanz   115
Veräußerungsgewinn   115
– Gewerbesteuer   134
Veräußerungsleibrente   126
Veräußerungspreis   115
Veräußerungsrente
– betriebliche, Käuferseite   124
– betriebliche, Verkäuferseite   125
– private   128
Veräußerungszeitrente   126
Verbindlichkeiten   11, 90
Verfügungsbetrag nach Verkauf   135
Vergangenheitsanalyse   20, 25
Vergangenheitsbewertung
– Gewichtung   36
Vergangenheitsergebnisse   8
– Bereinigung der   8
Verkäufer   42, 46, 66, 69, 105, 135
– liquiditätsbeeinflussende Faktoren   11
Verkauf   12
– Ablauf   142
– Apotheke als Ganzes   12
– durch Erben   15
Verkaufsverhandlung   12
Verkehrswert   112
Verkehrswert s. Wert   2
Vermögenswerte   83
Verpachtung   15
Versorgungsrente
– betriebliche, Käuferseite   127
– betriebliche, Verkäuferseite   128
– private, Käuferseite   128
– private, Verkäuferseite   130
Versteuerung
– nachträgliche   121
Vertragsverhandlungen   144
Vollexistenz
– tragfähige   141

W

Wareneinsatz   28, 47
Warenlager   11, 90, 91
– Durchschnittsbestand   91

Warenvorräte   83
Werbekosten   29, 32
Wert
– der Apotheke als Ganzes   91
– Markt-   3, 12, 95
– Unternehmens-   2
– Unternehmens-, Nachvollziehbarkeit   5
– Verkehrs-   2, 112
– Vermögensteile   6
Wettbewerbsapotheken   52, 57
Wettbewerbsverbot   151

Z

Zahlungsmodalitäten   110
Zeitreihenanalyse   25, 28, 159
Zeitrente   122
Zeitwert   83
Zinsen   29, 43, 104
– Kaufpreisrate   119
– Kaufpreiszahlung   45
Zinsfuß   7
Zinssatz
– landesüblicher   70, 76
Zugewinnausgleich   17, 103f.
Zugewinnausgleichsempfänger   104
Zukunftsanalyse   9, 19, 37, 106
– 2-Phasenplanung   38
– Prognose   37
Zukunftsbetrachtung   38
– Abschreibungen   43
– Gewerbesteuer   49
– Investitionen   43
– Renovierungskosten   45
– Umsatzbereich   50
– Wareneinsatz   47
– Zinsen   45
Zukunftsertrag
– nachhaltiger   68
Zukunftsgewinn   73
Zukunftswert   20
Zwischenwert
– vorläufiger   94
Zwischenergebnis für den Beispielfall   66

Doris Zur Mühlen studierte Betriebswirtschaft in Düsseldorf mit den Schwerpunkten Steuerlehre und Wirtschaftsprüfung. Im Rahmen ihrer Tätigkeit in beiden Bereichen, legte sie ihre Examina zur Steuerberaterin und zur vereidigten Buchprüferin ab. Seit 1999 ist sie Geschäftsführerin und seit 2000 auch Gesellschafterin der RST Beratungsgruppe mit Hauptsitz in Essen. Zu ihren Aufgaben zählt hier u. a. die Beratung von Mandanten im Gesundheitsbereich. Dies umfasst sowohl steuerliche als auch betriebswirtschaftliche Fragestellungen von Apotheken und Beratung im Fall der Übergabe, Kauf oder Verkauf von Apotheken. Sie ist Mitautorin verschiedener Bücher (u. a. „Apothekenmanagement") und kann auf eine Vielzahl von Veröffentlichungen im Apothekenwesen verweisen.

Axel Witte studierte Betriebswirtschaft in Bochum und Münster mit den Schwerpunkten Steuerlehre und Wirtschaftsprüfung. Im Rahmen seiner Tätigkeit in beiden Bereichen legte er das Examen zum Steuerberater ab. 1988 gründete er die RST Beratungsgruppe (heute: Steuerberatung, Wirtschaftsprüfung, Rechtsberatung und Unternehmensberatung) mit Hauptsitz in Essen und drei weiteren Standorten in der Bundesrepublik. Zu seinen Aufgaben zählt hier unter anderen die Beratung von Mandanten im Gesundheitsbereich. Während seiner selbstständigen Tätigkeit übte er 4 Jahre lang eine Funktion als Lehrbeauftragter an der Universität Essen aus. Veröffentlichte verschiedene Bücher als Autor und Mitautor (unter anderem auch das Buch „Apothekenmanagement" aus dem Deutschen Apotheker-Verlag). Herr Witte ist seit 2005 im Präsidium des Verbandes „Die Familienunternehmer – ASU, Berlin".